RIGOBERTA:

La nieta de los mayas

RIGOBERTA:

La nieta de los mayas

Rigoberta Menchú

Con la colaboración de Gianni Minà y Dante Liano

 AGUILAR

© de la presente edición: 1998,
El País S.A.- Santillana S.A.
Torrelaguna, 60.
28043 Madrid
Tel. (91) 744 90 60

© Fundación Rigoberta Menchú: 1998,

• Aguilar, Altea, Taurus, Alfaguara, S.A. de C.V.
Avda. Universidad, 767, Colonia del Valle
México D.F. CP 03100

Fotografías: Agencias Contifoto y Zardoya y archivo de Amnistía
Internacional

ISBN: 84-03-59526-3
Depósito legal: M. 2763-1998

Í N D I C E

En este libro extraordinario, Rigoberta Menchú cuenta su historia, y contándola cuenta la historia de muchos. Mujer habitada, ella contiene un gentío, que en ella anda y dice. Otros tiempos respiran en su tiempo, tiempos que vienen de lo más antiguo del tiempo, y son muchos los pies que caminan en sus pasos.

Voz de voces, tiempo de tiempos, Rigoberta no habla *sobre* los indios mayas, sino *desde* ellos. Y con ellos va el lector, página tras página, metiéndose poquito a poco en los misterios de la tierra, donde Rigoberta brotó. Allí su ombligo fue quemado y enterrado, para que eche raíz; allí recibió su primer nombre, un nombre indígena que le fue prohibido porque no figuraba en el santoral católico.

Este libro relata los sueños y las pesadillas de esa tierra desgarrada por el ejército, violada por los mercaderes, mentida por los políticos, despreciada por los doctores; esa tierra sagrada, donde Rigoberta Menchú se alza sobre las ruinas y dice: "A mí, la vida me maravilla".

Eduardo Galeano

La estadística a veces nos permite imaginar la magnitud de una tragedia ocurrida en el centro mismo del silencio. Más de cuatrocientos cuarenta pueblos destruidos totalmente, más de cien mil civiles asesinados o *desaparecidos*, más de un millón de desplazados internos y más de cien mil personas que pudieron atravesar la frontera con México huyendo de la muerte.

La *desaparición*, el asesinato, la tortura y las ejecuciones no fueron sólo actos aislados bárbaros de miembros del Ejército de Guatemala. Las terribles violaciones de derechos humanos fueron planificadas fríamente en torno a una mesa de trabajo en base a una política de tierra arrasada decidida en las más altas instancias del Estado. Una política destinada a eliminar a miles de reales o presuntos opositores al Gobierno. Las víctimas, en su mayor parte, fueron indígenas.

La muerte casi sin interrupción se prolongó por más de treinta y cinco años en el centro mismo del silencio, la indiferencia o la complicidad de la llamada comunidad internacional. Al principio de todo, en octubre de 1966, la policía y el Ejército de Guatemala emprendieron intensas operaciones de contrainsurgencia en los departamentos de Izabal y Zacapa. Se estima que entre tres mil y ocho mil guatemaltecos murieron en estas operaciones combinadas. El 26 de enero de 1968, en una entrevista de la revista *Time*, el coronel John Webber, agregado militar de Estados Unidos en Guatemala y que después sería asesinado por la guerrilla, reconoció que había sido idea suya la operación contrainsurgente y que, gracias a su propia iniciativa, la técnica del antiterrorismo había sido puesta en practica por el Ejército de Guatemala en el área de Izabal.

Esta guerra en la que nunca fueron hechos prisioneros cubrió de sangre un país de apenas diez millones de habitantes por más de tres décadas. Aunque algunas de las centenares de matanzas fueron cometidas por la guerrilla, la mayor parte de las mismas fueron responsabilidad del Ejército y sus aliados. Un Ejército con decenas de miles de soldados y más de un millón de miembros paramilitares y Patrullas de Autodefensa Civil. Estas patrullas fueron diseñadas para obligar a los campesinos a participar en la erradicación de la guerrilla y, en general, a eliminar la actividad política de oposición al Gobierno. Muchos de los que se negaron a participar en esta cacería de guerrilleros y opositores al Gobierno, o que trataron de escapar del servicio en las patrullas civiles, fueron a su vez víctimas de violaciones a los derechos humanos.

La cosecha de tanto muerto y *desaparecido* fue sepultada por décadas bajo la amenaza de la represión y el miedo. Nadie quería hablar más allá de los muros de su casa de lo que le había pasado a su hermano, a su madre, a su esposo o a su hijo. Un vecino patrullero, y que había sido autor o cómplice de la *desaparición* o del asesinato, vivía en la misma aldea que el testigo o el familiar de la víctima. ¿Cómo hablar sin ser escuchado por el poder que mata?

Yo llegué a Guatemala, como representante de Amnistía Internacional, a principios del año 1996. Las víctimas comenzaban a desenterrar la memoria de los escombros del miedo. Sólo en un diminuto pueblo del departamento de Baja Verapaz, decenas de viudas se reunieron con nosotros para indicarnos, con una precisión escondida por décadas, los pozos, barrancos y fincas donde se amontonaban clandestinamente

10

los restos de hijos, maridos o hermanos. También conocían los nombres y las caras de los asesinos y dónde vivían. La angustia de las viudas reclamaba verdad y justicia pero, sobre todo, recuperar del vacío a todos sus muertos. La memoria había sido desenterrada intacta después de casi treinta y cinco años de silencio. Luego supe que los ritos funerarios constituyen una tradición fundamental en las comunidades indígenas de Guatemala. Según las creencias mayas, el espíritu insepulto de una persona muerta permanece suspendido entre el mundo de los vivos y el de los muertos, y puede incluso deambular enojado por la Tierra, buscando venganza contra la comunidad y los familiares responsables de su falta de sepultura.

Sólo en el periodo de 1994-1995 al menos veintisiete cementerios clandestinos habían sido denunciados ante las autoridades del departamento de Baja Verapaz. Las organizaciones de derechos humanos en Guatemala calculan que existen más de quinientos cementerios clandestinos en el país.

Rigoberta Menchú resume en sí misma cada una de las variantes de esta tragedia y significa quebrar, para siempre, el centro mismo del silencio, del miedo y la represión. Rigoberta sufre la discriminación recién nacida cuando su padre no puede registrar su verdadero nombre, M'in; su padre muere quemado el 31 de enero de 1980 en el asalto del Ejército a la Embajada de España en Guatemala, junto a alguno de sus amigos; su madre es secuestrada en el cuartel del Ejército del destacamento de Xejul; su hermano Patrocinio *desaparece* a manos del Ejército; ella misma pide refugio en México junto a más de cien mil de sus compatriotas; tiene miedo por los demás cuando empieza a escribir un libro sobre su vida y relata que "quité [del libro] los nombres, los nombres de mis hermanos, los nombres de los vecinos, sobre todo los nombres"; regresa a Guatemala en el año 1988 y es detenida en el aeropuerto; finalmente exclama, como miles de otras víctimas que rebuscan entre los escombros de la memoria, que "nadie puede dejar olvidado a un ser querido... en una fosa común".

Rigoberta Menchú representa en una misma vida todas las tragedias sufridas por el pueblo de Guatemala pero también simboliza la pujante sociedad civil e indígena de Guatemala convertida en freno y portavoz de las víctimas frente a los abusos del poder. Ella misma explica en este libro cómo pasa a formar parte del Comité de Unidad Campesina y cómo se organiza junto con otros para defender los derechos de indígenas y campesinos. Desde 1985 hasta la fecha se han logrado consolidar en Guatemala centenares de organizaciones de solidaridad y derechos humanos que son el principal tope frente a la impunidad y a la represión. Esta sociedad civil ha tenido muertos y *desaparecidos* y todavía recibe amenazas e intimidaciones. Sin embargo, crece y se multiplica.

Con la paz firmada el 29 de diciembre de 1996 entre el Gobierno y la guerrilla, se abre en Guatemala un periodo de esperanza... pero también de una aterradora falta de justicia. Amnistía Internacional sabe por experiencia de muchas partes del mundo que, cuando se firman acuerdos de paz tras periodos prolongados de gravísimas violaciones a los derechos humanos, la impunidad entra por la puerta y la justicia salta por la ventana. Guatemala es un país donde víctimas y asesinos, principalmente en zonas rurales, conviven puerta con puerta. Beben de los mismos pozos, cuidan los mismos animales y se encuentran cada día por los caminos de las aldeas. La reconciliación de los que se conocen no puede imponerse por decreto-ley; necesita, sobre todo, luz, taquígrafos y justicia. Los familiares no pueden perdonar en abstracto a quien incluso no se arrepiente de nada.

Los centenares de miles de familiares de víctimas de la represión tienen el derecho a conocer qué les paso a sus seres queridos y deberán recibir compensación de un Estado que planeó en una mesa de trabajo su muerte o desaparición física; los responsables deben ser identificados y llevados ante la justicia. Sólo así Rigoberta Menchú podrá saber dónde están sus seres queridos desaparecidos, y una joven viuda y huérfana a quien conocí en Baja Verapaz podrá dejar de bajar la cabeza cada vez que el asesino de su marido y su padre le sonría displicentemente libre cuando se encuentran camino de la aldea.

13

Esteban Beltrán
es director general
de la Sección Española
de Amnistía Internacional.

Éste es el libro-testimonio de una indígena maya del Quiché guatemalteco quien, después de haber sido condecorada con el Nobel por la Paz, reflexiona sobre los valores de su civilización y sobre los valores de la nuestra. Este libro es un acto de resarcimiento a Rigoberta Menchú, que desde los inicios de los años ochenta desgarró el velo de la hipocresía de Occidente que hablaba de Derechos Humanos pero se desentendía —por mediocre oportunismo— del genocidio en curso en Guatemala por parte de la dictadura militar.

Rigoberta, hija de un catequista cristiano y de una *comadrona* educada según la medicina maya, por esa época había hecho aún más: había decidido relatar, por instinto o por espíritu de sobrevivencia, los secretos de su civilización milenaria. Había decidido proponer, al mundo cómplice de la demolición de su gente, los valores que habían permitido al *Pop Wuj* resistir por cinco siglos a las violencias, a las contaminaciones y a las exageraciones de aquel que se definía "el mundo justo", "el mundo del desarrollo".

Esa escogencia de sobrevivencia, valiente y extremada por parte de una muchacha de veintitrés años que hablaba un español elemental y que había huido de Guatemala vestida a la europea, pues allí habían exterminado a su familia, regaló a nuestra cultura un testimonio conmovedor de vida vivida. Dicho testimonio nos impone una turbadora reflexión así como también la obligación de comenzar a considerar con otra lógica, con más humildad y respeto, el modo de entender y de vivir la vida de esos seres humanos, casi siempre del sur del mundo, que nosotros, cegados por la extorsión de la economía, seguimos considerando inferiores o no evolucionados.

Creo que, no obstante que a la pequeña mujer maya le ha sido asignado el Nobel en 1992, después de haber recorrido incansablemente por años y años todos los corredores de la ONU y de los organismos de la cooperación internacional, todavía no se le reconoce el mérito cultural, antropológico y político de haber obligado a las naciones que pesan a reconsiderar en las sedes de la ONU y de la UNESCO los derechos negados todavía ahora, a un paso del año 2000, a casi todas las poblaciones originarias de la tierra. Un dato inquietante debido a la hipocresía del gran poder económico-financiero y de la política de los países que se proponen como ejemplo.

Rigoberta no sólo lo denunció entonces, sino que lo sigue subrayando en estos años. Primero como delegada del CUC (Comité de Unidad Campesina) en la ONU, después como líder del movimiento indígena y, por último, como portavoz de todos los desheredados de nuestro planeta en las diferentes conferencias contra el hambre en el mundo. Alguno, sin embargo, se apoderó de sus méritos.

Por ello, con el editor Giunti y con el escritor guatemalteco Dante Liano, decidimos pedirle a Rigoberta el relato de los años que van desde su fuga a México, recibida por Monseñor Samuel Ruiz, Obispo de San Cristóbal de las Casas, hasta la entrega del Nobel por los reyes de Noruega.

Sin embargo, el simple relato de los hechos, de la fatiga para vencer los prejuicios culturales hacia una mujer indígena y militante, no había dado la medida exacta de la grandeza profética de Rigoberta. Por ello, le pedimos que nos dictara no sólo las memorias de su vida más reciente, las amenazas, las provocaciones, los miedos, las pequeñas victorias estratégicas y las momentáneas conquistas políticas, sino también las reflexiones, las ideas y las propuestas, mediadas por su cultura maya, de una ex muchacha "q'iche", convertida, a su pesar, en menos de quince años, en una auténtica intelectual, un líder político más convincente de quien lo hace por profesión o de quien ha tratado de saquear sus intuiciones, sus dolores y sus valientes elecciones.

Todavía recuerdo un intervento suyo en Ginebra durante el *summit* de la ONU sobre los Derechos Humanos: "Los indígenas no han sido escuchados con atención. Escúchenlos. Es lo que ellos desean, porque han conservado tantos valores milenarios. Sin embargo, en sus países nacen todavía institutos universitarios para estudiar a los indígenas. Nosotros no somos mariposas, somos seres humanos pensantes. ¿Por qué no se acepta la idea de que los pueblos indígenas podrían enseñar algo al mundo de hoy?".

Y también recuerdo las mezquindades, las tentativas mediocres de los funcionarios de los diferentes países responsables de tantas derrotas para la humanidad, para conocer el texto de su intervención (que al menos en parte había improvisado) o la ilusión de condicionar su contenido, en el temor de que fuera demasiado explícito en su denuncia. El delegado de Costa Rica llegó a sostener, respecto de los derechos de los indígenas de su país, que éstos gozaban de las mismas conquistas civiles que los demás ciudadanos: "Muy bien, señora Rigoberta, los indígenas deben tener todo lo que nosotros tenemos, pero en este caso dejan de ser indígenas". Una frase grotesca que escondía la preocupación que, concediendo un derecho, se negase siempre a los potentes financieros del país la posibilidad de desalojar a los indígenas de las tierras de sus antepasados, ricas de minerales estratégicos, codiciados por las grandes compañías multinacionales. Rigoberta respondió con una sonrisa tan desarmante que fue más fuerte que el murmullo turbador del público.

Comencé a seguir de cerca a Rigoberta Menchú durante su visita, a finales de 1992, el año de su Nobel, a los campamentos de refugiados guatemaltecos en México. Más de cien mil olvidados por el mundo, fugitivos del terror de una dictadura que había escogido el genocidio para apropiarse de sus tierras, habían sido acogidos, luego de meses pasados en la selva lacandona, con innumerables penurias, en los estados de Campeche, Quintana Roo y Chiapas. Rigoberta, a sus hermanos indios de las etnias q'iche', kaqchiquel, mam, tzotzil, ixil y kanjobal con gran pudor no les hablaba nunca de sí misma, sino les pedía sólo de no caer en la desesperación. Predicaba "la unidad en la diversidad" y la "esperanza en una vida que no renegase de los ritos mayas sino que estuviera en condición de conciliarlos con una sociedad solidaria, laica, multiétnica y pluralista". Una verdadera revolución, una intuición sociopolítica que podía parecer una utopía, si no hubiera sido porque tiempo después, con la paz en Guatemala entre Gobierno y guerrilla, no hubiera demostrado su factilidad.

Una mañana, en el campamento Las Lagunas, en el estado de Quintana Roo, había dicho: "Estoy convencida que ahora, más que nunca, no será una sola persona la que cambiará la historia, sino serán los pueblos, los hijos, los jóvenes, los ancianos, la unidad de una familia, de una comunidad. En los últimos diez años hemos sido obligados a dejar la patria, la madre tierra, los animales, y hemos tenido miedo de ver extinta nuestra cultura y de olvidar nuestros idiomas en el encuentro con tierras extrañas, a veces incomprensibles y lejanas. Y, en cambio, después de todo este tiempo, todavía estamos aquí, hermanos de todas las etnias y todos juntos conservamos buena parte de nuestra memoria milenaria, la de los mayas. Cuando veo el saludo y el silencio en los ojos de cada uno de ustedes, sé que llevan dentro un camino existencial lleno de dignidad".

En el camino de Rigoberta Menchú cuenta en este libro, partiendo de los ataques y de las provocaciones más recientes de un mundo que hasta que fuera una indígena sonriente y colorida, le concedía sus simpatías, pero que no la ha querido aceptar una vez que ha insistido, fuerte de su Nobel, a conducir batallas contra la miseria, la destrucción de la vida, la exclusión de los pueblos indígenas y de todos los que no tienen voz en el mundo. Ese mundo ha comenzado a combatirla, a tratar de desacreditarla, a amenazarla. Cuando regresó (en teoría) la democracia a Guatemala, hace dos años, Rigoberta se constituyó como acusadora privada contra el ejército de su país, que se arrogaba el derecho de hacer juzgar a un tribunal militar la masacre de indígenas cometida por las fuerzas armadas en la aldea de Xamán. Entonces tuvo que sufrir inclusive la provocación del falso secuestro de un sobrino suyo, cosa que la hirió en lo más intimo de sus afectos. Pero no ha cedido. Ha denunciado ella misma el engaño. Ha sido la afirmación de una moral que forma parte de la vida cotidiana de un pueblo, donde los niños nacen frecuentemente delante de toda la aldea, porque desde aquel momento serán hijos de toda la comunidad.

Por eso, mientras Rigoberta nos dictaba sus recuerdos y las emociones de estos últimos e irrepetibles quince años de su vida, he pensado muchas veces en una reflexión de Monseñor Samuel Ruiz, maestro de la pequeña maya sonriente en sus primeros meses de fuga en México. "Quinientos años nos han enseñado que el indio no sólo ha sido exterminado en el continente, y no sólo existe todavía, sino que tiene una conciencia clara de su responsabilidad histórica, una apertura hacia el mundo, una gran generosidad, la percepción que la tierra es de todos y que él mismo está listo a ofrecer sus valores como contribución para la transformación de la sociedad moderna".

En el mundo de los que pueden, hay mucho olvido respecto a estos temas, de estas experiencias, de estas voces olvidadas. Tal vez representan la mala conciencia del capitalismo, que ha vencido removiendo los problemas morales. Pero las figuras periféricas como Rigoberta hacen entrar en crisis a muchas certezas.

En Edzná, en México, donde los mayas han dejado vestigios arqueológicos que cortan el aliento hasta al más presuntuoso hombre de nuestros tiempos, Rigoberta, en el último día del año 1992, recordó a las televisiones de todo el mundo: "Yo no creo que se tenga que pensar que el destino de los hombres sea el de comprar, vender y ganar. Cuando se compra, se vende y se gana solamente, no todos tienen las mismas oportunidades, las mismas posibilidades de desarrollarse material y humanamente. Por eso estoy convencida que nuestra lucha tiene que ser común, tiene que ser una lucha de indígenas, de mestizos, de negros, de todos los que viven en este continente y que nunca tendrán que avergonzarse de su pobreza y de sus raíces. Cuando alguien se avergüenza de sus raíces o se siente superior a la cultura de los otros, la humanidad de un paso hacia atrás".

Gianni Minà

Me he sentado a leer *Rigoberta Menchú. Cruzando fronteras*. Después de los primeros capítulos se me ha secado la garganta y he tenido que tomar un trago de aire, porque por ratos la respiración se me ha quebrado.

En este libro, Rigoberta Menchú Tum abre su corazón y deja caer sus palabras con la misma sencillez con la que se habla en la vida cotidiana de nuestras comunidades. Mantiene el sabor que matiza la tradición oral de nuestras lenguas mayances.

La experiencia con este testimonio es que uno no siente estar leyendo sino escuchando.

Rigoberta habla como lo hacen nuestros mayores cuando al final de la tarde, junto al fogón de la cocina, frente a los tenamastes y la olla de nixtamal que hierve, la familia reunida escucha a la abuela o al abuelo contar su historia y sus experiencias intercaladas con reflexiones.

En este libro, ella va desgranando la mazorca de su vida, trae lo que su memoria ha guardado hasta hoy: los hechos relacionados con el secuestro de su sobrino; cuenta de su captura en el aeropuerto La Aurora; su desamparo frente a un juez prepotente; sucesos tristes de los años ochenta; cuadros terribles de la masacre de Xamán. También recuerdos bellos: el Premio Nobel de la Paz; relata momentos felices y algunos graciosos, como cuando habla de la *goma* que sufrió después de cierta borrachera.

Hay lágrimas, hay sonrisas, nos lleva al momento de su reencuentro con ese pedacito de tierra donde dejó el ombligo. Quince años de exilio y luego volver a ella, enlodarse los pies por esos caminos por donde anduvieron venados, coyotes, taltuzas; antes de esta guerra que desgarró nuestra tierra y nuestra gente. Cuando ella volvió a su Laj Chimel se encontró con que la aldea se había encogido: las piedras que eran grandes ahora eran chiquitas, ya no había árboles, escasos los pájaros y los ríos habían desaparecido. ¡Cómo había cambiado la tierra de sus padres!

A medida que uno se adentra en este documento, pareciera estar leyendo u oyendo a una anciana de ochenta años. Es una vida intensa, honda, profunda. Todo inspirado por el dolor, ese maestro severo de la vida, que ha calado tan hondo en ella y la ha obligado a vivir el doble de la edad que tiene para entregarnos este testimonio. Rigoberta Menchú Tum es una mujer que se sobrepuso al miedo, es una mujer llena de coraje.

Ella habla también de sus profundos deseos de paz, con la misma fuerza con la que deseamos las primera lluvias para que germine el maíz y se haga milpa y dé mazorcas y así tener una buena cosecha. No cabe duda de que, a pesar del cambio de vida que ha tenido, el alma campesina sigue gobernando sus pensamientos. La sangre habla, ella se detiene y escucha.

Cuánta falta hace que entre nosotros salgan libros con nuestra voz, con nuestra manera de ser, con nuestra forma de pensar. Rigoberta Menchú Tum nos entrega este testimonio que, aparte de ser un recorrido por el pasado reciente de nuestra historia y que a ella le ha tocado vivir, es también un punto de partida para la reflexión y el análisis.

Dejémonos conducir y caminemos a su lado por esos caminos de tierra, miremos con sus ojos, oigamos con sus oídos o viajemos por el mundo con ella; vivamos momentos de satisfacciones y de triunfo, momentos de angustias y de humillaciones. Sentémonos al lado de una mesa de tablas y comamos tamalitos, hongos, *pul-ik* y, ¿por qué no?, echémonos un trago.

Termino este breve texto con la bendición de nuestros abuelos: *Aretak'ulo ri kaj ka si'janta pa awi'* (Que el cielo florezca sobre tu cabeza).

23

HUMBERTO AK'ABAL
es poeta y escribe en quiché.

AGRADECIMIENTOS

Durante muchos años soñé escribir otro libro, pero cada vez lo veía más lejano. Para mí no es lo mismo pensar en Q'iché que pensar en español y aún es más grande el desafío cuando intento plasmarlo en papel utilizando un segundo idioma. También, la inestabilidad, el exilio, las dolorosas consecuencias de la guerra interna que se vivió en Guatemala y las múltiples responsabilidades que cayeron sobre mi espalda me impidieron realizar este sueño.

Siempre cruzaron en mi camino tantos amigos y amigas que me animaban a escribir otro libro, me animaban a recoger algo de mis experiencias y me ofrecían su apoyo incondicional. Cuando finalmente tomé la decisión de escribir este libro, acudí a Eugenia Huerta, mexicana, íntima amiga mía desde los peores años del exilio. Con Eugenia identificamos una guía de temas que fue indispensable para cumplir la meta.

Después acudí a otro gran amigo, don Mario Matute, escritor guatemalteco. Él es un hombre de grandes méritos, es no vidente, nació así. Nunca tuvo la suerte que nosotros tenemos de ver la luz, las verdes montañas o simplemente de ver la nobleza o la maldad de los ojos de los humanos. Don Mario escuchaba mi voz hora tras hora al dictar varios cientos de páginas de este libro.

Muchos años atrás tuve el gran privilegio de conocer a Gianni Minà, escritor italiano. Recorrimos algunos caminos juntos y esta vez no dudé en que él aceptaría darme una mano con el libro. Gianni Minà se encargó de dar un orden a lo escrito y convertirlo en capítulos. Como es normal, fue necesario dedicar varias jornadas de trabajo para completar de mejor manera el contenido de cada capítulo.

Nada de este libro estaría completo sin los talentos, la entrega y compasión de un gran compatriota, el escritor y poeta Dante Liano. Especialmente para respetar o al menos acomodar correctamente el uso de las reglas literarias en el idioma español. Hicimos con Dante Liano un enorme esfuerzo para conciliar la manera de vivir, pensar, entender y expresar un gran pedazo de mi vida en Q'iché, para que sea percibido, vivido, entendido y respetado en español y esperamos que en todos los idiomas del planeta. Algo muy grande que nos ayudó para que la lluvia de palabras culminara en una meta, fue el hecho de que nacimos en una misma tierra, compartimos las mismas raíces y nuestros sueños atraviesan los mismos caminos.

Cuando Giunti publicó en Italia mi primer libro, *Me llamo Rigoberta Menchú*, en 1984, expresó su esperanza de publicarme muchos libros más. Cada año, durante trece años me lo recordaban. Mi especial reconocimiento a Roberta Mazzanti y Bruno Mari, por su apoyo y amistad.

Agradezco a los compañeros de la Fundación Rigoberta Menchú Tum, en quienes he depositado mi confianza para superar los contratiempos en este importante trabajo. A todos ellos les brindo mi más profundo agradecimiento por su ánimo, paciencia y apoyo en los tiempos buenos y en los momentos difíciles. Gracias a todos por darme el enorme privilegio de trabajar juntos en algo que tanto he soñado.

De todo corazón dedico este libro a mi adorable hijo, Mash Nawalja', quien con sus sonrisas y sus caricias me ha cambiado la vida, a pesar de que no pude darle toda mi presencia durante los primeros días y meses de vida. A mi querido, amoroso y paciente esposo, Ángel Francisco Canil, quien siempre ha sido una luz en mi vida. Al amor de mi gran familia y a Guatemala, la tierra que me vio nacer.

Los antepasados nos enseñaron que una sola persona no hace historia.

Libertad para los Pueblos Indígenas donde quiera que estén.

Rigoberta Menchú
Premio Nobel de la Paz

EL ENEMIGO EN CASA

Nosotros, las familias indígenas, las familias mayas, seríamos infelices viviendo sin gentes y sin niños. Sin el sentido de la familia sería imposible existir. Nuestras familias siempre fueron numerosas y esta casa es el reflejo. Aquí hay seis niños y en algún momento, en las vacaciones, en las ceremonias, en fiestas familiares, vienen otros niños. Nuestra casa parece un verdadero jardín de niños. Viene Edy, que es hijo de mi cuñada María, y viene Juanita, que acaba de salir porque empezó las clases. Ellos viven con su mamá pero antes vivieron conmigo varios años. En medio de las dificultades del exilio y de la guerra los vi crecer como si fueran mis hijos y los extrañaré siempre. Ellos me enseñaron a amar a tantos niños de compañeros que crecieron sin sus padres. Ahorita es la primera vez que ellos tienen su casita aparte, ya son grandes. Chente tendrá sus doce años y la Juanita tendrá siete.

Ahora viven conmigo una cuñada y un cuñado, es decir, dos hermanos de mi esposo. Mi esposo tenía quince hermanos y hermanas. Dos fueron asesinados por el Ejército y otra murió pequeñita. En algún momento, todos ellos confluyen aquí. En un rato armamos una fiesta, jugamos, bailamos y así es cuando ellos vienen.

La semana entrante van a venir Chico, Chente, Ángel, Manuel: son cuatro hombres que nos hacen falta en esta casa porque ellos viven con nosotros, son parte de la alegría de aquí. Hemos hecho de esta casa una pequeña aldea, una copia de Laj Chimel[1]. Había que volver a reconstruir la familia, volver a tener algo propio, volver a empezar, por todos los años de ir de casa en casa de la gente, en México, después de vivir en los barrios más pobres. Allá, en el exilio, nunca me preocupé por si alguna vez tendría que tener una casa o algo mío. Solamente cargaba mis recuerdos, los ideales de mi gente de ayudar a construir un país más justo, más digno. Y creo que dejé tirado algún recuerdo o alguna maleta, algún libro en no sé cuántos rincones de México, donde siempre hubo una humilde familia que me acogió y me adoptó como hija privilegiada.

La construcción de la familia, la reconstrucción, el reencuentro con mi hermano Nicolás, con mis hermanas, mi cuñada, sus hijos han sido acontecimientos muy grandes, porque todos ellos sobrevivieron en distintos lugares forjando su propia historia en la guerra y sus propias experiencias para vivir. ¡Tantas veces se escaparon de la muerte y la destrucción...! Dondequiera que hayamos estado, siempre tuvimos como un presentimiento común, siempre existió un vínculo espiritual, recuerdos comunes, sueños similares, es decir, algo inexplicable, como si hubiera habido una conexión constante entre nosotros. Cuando tuvimos la oportunidad de encontrarnos, revivió esa unidad, esa fraternidad. Es ese mismo ombligo que nos une. No quiero decir que no nos hayamos peleado en la infancia, hasta eso es parte de las huellas de nuestro ranchito, de Laj Chimel, de la tierra que nos vio nacer. Mi hermano Nicolás es como si fuera mi padre, ama la tierra, ama la milpa, el maíz, las montañas, y lucha siempre junto a la comunidad. Igualito que mi viejo, negro por el sol, trabaja, trabaja y desde

---

1. El nombre del lugar es Chimel. *Laj* es prefijo diminutivo, en quiché: "pequeño Chimel".

lejos se ven sus cicatrices. Él y Marta son mis mayores, nos tenemos mucho respeto. Lo que voy a contar ocurre en un momento muy especial de nuestra vida, que era el casamiento de mi sobrina Regina Menchú Tomás. Ella es hija de mi hermano Víctor, quien murió fusilado por el Ejército el 7 de marzo, a las siete de la noche, en 1983. Ella sobrevivió. Sus dos hermanitos murieron.

Mi otra hermana supo que se habían quedado tres hijos de Víctor en el destacamento militar. Los vecinos decían que estaban escondidos tres niños en el destacamento, una niña y dos niños. Mi hermana se armó de valor y los fue a reclamar, pero ya estaban muy enfermos, hinchados de desnutrición. Así que Regina, la mayor, y sus dos hermanitos se fueron a la casa de mi hermana. Allí se murieron los dos hermanitos de desnutrición y ella quedó. Por la pobreza de mi hermana no podía mantener a los tres. Desde el 83 estuvo de casa en casa de la gente. Vivió de un lado a otro buscando posada. Ella no se hallaba en ningún lugar.

No supe de ella hasta que encontré a mi hermano en el 92 y me contó. ¡Yo sentí tanta tristeza...! Y me nació el gran deseo de conocerla. Así es como la trajeron acá y la conocí; ya era una señorita callada, con muchas dificultades al principio porque había vivido en muchas casas, había aguantado sola muchas penas. Había sido despreciada en muchos lugares, había vivido como huérfana. Fue asesinado su padre, fue fusilado, fue enterrado en una fosa común en Uspantán. También su madre fue degollada. Un día fue secuestrada, la degollaron. Esto pasó en Chimel y entonces sólo se encontró su cadáver. Fue en el 80. Ella era gorda, sonriente y muy cariñosa. Una mujer muy sana.

Entonces, cuando Anita y yo conocimos a Regina le dijimos que viniera a vivir con nosotros, que nos diera la oportunidad de conocerla. Ella aceptó, por lo que desde finales del 92 mi sobrina vino a vivir con nosotros y estuvo un tiempo en México. Después se vino acá pero decidió casarse y para mí era muy triste despedirla porque no sólo es hija de esta casa, sino que

31

también todos nosotros la hemos querido por ser huérfana de mi hermano Víctor y María, mi cuñada. Cuando dijo que se iba a casar yo le dije: *"Mija*, yo te voy a hacer una linda despedida", pero nos cortó. Como su nueva familia es de religión evangélica pensamos que para no hacer guerra de religiones y de creencias sólo se casaran por lo civil. Lo religioso que lo decidieran ellos. Como un mes y medio antes empezamos a organizar la fiesta. Nunca podrían volver los hermosos días de cuando se casaron mis hermanos en Chimel. Mis hermanos estaban felices, se hicieron lindas ceremonias tal como lo hacían los abuelos, pero los tiempos han cambiado. Este casamiento se había acordado desde el mes de junio y lo íbamos a hacer el día sábado 4 de noviembre y desde la mañana del 3 de noviembre mis hermanas, mi hermano, toda la familia empezó a llegar con los sobrinos, primos, nietos, sobrinos nietos, y todos los niños. La última que llegó fue la mamá de Pablito. Recuerdo que llegó como a las siete de la noche, cargando otro patojito en la espalda.

Yo estaba sorprendida porque no sabía que tuviera otro hijo. Y le dije: "Pero, Cristina, nunca supe que estabas embarazada, yo me quedé cuando cargabas el otro y cuando el otro no caminaba todavía". Y me confirmó: "Sí, tía, ya tengo". "¿Y cuántos meses tiene?". "Tres meses". "¡Ay, qué lindo!". Puse la mano encima de la cabeza del pequeñito para darle el saludo tradicional, según nuestra cultura quiché: echarle la bendición, desearle mucha vida, acogerlo en la familia y darle la bienvenida a casa. Y viene el pequeño Pablito y empieza a tocar mi computadora a desenchufar los cables y entonces yo lo empecé a correr por la casa y en eso hablé con su mamá y le dije: "¿Y tu esposo? ¿Y tu marido? ¿Dónde está?". Me dice: "Está en Playa Grande[2], tía, está en Cantabal", me respondió. "¡Ah..., en Cantabal!, ¿y qué está haciendo allí?". "Vendiendo flores". Y fue cuando yo me sorprendí y le

2. Playa Grande y Cantabal son dos pueblos situados en la región de Ixcán, al noroccidente de Guatemala, que ha sido escenario de feroces masacres durante el último enfrentamiento armado. Fue, durante largo tiempo, la zona de guerra por antonomasia.

pregunté: "¿Flores en Ixcán, cómo va a ser eso con tantas flores maravillosas que hay allá, cómo es que vende flores?". Entonces me aclaró: "Sí, tía, sí, vende flores pero son de plástico". "Bueno", pensé, "pues a alguna gente le gusta tener alguna cosa sintética, una cosa de plástico en lugar de tener una flor de la naturaleza. Es lógico, es normal". Lo dejé ahí y entonces, "¿y no va a venir a la boda?", le dije yo. "No", respondió ella, "él no sabe que me vine a la boda, él no sabe nada de la boda. Yo estoy muy preocupada porque si él va a llegar a la casa no me va a encontrar, porque no me dio tiempo de avisarle". En eso, ya muy de noche, quería platicar conmigo: "Quiero hablar con usted tía". Y yo: "Mejor mañana, *mija*, porque estamos muy ocupados"[3]. Aquí teníamos que tener una pequeña ceremonia. En nuestra cultura maya, el día anterior o antes del casamiento se acostumbra juntar a la pareja que se casa para darles consejos sobre la vida, darles la confianza y recordarle a la novia que no debe olvidar nunca su nido, su primera familia, su antigua casa. Recordarles que siempre deben escuchar los consejos de sus mayores.

Igual hacen ellos, la familia del novio, como la familia de nosotros, por si hay un problema. Que nos confíen, que nos tomen en cuenta, que no se sientan solos; todo este tipo de consejos se les da a la pareja para que vayan realmente unidos y fortalecidos. Se les reafirma el sentido colectivo de la familia.

Mientras tanto, otros estaban cocinando, otros haciendo el *pul-ik*[4], que es una comida hecha de puras semillas, condimentos de muchas clases de semillas; es una comida solemne

---

3. En el español de Guatemala, es muy frecuente pasar del tratamiento de *tú* al de *vos*, incluso dentro de la misma frase. También es usual todavía que los miembros más jóvenes de la familia traten por respeto de *usted* a sus mayores, aunque éstos los traten de *tú* o *vos*.

4. "Llamado también *pulique*, es un guisado de carne y verduras con abundante salsa. Hay varias formas de preparar dicha salsa, pero sustancialmente está hecha de tomate, cebolla, ajo, pimienta, culantro o *apazote*, achiote y, naturalmente, chile" (*Diccionario Quiché*, Proyecto lingüístico Francisco Marroquín, Guatemala, 1996. De ahora en adelante se citará como Marroquín).

que se asa por bastante tiempo y se muele. Es una comida solemne porque se hace con paciencia. Le llamamos *pul-ik* aquí; lleva ajonjolí, pepitoria[5], pepitas de chilacayote[6] y de ayote[7]. Lleva distintas clases de semillas y ésa es su gracia... Y chiles, tres clases de chiles, tres clases de tomates y un poquito de achiote[8]. Se hace con bastante tiempo de anticipación. Nosotros, en esto, habíamos decidido dar *pul-ik* de pollo, pero no el pollo de granja que sólo se alimenta de concentrado y no combina con este *pul-ik* que necesita hervir. Entonces habíamos corrido a buscar pollos en los distintos mercados y había que matar los pollos y había que preparar todo. Nosotros decidimos dar *pul-ik*, pero los esposos, los de la nueva familia de Regina, ellos decidieron darnos chompipe, el pavo, en *pul-ik* blanco.

Ellos tenían que cocer en unas ollas grandes los chompipes enteros. Ellos nos entregaron los chompipes ya cocinados para que los comiéramos al día siguiente. Los chompipes tenían que caber en unas ollas grandes de barro y ellos hicieron una salsa por aparte. Cuando nos encontramos se dio un intercambio de bienes. Nosotros siempre damos los bienes de la novia: su ropa, sus güipiles[9], sus cortes[10], sus *perrajes*[11], sus cositas. Normalmente los suegros tienen que conocer lo que

---

5. "Cucurbitácea de cuyo fruto se obtiene la semilla asimismo llamada" (J. Francisco Rubio, *Diccionario de voces usadas en Guatemala*, Piedra Santa, Guatemala, 1982. De ahora en adelante se citará como Rubio).

6. "*Cucurbita ficifolia*. Calabaza de gran tamaño" (Rubio).

7. Calabaza.

8. "*Bixa orellana*. Arbusto que da unas cápsulas con granos rojos que sirven para sazonar y colorear alimentos" (Rubio). El achiote se vende en el mercado bajo la forma de una pasta roja, ya lista para dar sabor pero sobre todo un típico color rojo a los alimentos.

9. Tejido multicolor hecho a mano por las mujeres indígenas. Se usa como blusa.

10. Telas para hacer vestidos indígenas.

11. Del quiché *peraaj*: "rebozo" (Marroquín).

ella lleva, pero esta vez no lo hicimos así porque no teníamos tiempo. La boda fue en el Instituto Santiago que está a quince kilómetros del centro de la capital de Guatemala. Y entonces desde temprano tenía que salir toda la gente.

Cuando bajé como a las ocho y media, vi que Cristina todavía estaba allí. "¿No te has ido?", le dije, "¿no te fuiste con los otros?". Me contestó: "No, es que Pablito quiere ir con usted". Y entonces me reí: "¡Ay, Dios, no seas cruel! Ni siquiera habla mi nenito. Pero no te preocupes, te vamos a llevar en mi vehículo". Ella metió al niño en mi vehículo y yo llevé a mi hijo y nos fuimos. Antes de salir me dijo: "Tía, disculpe, pero no puedo estar en la boda". "¿Y por qué?". "Porque yo debo estar en la dieciocho calle, que es un lugar comercial aquí. Tengo que estar en la dieciocho calle porque necesito comprar relojes para mi venta en el mercado de Cobán[12]. Mucha gente me ha pedido relojes para colgar en la pared. Y ya no tengo relojes. Tengo que ir a reservar relojes para llevarlos el lunes...". Yo le aseguré: "No te preocupes, *mija*, vas a estar un rato en la ceremonia. Cuando sea la hora, entonces mi vehículo te llevará a la dieciocho calle". Y así nos fuimos. Nosotros nos pusimos a preparar el altar de flores, a poner las candelas en las cuatro esquinas, a preparar el *pom*[13] y a hacer la ceremonia, los intercambios que teníamos que hacer, los consejos que había que dar a la pareja. Esto lleva bastante tiempo. Hasta el final se iba a hacer la boda civil y, cuando terminara, tendríamos que entregar a la novia. Deberían haber sido sus padres pero, como no los tiene, nosotros nos convertimos en sus mayores. Nosotros teníamos que entregar a la novia y ellos tenían que entregar al novio a nuestra familia. Todo esto es

---

12. Cabecera del departamento de Alta Verapaz, en el norte de Guatemala, a unos doscientos kilómetros de la capital.

13. Sustancia a base de resina, cuyo humo se parece al del incienso o al de la mirra. Se quema frente a los altares religiosos mayas para demostrar veneración, reverencia y respeto. Su contenido es sagrado, tradicional y místico.

parte de la ceremonia, así es nuestra cultura. Y una vez terminado esto, nosotros teníamos que servir la comida a toda la gente y atenderlos.

Llegaron los invitados. Todos los compañeros de la fundación estaban allí y terminamos todo como a las dos de la tarde. Entonces empezamos a bailar. Estaba el doctor Eduardo Salerno, el asesor del caso legal de Xamán, estaba Dorita y estaba el abogado de la fundación, María Estela López.

Todos estábamos concentrados cuando llegó un sobrino que se había quedado cuidando la casa. Llegó llorando y dijo: "¡Ha sido secuestrado alguien! ¡Yo sólo oí que había habido un secuestro y que era allá cerca de la casa!". Lógicamente, era un familiar porque si no no habría estado aterrado el sobrino que llegó a avisar. Entonces yo paré todo y pregunté: "¿Qué pasó?". Habían secuestrado a Pablito, dos hombres que salieron de un vehículo blanco. Había otro adentro del vehículo, que era el conductor.

Fue a cincuenta metros de la puerta de la casa. Habían golpeado a la madre. Yo sólo oí la palabra secuestro y me recordé de mamá. Me hizo percatarme del enorme riesgo que corremos todos los días. Desde que regresé del exilio, a diario tenía ese temor. No sé a qué horas mi hermano, mi hermana y yo, con otras gentes, nos metimos al vehículo y nos vinimos. Ya no despedimos a nadie. Todo el mundo se quedó asustado. Cuando llegamos aquí, a la casa, Cristina estaba parada en el corredor, estaba pálida, aterrada y llorando. Yo recuerdo que le dije: "Cristina, cuénteme todo lo que pasó, ¿qué han hecho con tu hijo?". Me contó llorando cómo había sido secuestrado su hijo. Y le dije: "¿Cristina, qué quieres que haga?". Y me respondió: "Devolver a mi hijo con vida". Entonces yo pregunté: "¿Pero tú crees que debemos avisar a la policía, debemos avisar a la prensa, qué debemos hacer?". Luego pensé que antes que nada ella era la madre. Me pidió: "Haga todo lo que quiera, haga... haga pero con tal de que sea rápido". Yo quería ganar tiempo, ganar tiempo porque los secuestradores podían sacar rápido al niño a alguna frontera, a la frontera de El Salvador que está más cerca. Yo empecé a pensar que el niño podría estar cerca o podría ya haberse ido lejos de aquí. Porque aquí ya se volvió negocio. Los secuestros de niños, de empresarios, de personalidades. ¡Hay una gran cantidad de secuestros! Pero en ese momento nosotros estabamos absolutamente asustados, yo estaba temblando de miedo, porque había muchas cosas que coincidían. Era el día 4 de noviembre y el día 5 se cumplía un mes de la terrible masacre de Xamán. La masacre de Xamán que ocurrió en Alta Verapaz. Reparé en que, casualmente, la sobrina que había sido golpeada tiene una venta en el mercado de Cobán, en Alta Verapaz. ¿Por qué tenía que ser la sobrina de Alta Verapaz? ¿Pero por qué tenía que ser la hija de mi hermano mayor? Porque no sólo es el primer nieto sino es el hijo de la primera hija de mi hermano mayor. Todas esas cosas tiene una gran significación en nuestra familia porque el primer hijo que da un primer hijo es como de mucha representación, de mucho significado, de respeto.

Yo me puse a pensar que esto era un mensaje directo para mí, era golpearme a mí. Era golpear al núcleo familiar. Porque esto ocurre en una fiesta tan solemne para mí, pues despedía a la hija de mi hermano fusilado, de mi cuñada degollada. Esto tenía que ver también con el miedo que yo sentía solamente de imaginar que pudieran haberse confundido y que pudieran haber pensado que era mi hijo porque eran parecidos. Si Mash Nawalja' caminara ya en ese momento serían igualitos pero, como él no caminaba, la única diferencia era ésa. También me puse a pensar en que el Ejército ha hecho mucho hostigamiento. Algunos sectores del Ejército en Alta Verapaz, en Playa Grande, habían hostigado mucho contra mi persona todo octubre y noviembre diciendo que yo pedía la pena de muerte para todos los militares. Yo había pedido la pena máxima de prisión, que son treinta años, para los autores de la masacre de Xamán. En cambio, ellos estaban generalizando y decían que

37

yo pediría la pena de muerte contra cualquier militar que en el futuro cometiera un delito. Esto era para que algunos militares me consideraran como una peligrosa enemiga. Y generaron toda una actitud hostil incluso de familiares de las Fuerzas Armadas. Todos los reaccionarios aprovecharon para escribir artículos de periódicos para decir que yo había pedido la pena de muerte y que yo estaba a favor de la muerte y que era un premio Nobel de la Guerra, no era un premio Nobel de la Paz. Todo esto había ocurrido durante el mes de octubre. Sentía yo mucha presión, porque en este tipo de situaciones, si uno sale a aclarar, más agranda las cosas. En muchos momentos yo sé callarme. Si hay un acontecimiento que sé que no vale la pena porque lo que genera es racismo, es intriga, es odio, es confrontación, yo me callo y, aunque tenga que ser víctima por unos días, yo me callo a propósito. Luego me puse a pensar: en la masacre de Xamán, en la campaña negra, especialmente en Alta Verapaz, en Playa Grande, Ixcán. Luego reflexioné que mi sobrina vive en Alta Verapaz. Por último, en que el tamaño físico de mi hijo casi es el mismo que el de Pablito. ¿Qué mensaje me querían dar? Concluí: "Éste es un hecho político, éste no es un hecho casual". Entonces estuvimos evaluando con los compañeros de la fundación, con Dorita, con el doctor Salerno, con Helen Mack. "¿Qué hago?". Y ellos también coincidían en que el ambiente era propicio para pensar que esto era un acto político, era una agresión contra mí y contra la familia. Era la manera de manchar el nombre de la familia Menchú.

Lo único que hice fue llamar al director general de la Policía Nacional, al jefe del Departamento de Investigaciones Criminológicas, al Ministerio Público y al Ejército, incluso. Y en eso apareció la prensa, un gran amigo, don Eduardo Mendoza, que es director de una emisora radial —Radio Sonora—, bastante indignado pero también bastante preocupado. Todas las personas que vi aquí en casa era gente sumamente preocupada porque también esto ocurrió un mes antes de las elecciones generales.

Nos habíamos arriesgado mucho en esa Campaña Nacional para la Participación Ciudadana[14] y un mes antes de las elecciones este secuestro era una cosa espantosa que empañaba el ambiente. En esta campaña electoral habían ocurrido otros hechos que generaban un clima de violencia que llegó al máximo: no sólo la masacre de Xamán, sino los secuestros, los asesinatos diarios, un promedio de ocho a once cadáveres en distintos puntos del país, sobre todo en áreas urbanas; o sea, la violencia como clima.

Mucha de la violencia que ocurre en Guatemala, mucho de esta situación, lo que genera es caos, incertidumbre, es intimidación, es guerra psicológica para asustar a la gente. Yo creo que el secuestro cumplió su papel de guerra psicológica no sólo hacia mí. Finalmente, ¡sentí tan cerca lo que siente una persona a quien le secuestran un ser querido...! Ese día llamé a la policía, estaba inundada la casa de amigos, de extraños, de quién sé yo quiénes, y Cristina respondió a todas sus preguntas. Aparecieron el Ministerio Público y la prensa y lo que yo dije a la prensa fue: "Quiero dejar claro que nunca voy a descansar hasta no descubrir quiénes son los responsables y que, si fue el Ejército, entonces debe ser castigado y, si no fueron las Fuerzas Armadas, entonces que me demuestren lo contrario... Que me demuestren lo contrario, si no fueron ellos, mediante una investigación exhaustiva y profunda. No una media investigación. Que encuentren a los culpables para que sean castigados. Los responsables intelectuales y los responsables materiales, porque un secuestro de esta naturaleza no puede ocurrir así no más. Sólo puedo creer en la justicia si se aplica con rigor".

Aquí estábamos, pero en un momento oí de lejos que Cristina dijo llorando: "¡Por qué no me fui con Miguel! Si él me dijo: 'Cuida que a nuestro hijo no le vaya a pasar nada, o si

---

14. Para las elecciones presidenciales de 1994, la Fundación Menchú patrocinó una campaña con el fin de estimular la participación en las votaciones, que recibió el nombre de Campaña Nacional para la Participación Ciudadana.

quieres vámonos de regreso a Cobán', me dijo Miguel", y así me quedó, como de lejos, esa frase, como un detalle muy fino. Y después le pregunté a Cristina: "Mira, Cristina, ¿y cuándo viste a Miguel?". "Hoy", me respondió, "hoy en la dieciocho calle". "Pero ¿no me dijiste ayer que estaba en Playa Grande y que estaba vendiendo flores en Cantabal? ¿Cómo llegó aquí? ¿Cuándo vino?". "Ah... no", me dijo, "es que ayer pasó por la casa en Cobán como a las diez de la noche y no me encontró y dispuso venir a la capital y entonces lo encontré". "Cristina", le dije yo, "¿pero por qué no vino a la casa?". Y me contestó: "No... no... no vino porque es que supuso que yo estaba en la boda y él no sabía dónde iba a ser la boda y por eso no vino". "¿Pero dónde te encontraste con él?". "Al lado del mercado". "No, yo quiero saber exactamente en qué parte se encontraron". "Me encontré en el Almacén Imperial", me dijo, casi llorando. Jamás tuve la molestia de ir a ver qué es eso, si es una pensión o es una venta. Entonces yo dejé de insistir, pero ese detalle me causó cierta espina, cierta susceptibilidad. No puedo decir que me causó desconfianza porque era demasiado poco para que me causara desconfianza.

Mi cuñada Juana estaba aterrada, porque ella tiene problemas de nervios pues ellos huyeron a las montañas, sobrevivieron allí como Comunidades de Población en Resistencia (CPR) en los años ochenta, cuando a mi hermano Nicolás lo trasladaron a Santa Cruz del Quiché. Nicolás tiene una gran suerte, una vida muy larga y aguantó la prueba tan terrible, tan aterradora, porque él fue torturado y él estuvo en medio de tantos muertos. ¡Él vio tanta gente que murió torturada...! Fueron como seiscientas personas que murieron de tortura cuando él estaba allí, y a él mismo le aplicaron torturas muy crueles por seis meses. No los dejaban dormir día y noche y, como a las cinco de la mañana, con un frío intenso, les tiraban una cubeta de agua encima para levantarlos, les tiraban la comida sucia, les interrogaban horas tras horas, los golpeaban, los hacían sentir la muerte. Les hacían guerra psicológica. Los humillaban. Cuando regresó mi hermano, seis meses después, todos sus hijitos estaban hinchados ya de desnutrición y de malos tratos. Habían hecho un túnel, o sea, un sótano por debajo de la iglesia católica en Uspantán. Allí los tuvieron a Juana y a sus seis hijos por seis meses. Pues entonces toda esa huella en Juana es tan profunda.

41

El secuestro es una cosa horrible. Yo en muchos momentos pensé —tal vez sea pensamiento inhumano o crueldad de mi parte— que, si el niño hubiera muerto, de seguro que hubiera sido una inmensa tragedia perder una vida tan linda como es la vida de Pablito, pero lo hubiéramos velado, hubiéramos hecho nuestras ceremonias, nos hubiera afectado de otra manera. Pero cuando el niño estaba secuestrado, sólo pensar si aparecería vivo, muerto, qué harían con él... Si un individuo secuestra a un niño es porque no tiene escrúpulos, es porque no tiene alma, es porque ha perdido totalmente la humanidad. Yo no podía imaginarme la existencia de un individuo que secuestra a un niño para quererlo, porque entonces ya no sería un criminal. Y yo pensaba qué habrían hecho con el niño y dónde terminaría el niño, su vida.

¡Es tan cruel! Yo empecé a ver al niño en la casa, empecé a oírlo, miraba yo a altas horas de la noche, abría la ventana y miraba por el parque, miraba por los alrededores. La imagen del niño se me venía totalmente. Hasta su modo de ser. Ese niño penetró en mi corazón y en mi mente día y noche. Y eso que no tenía mucho tiempo de tratarlo. Fue muy corto el tiempo que corrí con él por la casa.

Entonces hablé con Cristina y le pregunté: "Mira, ¿y no ha llamado tu marido?". "Me dijeron que sí, que había llamado, que llamó como a las siete o las ocho de la mañana, que llamó sólo para decir: 'Quiero que traigas a mi hijo sano, vivo y bien; quiero que me entregues a mi hijo porque tú tuviste la culpa, porque te fuiste a la casa de tu tía y sabes que la tía está metida en muchos problemas y si se muere mi hijo es tu culpa y es culpa de la tía, así que quiero mi hijo'. Y colgó el teléfono".

Entonces ella se puso a llorar. "Es cierto, es mi culpa, es mi culpa". Cuando ella empezó a decir que era su culpa yo tenía una tristeza inmensa, porque dije: "¡Cómo va a ser tu culpa, *mija*, cómo va a ser tu culpa que te pasó una cosa así! Es culpa de los secuestradores pero no tuya". Y el miedo que yo tenía es que esa mujer cargara para toda su vida la culpabilidad de la pérdida de su hijo. Pero también de mi parte. No podía yo dejar de pensar que, algún día, todos dijeran que por mi culpa había muerto un hijo de ellos o que dijeran que mi hijo vive porque lo confundieron con un hijo de ellos.

Todo este tipo de cosas eran muy dolorosas. Como a la una de la tarde del día domingo apareció el marido. Entró, lloró y me acusó: "Usted lo que quiere es matar a mi hijo. Usted ha puesto en un gran riesgo a mi hijo. Usted es la responsable de la muerte de mi hijo si lo han matado. ¿Por qué tenía que involucrar a otras autoridades?", dijo. "¿Por qué involucra a otras autoridades? Pero también ¿por qué usted lo manipuló en la prensa? ¿Por qué lo dijo a la prensa? ¿Por qué no me esperó? Lo que pasa es que lo que quería usted es que mataran a mi hijo y, si se muere mi hijo, algún día lo voy a vengar y usted nunca será feliz. Usted tendrá su familia y en la mía faltará un miembro". Y así. Por un tiempo me causó un impacto muy triste, un miedo terrible, me daban escalofríos sus palabras. Estaba desconcertada pero después me repuse, me salió mi fibra normal.

Me salió el tinte y entonces le dije: "Miguel, en primer lugar, ¿te has fijado la hora en que estás llegando?". Y después le dije: "Y vienes con estos reproches diciendo que soy responsable del secuestro de tu hijo. ¿Qué has hecho tú por tu hijo? ¡Demuestra si has hecho algo mejor! ¡Quiero saber cuál es tu plan para rescatar a tu hijo! Además, no te permito que vengas a gritar a mi casa. Así que vete a trabajar. Te pones al teléfono". Mandé a traer una silla y le dije: "Vigila este teléfono. Si llaman los secuestradores les propones una negociación. Eres tú la única persona que debe dialogar con los secuestradores". Él se demudó. Cambió de color y me dijo: "Nooo. Yo no quiero, no me meto en este asunto. Esto es problema de usted". A mí me causó una duda profunda el hecho de que, si fuera un padre desesperado, habría hecho igual que mi esposo y yo, que desde que ocurrió el secuestro habíamos vigilado permanentemente el teléfono, toda la noche. No hicimos otra cosa más que averiguar si el teléfono tenía bien el sonido, si no estaba mal colgado o cada vez que sonaba el teléfono sentíamos una inmensa esperanza de saber algo del niño. "Mira, Miguel", le dije, "no te quieres involucrar en esto, está bien. Pero ten la bondad de alejarte de aquí. No te metas, no te metas más y no te voy a permitir que te metas en esto, esto es mi asunto". Lo obligué a que fuera a otra sala. Y entonces le pedí a mi esposo que continuara al lado del teléfono. Salí y, cuando regresé, yo lo veía a él inquieto. Se venía, se iba pero, en algún momento, Anita me dijo: "Hermanita, yo los veo más tranquilos a estos individuos que a vos", me dijo. "Vos *tenés* que comer, *tenés* que descansar un poco. Yo los veo a ellos demasiado tranquilos. No sé, me da la impresión de que ellos han asumido este desafío y vos *tenés* que aprender a hacer lo mismo porque no *podés* estar así". Entonces le dije a mi hermanita: "Sé lo que estoy haciendo. No puedo hacer otra cosa y voy a investigar". Me metí en todo: fui por las Embajadas, fui a pedir apoyo, fui por los organismos de derechos humanos a intentar analizar de dónde vendría esta situación. Siempre es aconsejable en un problema como éste escuchar la opinión de otras gentes. No sólo morirse esperando una llamada telefónica. En el supuesto de que pidieran dinero, qué podría hacer. Yo nunca creí que el fondo fuese dinero, porque justamente hace unos meses que estuvimos hablando con mis hermanos: "¿Qué pasaría si en algún momento, por chantaje, algunos degenerados me secuestraran a mí, por ejemplo? ¿Y qué pasaría, qué haría la fundación? ¿Qué haría la familia?". Y yo les había dicho: "Miren, si ustedes ofrecen un centavo, diez centavos o un millón o varios millones de quetzales o de dólares para mi rescate, me estarían ofendiendo para siempre porque mi dignidad no se compra ni

43

se vende con todo el dinero del mundo". En algunas entrevistas radiales había dado a conocer esta decisión.

No hay precio para la dignidad de una persona. Pobre o rica, famosa o desconocida, una persona vale mucho más que cualquier cantidad monetaria, porque su valor es espiritual, porque la dignidad la sostiene sobre la Tierra. Para que los secuestradores sepan a lo que se meten si alguna vez intentan raptarme, sépanlo: sentiría como una ofensa si me ponen un valor en dinero. El que algún día quiera llevarme o atentar contra mí, si quiere me respetará la vida y me dejará en libertad. Si no, me matará. Pero yo prefiero morir con plena dignidad. Ésa es mi posición. La familia sabe que ése es mi modo de pensar. Incluso sobre mi hijo. Si secuestran a mi hijo, sostendríamos que está vivo porque se compadecieron de su vida o que está muerto porque la vida no se compra ni se vende. Pero ponerle un precio material, yo no daría un centavo ni muchos millones, porque la vida no es lucro. Entonces, yo creo que ellos saben, mi hermano sabe que yo no daría ni siquiera un centavo por mi vida ni por la de un familiar.

Como a las cuatro de la tarde, vi que Miguel estaba muy intranquilo. Yo tenía una sangre rara que me hacía sentir señales extraordinarias. Recibía mensajes extraordinarios que me generaban una gran cantidad de dudas. No porque él estuviera implicado, sino que tenía varias hipótesis. Yo decía: "¿No tendrán deudas y tal vez los han chantajeado? Pueden estar vinculados con grupos paramilitares o tal vez con comisionados militares; o pueden estar involucrados con mafias, con grupos raros; tal vez tienen alguna información o alguna sospecha de por dónde podría venir un golpe así".

Entonces me puse a leer y me quería concentrar para crear alguna luz. Pero no me aguanté, no resistí. Fui, subí y les dije a mi hermano Nicolás y a mi cuñada Juana: "Miren, vengan", y llamé a Miguel. Lo senté enfrente de mis hermanos y les dije: "Miguel, tú me estas ocultando algo. ¿Qué me ocultas? ¿Qué traes? ¿Qué tienes? *Decilo*. No me lo digas a mí sino *decile* a tus mayores, a tu suegro, tu mayor, a tu suegra, tu mayor, éstos son tus mayores. *Decilo* enfrente de ellos, no enfrente mío ¡Pero *decí* qué *ocultás!* Estoy segura de que algo importante *guardás* en tu corazón". Y él negaba y negaba, y yo insistía: "Sí, *ocultás* algo". Pero ya al final le dije: "*Mirá*, Miguel, si me estás ocultando algo lo estás ocultando a tus mayores y no *decís* esa verdad, tu mentira será tu vergüenza para toda la vida y también será una maldición sobre vos, porque te has pasado sobre tus mayores...".

Al final él dijo que sí ocultaba algo. "¿Qué ocultaste?". "Pues que vendía casetes piratas". Yo me sentí como que hubiera tomado un refresco o un trago de *cuxa*[15] que me cayó bien. Cuando confesó eso, yo le respondí: "¡Casetes piratas! En Cobán, si alguien quiere hacer negocio pirateando casetes, vendería un casete a la semana, porque la gente es pobre, no tiene grabadora. Sólo tendrían grabadora algunas gentes de la ciudad y no del campo, o sea, que estaría hablando en todo caso de una piratería menor de mil casetes al mes". Añadí: "*Mirá*, Miguel, ¿cómo *creés* vos qué el valor de unos casetitos sea el mismo valor de tu hijo? ¿Vos *sabés* qué es más importante: el secuestro de un hijo o la piratería de unos cinco o diez casetes que vos *hacés*? ¿Por qué *tenés* miedo de la autoridad?".

"Es que usted metió a la policía en mi casa y ellos me están controlando. Usted me está haciendo daño", me dijo. "Pero, si *tenés* miedo de que te descubran un par de casetes piratas, ¡*decímelo!* Hay culpabilidades que es mejor decirlas, reconocerlas y asumirlas para que la pena sea favorable a la persona...". Y ya en la noche empezó a comportarse raro. Cuando llamaron los secuestradores dijeron: "El nene lo tenemos aquí cerca, pero la policía está investigando mucho y está

---

15. *Cuxa:* aguardiente elaborado clandestinamente. Es muy difundido en el altiplano de Guatemala. En opinión de Armas, que lo escribe *cusha*, según la fonética del español, proviene de *cushusha* (D. Armas, *Diccionario de la expresión popular guatemalteca*, Piedra Santa, Guatemala, 1971. De ahora en adelante, se citará como Armas).

muy cerca de la casa; si no se retira la policía, ya nunca volverán a verlo". No mencionaron dinero. No era el dinero su objetivo, sino que era un objetivo político.

Eso sucedió el domingo por la noche. Entonces nosotros fuimos a la policía y le pedimos que se retirara. Miguel no quería que se retirara la policía porque tenía miedo de que tiraran una granada, de que tiraran una bomba, de que ametrallaran la casa. Entonces, junto con el doctor Salerno, gran amigo argentino, nuestro asesor en el caso Xamán, estuvimos evaluando todo el comportamiento de él, lo de las flores, lo de la dieciocho calle, la reacción cuando llegó, la supuesta piratería de casetes.

Fuimos juntando estas cosas y dijimos: "Él podría saber de dónde exactamente viene esto. ¿Por qué sabe que tienen granadas? ¿Por qué sabe que usan bombas y por qué sabe que podrían ametrallar la casa? ¿Y cómo se imagina que los secuestradores son agresivos? ¿En qué lío se habrán metido?". Entonces, buscamos un pretexto. Él anunció que se iba a las dos de la mañana a Cobán y yo le dije: "No puedes salir de aquí a las dos de la mañana". Él insistía con mucha desesperación que sí. "Te vas a dormir a otra casa y así *salís* cuando te dé la gana. Por tu seguridad, porque si los secuestradores andan rondando la casa te ven salir, también te pueden llevar a ti, te pueden asesinar y te matan", le dije para ver su reacción. "Te pasa cualquier cosa, entonces ya no es un problema, sino son varios problemas. Así que esto es muy delicado y tienes que obedecer". Entonces lo llevamos en un vehículo, como a las nueve de la noche, ese domingo, para la avenida Elena, que queda cerca de la casa. Es otra casa que tiene nuestra fundación.

Miguel, al fin, se fue. No le dimos la llave. Si se salía, se cerraba la puerta y se quedaba afuera. Como a las once y media de la noche les pedí a dos grandes amigos, Helen Mack y el doctor Salerno, que me dieran una mano, que fueran y, además, que le fueran a formular más preguntas, que especificara mejor lo de los casetes, que supiéramos algo más. Si él veía gente que en serio le pedía información, si era cómplice, la ocultaba; si no era cómplice, tenía que hablar, no tenía que temer. Y cuál no sería su sorpresa cuando llegaron a la avenida Elena y vieron que ya no estaba. El cretino había abandonado la casa.

Lo buscaron de rincón en rincón; buscaron en toda la casa y nada, no encontraron a nadie. Entonces vinieron alarmados y me dijeron que se había ido. La única reacción que yo tuve entonces fue decirles: "Tiene que hablar. Y tiene que hablar Cristina porque ella debe saber o sospechar, por lo menos tiene la obligación de sospechar". Quise creer que el ombligo y la sangre común nunca traicionan. Uno tiende a mezclar el corazón, los sentimientos, la ternura con la razón. Porque yo pensé que podían ser líos del marido, porque tampoco tenía una buena reputación. Él no me había dicho nada hasta el momento que lo interrogué y me confesó que había estado una vez en la cárcel y que de repente se emborrachaba, que de repente tenía algunos vicios. A veces, lastimaba a su mujer.

Todas esas cosas me hicieron alejarme de él desde el 92, cuando supe que mi sobrina estaba casada y supe de sus comportamientos. Le dije: "Tú no puedes pasar a mi casa", desde aquel entonces que vivía en la sede de la Coordinadora Nacional de Viudas de Guatemala con Rosalina Tuyuc. Posiblemente un hombre así sea vulnerable de ser chantajeado y presionado. Pero no pensé que la mujer podría serlo también. Entonces mejor hablé con ella, y se dedicó a hablar cosas buenas de él. Que él es bueno, que es responsable, que él nunca hace cosas malas, pero no dio más datos ni sobre los casetes, ni sobre nada. Era trabajo perdido. Esto ya era como a las dos de la mañana del lunes 6 de noviembre.

El día lunes, entonces, él apareció de nuevo como a las seis de tarde. Supuestamente venía de Cobán. Y le dije: "Miguel, ¿cómo te fue?". "Muy bien", me contestó. "¿Llegaste a tiempo a Cobán?". "Sí, llegué a tiempo, ya escondí todos los casetes que teníamos allí, pero ya no salí a las dos de la mañana, sino salí de la avenida Elena a las seis de la mañana". "*Mirá, Miguel*", le pregunté, "¿dónde te dormiste?". "Me dormí en la avenida Elena". "No", le dije, "¿dónde te dormiste? *Decínos* dónde estabas". Y al final me dijo: "Mire, si usted duda de mí, entonces muéstreme el periódico...", dijo, "hasta el titular de la noticia del día. Muéstreme ese ejemplar de periódico, porque justamente una cosa que saqué cuando salí de la casa es el periódico del día que habían metido debajo de la puerta". Y además me dijo: "Yo le puedo decir exactamente dónde dejé el control remoto del televisor cuando me dormí". Esta explicación no era normal. Alguien se la había enseñado. Me sonó a algo planeado, a chantaje.

Entonces, le dije: "No, eso es mentira". Y después, delante de mi hermano y mi cuñada y su mujer, delante de ellos, dijo: "¿De quién va a dudar usted, de su familia o de sus colaboradores? Porque a usted la están engañando y lo que quieren es dividirnos, sembrar desconfianza entre nosotros. Pero ¿a quién primero cree usted, a la familia o a los extraños que están alrededor de usted?".

Ahí empezamos a discutir de nuevo. Ya eso era el lunes. Yo dije: "Bueno, qué le vamos a hacer". Me encontraba en una gran incertidumbre: guardarme yo la información y mis dudas o decírselo a la policía. Compartirlo con la policía podía correr riesgos. Tal vez ya no lo investigarían, tal vez se podría tergiversar el caso... Y me esperaba otra larga noche de angustia. Decidí, al fin, hablar con la policía. Como a las nueve de la mañana del martes llegaron algunos de los oficiales, les dije que yo estaba un poco preocupada, pero no les dije todo. ¿Cómo le iba a decir yo todo a la policía cuando sabía que tal vez mañana sacaban los grandes titulares de prensa atribuyendo el secuestro a la familia?

Justamente lo que yo temí que iba a pasar fue lo que pasó. Les dimos algunos datos medios discretos. Lo demás, ellos lo sabían. Y, bueno, yo seguí investigando y se generó una dinámica por la cual la policía sólo venía a averiguar lo que yo sabía. Nunca me trajeron a mí un informe de lo que hicieron ellos durante esos días. Prácticamente me interrogaban a diario. El lunes por la noche ya tenía miedo de que Miguel se quedara aquí en la casa y, cuando lo vi pasear por la casa, me entró preocupación por mi propio hijo. Entonces empezamos a tomar algunas medidas, todavía no muy serias. El día martes sentía que el tipo era como una amenaza. Una amenaza para los niños que siempre están acostumbrados a querer a todos, a no dudar de ninguno que visita la casa, acostumbrados a que se abría la puerta y corrían para afuera. Si bien me preocupaba la seguridad de mi hijo, no sabía nada de él, si comió, si le cambiaron el pañal o no, hasta que oí los gritos en el patio de la casa. Él se había caído, estaba chorreando sangre y pensé que se le habían caído los dos únicos dientes que le habían salido. Lo levanté y me sentí muy impotente. Podré olvidar muchas cosas pero ese detalle jamás.

49

Entonces se me ocurrió: "Este tipo tiene que estar armado". El martes lo encerré en un cuarto de arriba y le dije: "Miguel, ¿tienes armas de fuego?". Y muy sonriente me respondió: "Tía, yo no vendo armas". Yo le dije: "No te pregunté si vendías armas, sino que te pregunté si tienes una". "No, no", dijo, "no, no tengo" y negaba y negaba y negaba, pero cada vez se reía de mí. Hasta que yo le dije: "*Mirá*, Miguel: en primer lugar, no me puedes ver cara de tonta y no vas a creer que me vas a engañar fácilmente. Yo sé que tienes un arma, y te estoy preguntando dónde has dejado el arma". Y entonces, ya cuando vio que hablaba en serio, me dijo: "Sí, tía, disculpe. Entonces le digo la verdad, sí tengo arma. Pero esa arma es legal, tiene papeles, esa arma está en la legalidad. Usted no me va a decir que me va a acusar por portar arma ilegal, porque eso no va a lograrlo, porque ésa está bien documentada". Yo le insistí: "Está bien que tengas un arma y está bien que tengas papeles. Que me alegra. Sería mucho más terrible para mí que el arma no tuviera papeles. Pero te digo una cosa: yo quiero saber dónde has dejado el arma". "¡Ay, tía, pero si yo no tengo dinero!

¿Cómo va a creer usted que cargo un arma? Si no tengo dinero, sólo cuando tengo dinero entonces cargo el arma. Pero ¿qué va a creer usted que cargo ahorita el arma si no tengo dinero?". El cínico se quedaba en esto y sólo eso me repetía: "¿Dónde está el arma?". Y eso me repetía. Cada vez era más agresivo. Yo llegué a la conclusión de que el arma podría estar adentro de mi casa y que podía tenerla escondida en algún lugar por lo que corríamos muchos riesgos. Era una amenaza absoluta, era una infiltración hasta más adentro de nuestra casa. Es una horrible tortura pensar que el enemigo podía estar en casa.

Entonces fue cuando yo le dije a la policía: "Señores, yo tengo estos datos". El doctor Salerno los reunió aquí y nosotros les dijimos que teníamos fuertes sospechas sobre el papá del niño y que nosotros creíamos que él algo tenía que ver, por lo que pedíamos inmediatamente custodia para él y que se le prohibiera el acceso a nuestra casa. Entonces propusieron meter dos agentes en mi casa para la custodia de la familia. Yo protesté: "No, yo no estoy pidiendo agentes en mi casa. Estoy diciendo que este individuo es nocivo para la familia y que no debe estar aquí". Entre estas discusiones, se fueron todos. Dijeron que iban a tomar medidas. Yo entendí que a las cinco de la tarde del día martes se encargarían ellos de la custodia de este individuo, de vigilarlo y de que no pasara nada con nosotros.

El martes por la noche yo regresé tarde. Me fui a una actividad y cuando regresé encontré a Miguel dormido en mi casa. Sentí un escalofrío, entendí que la autoridad no estaba de mi lado y experimenté una gran frustración. Tuvimos que cambiar de cuarto a mi hijo. Tuvimos que irnos. Yo no había dormido la noche del sábado al domingo, la noche del domingo, la noche del lunes, era mi cuarta noche en vela. Yo misma me admiro de cómo aguanté. Estaba absolutamente igual, tranquila, o sea, no tenía sueño. Se me espantó para siempre el sueño. Entonces yo bajé a mi hijo. Tenía miedo, mucho miedo. Miedo del secuestro, de quiénes serían los secuestradores, cómo serían ellos, si estarían armados, cómo serían esos degenerados. Además, por tener un elemento negativo en casa, un cretino que sabía que me ocultaba cosas y era un peligro, abrí mi puerta a las autoridades aunque les tenía un terrible miedo. ¡Tantos años de mi vida de no creer en la Policía Nacional, en la justicia controlada! Además veía a mi cuñada atacada de nervios y de pena, a ella se le iba demacrando el rostro. En todo, en su espíritu, en todo era como una tortura y parecía que todos esperaban algo más de mí. Y alrededor mío no sabía yo lo que estaba ocurriendo. Era una situación increíble. Yo creo que fue como un sueño, una pesadilla de un rato, fue una cosa tremenda. Nadie puede sentirlo si no lo vive.

Entonces, ya amaneció. Como a las tres de la mañana, en el amanecer del miércoles, fui a llamar a mi hermano, lo llevé a otro cuarto y le dije la verdad: "Hermano, te cuento mis sospechas". Le conté lo que yo había visto desde la historia de la venta de flores en el Ixcán, donde están los destacamentos militares famosos más radicales del Ejército. Todo esto le conté a mi hermano. Él estaba sorprendido. Pero esto no lo podía contar a mi cuñada. Decirle eso a mi cuñada era acabar con ella. Por ser la abuela del niño, la madre de Cristina tal vez no podría creerme a mí. Y ella tenía dudas sobre nosotros. ¿Qué tramábamos con mi hermano? Obviamente, mi hermano colaboraba con nosotros en vigilar lo que estaba ocurriendo. Porque él estaba informado, pero no podía contarle todo a mi cuñada. No iba a entenderlo. Ni siquiera a mi hermana Anita le contábamos todo lo que mi esposo y yo sabíamos. Ella no sabía porque podíamos complicar más la situación, podíamos destruir más los lazos familiares que son tan necesarios en estos momentos de prueba; se iba a generar una desconfianza que iba a ser muy dura para nosotros.

En fin, todo esto pasó y el miércoles vi que había deterioro en todo. Entonces le dije a mi hermano Nicolás: "Mejor se van a casa, mejor regresen. Pero no se va Cristina, ella se va a quedar aquí hasta encontrar el niño". Entonces mi cuñada dijo:

"No, mi hija se va porque aquí está mal, la va a matar la pena. El otro nene suyo lloraba y lloraba". Ella estaba asustada. Yo creo que cuando ellos vieron que iba fallando su plan también les iba afectando. Ellos iban sintiendo y viviendo su propia vergüenza, su propia tormenta. Ya estábamos a miércoles, y ya Miguel tenía custodia de la policía.

Se fueron. Yo tenía pensado estar muy activa en la última semana de la campaña electoral para la presidencia. Quería crear comisiones de observadores en las mesas electorales. Reunirme con el Tribunal Supremo Electoral para exigir que hubiera traductores de los idiomas de los pueblos indígenas en las mesas de votaciones, participar activamente en garantizar la transparencia de las elecciones. Yo tenía varias cosas planeadas, varias ilusiones desde octubre. La masacre de Xamán fue un golpe terrible que nos hizo revivir los amargos recuerdos de la tierra arrasada, que desvió en buena parte todas las preocupaciones que yo tenía. Sucede el secuestro de Pablito, mi nieto sobrino, y hace un gran daño a mi contribución a la Campaña Nacional para la Participación Ciudadana y a las elecciones en general. Ya el miércoles por la mañana yo no me sentía bien. Sentía persecución, me faltaba vida. Ante todo, me faltaba salud espiritual. Convoqué a la familia, a Gustavo Meoño, director de nuestra fundación, a Dorita, mi secretaria personal, a mi personal más cercano, incluyendo a Cristina.

Y nos fuimos a Paraxchaj, a 39 kilómetros de la capital. Salí un rato al terreno a meditar, a respirar aire y, después, me sentí muy fresca al regresar del terreno. No hay nada más grande que volver a la energía de la Tierra. Es un pedacito de tierra que tenemos acá con árboles, grandes aguacatales, y donde estaban cosechando el maíz, frijoles, aguacates. ¡Santa tierra que ha producido tanto! Desde que llegué a Guatemala lo primero que busqué fue un pedacito de terreno.

Así que entonces, cuando regresé, le dije a mi cuñada que íbamos a enfrentar esta situación. Le dije a mi hermano que íbamos a enfrentarlo con mucho valor, que íbamos a trabajar incansablemente hasta encontrar al nene, pero que ellos se regresaran a casa. Al fin, me dormí como a las tres de la mañana.

Yo nunca he sido emotiva o nerviosa. El problema es que el dolor lo siento yo más adentro que por fuera. Yo soy una mujer que todo el mundo mira y cree que estoy bien. Pero el hecho de que no había comido, el hecho de que no dormía, no había dormido noches y noches y noches pensando y buscando qué hacer... Cuando se termina todo, ahí es cuando me vuelvo insoportable porque quiero dormir, quiero salir del acontecimiento. Pero en el momento mantengo un ritmo muy bueno. A las tres de la mañana me dice Ángel, mi esposo: "Anda, duérmete, yo me quedo acá". Cuidando el bendito teléfono. Todos se turnaban día y noche. Alguien estaba siempre conmigo. Me fui a dormir y a las seis de la mañana se fueron mi hermano y mi cuñada y se fue Cristina también. Cuando yo me levanté, pregunté: "¿Y Cristina?". "Ya se fue". "¿Cómo que ya se fue?". "Se fue a Quiché, se fue a su casa, a la casa de sus papás". Yo me enojé: "Bueno, en primer lugar, estamos llevando adelante un caso judicial. Ella no tiene que cometer la irresponsabilidad de salir de esta casa. En segundo lugar", exclamé, "¿cómo una madre se larga tan tranquilamente dejando a un lado el caso de su propio hijo secuestrado?". Entonces mi hermana Anita me decía: "¡Déjelos ahí! Porque tal vez ya se resignó. Tal vez sea mucho el daño que le está causando y si se queda aquí se vuelve loca. Y también hay que pensar que su otro bebé está mamando y llora mucho. Entonces, tal vez se haya resignado... déjelos...". Y yo le digo: "Está bien. Puede ser que sea así. Pues habrá que seguir adelante, ¿verdad?".

Los secuestradores habían llamado sólo el martes por la noche. Querían dinero pero no dijeron muchas cosas. Sólo exigieron: "Pedimos por el nene medio millón de dólares, piénsenlo y volveremos a llamar luego". Y colgaron. Y después nada. Solamente mandaron a decir que querían que paráramos la investigación y ya. Y no decían en qué condiciones se les

53

daba el dinero. Una sola vez mencionaron el dinero. Entonces
me venían dudas, porque era un caso político, era un hecho
político, de fondo político, eso ni siquiera lo dudé. Pero ¿qué
querían lograr?, ¿qué más daño querían hacer, más de lo que ya
habían hecho? Estuvimos a la espera hasta el día viernes por la
noche cuando de repente llamaron. Llamó mi hermano Nicolás para decirme que el niño estaba allí, que había llegado el
niño junto con su mamá. "¿Cómo que ha llegado el niño junto
con su mamá? ¿O sea, que Cristina no se fue con ustedes a casa
ayer?", le dije. "No", me contestó, "se quedó en el Quiché y
dijo que tenía que ir a visitar a sus suegros. Y entonces se quedó allá y su sorpresa es que encontró al niño en casa de la abuelita paterna. La abuelita encontró al niño en el parque de Santa
Cruz del Quiché alrededor del monumento a Tucum Umam
que está ahí". Según ella cargaba el mismo pañal y la misma
ropa desde su secuestro. Pero yo no me sentí convencida con el
argumento y dije: "No. Algo raro pasa". Me imaginé que el niño podría estar mal y más flaco.

Cuando supe que el niño estaba bien, sentí mucha alegría,
sentí como si hubiera vuelto a nacer. En algún momento sentí
muchas ganas de tenerlo en mis brazos. Y archivar todas mis
dudas. Cuando mi hermano me informó, llamé inmediatamente al director de la fundación, el compañero Meoño, llamé a
Dora, de nuevo llamé a mis amigos Helen Mack y Eduardo
Salerno. Eran ya como las diez de la noche. Después de la llamada de mi hermano Nicolás, apenas había colgado el teléfono
cuando entró la última llamada de los secuestradores que me
dijeron: "Te hemos devuelto el niño porque nos hemos equivo-
cado de criatura". Ése fue el último mensaje. Y todavía eso me
dio escalofríos.

Entonces le dije a Gustavo Meoño, el director de nuestra
fundación, que se fuera al día siguiente. Y él se fue a Uspantán,
a la casa de mi hermano a hablar con Cristina, a constatar que
el niño estaba en buenas condiciones. Gustavo le dijo a Cristina que le quitara la ropa al niño porque dijeron que una

semana había estado con la misma ropa. Un niño con la misma ropa tendría como mínimo las nalgas rojas porque un niño no aguanta eso. En cambio, el niño estaba perfecto, no tenía absolutamente nada y parece que incluso hasta daba la impresión de que lo pellizcaban para que llorara un poquito. Después ellos se fueron a donde estaba la mamá de Miguel y encontraron que, cuando vieron que llegó la policía, llegaron helicópteros, llegaron todos, los vecinos empezaron a dar testimonios de que el niño nunca había salido de la casa de la abuela. Había estado en la casa de la abuela paterna y que el padre lo había ido a dejar junto con otro individuo que se llama Juan Ajpop.

Convencimos a los dos, Cristina y Miguel, de que se entregaran a la justicia y fueron detenidos. Entonces empezaron los vecinos a decir que el niño estaba allí. La abuela tuvo que confesar la verdad. Dijo que el propio padre del niño se lo había entregado a las cuatro de la tarde del mismo día en que fue secuestrado. Cristina nunca trajo al niño de regreso de la fiesta. Ella entregó el niño alrededor de mediodía y le dio tiempo al esposo para que se lo llevara. Ellos después confesaron que así fue. Se pusieron de acuerdo. Fueron a la cárcel, fueron detenidos, pero días después Cristina pagó fianza y salió bajo libertad condicional. La fianza fue muy grande para cualquier familia pobre. Aparecieron cuatro abogados defensores de ellos. Lo que sí confesó Miguel fue que le llevó seis meses para convencer a Cristina para que participara y que diera su anuencia al autosecuestro de su hijo. Él dice que va a proteger hasta el final a sus amigos que lo ayudaron en el secuestro y que él se reservaba sus nombres. Se declaró único responsable y saldrá de la cárcel en dos años. Se niega rotundamente a revelar la identidad de sus asesores y demás participantes.

Después de un plan tan pícaro como ése, creo que Miguel tiene que estar involucrado en otras cosas. Los responsables intelectuales de esta simulación de secuestro están libres y no sabemos quiénes son. Nos han cortado evidencias como para poder continuar la investigación. Sólo llegó hasta tres autores

55

materiales pero nosotros creemos que hay más autores materiales y también creemos que hay autores intelectuales, que tal vez nunca llegaremos a saber quiénes son ni cómo son. Nunca llegaré a saber a cambio de qué ellos traicionaron a su sangre.

56 Ahora que todo terminó, más que nunca entiendo el dolor de las mujeres, de tantas madres que han perdido un hijo que les fue secuestrado y lo buscan con pasión y con desesperación... ¡Cuánto tiempo! Realmente, si uno no pasa por una experiencia en carne propia, nunca sabe estimar la dimensión de las cosas. El sentido de la vida. Uno siempre va a lo superficial, sobre todo cuando nos volvemos políticos y les buscamos pies y alas y picos a todos los problemas. Entonces se pierde la humanidad, se pierde el contacto directo, se pierde la piel de un acontecimiento. Así que esto era una lección. Yo agradecí profundamente a la vida cuando apareció el niño. Debo decir: tal vez haya sido un llamado, tal vez estamos viviendo demasiado cómodos, demasiado alejados de los hechos que a diario ocurren. Tal vez ya no creemos igual que antes, tal vez estamos perdiendo muchos valores de nuestros antepasados. ¿Cuántos niños son secuestrados a diario en Guatemala? ¿Cuántos niños son secuestrados en el mundo? ¿Y quiénes son los degenerados que pueden acabar con la vida de un niño? ¿Y cuánta gente todavía tiene la esperanza de encontrar un hijo y nunca lo encontrará? ¿O que aparezca muerto? O sea, fue un momento de profunda reflexión, pero al mismo tiempo la confirmación de que este hecho era un plan muy hábil, era un plan concebido para consumirme, para hacerme sufrir, para tocarme en la fibra más cercana de mi corazón y de mi dignidad, para desgastarme. También ocurrió en torno a esto una campaña negra de medios de comunicación. Desde que empezó el presidente de la República, Ramiro de León, ya el miércoles a decir con mucho racismo que era un asunto familiar...

Él ya lo sabía. La Policía Nacional no se atrevía. El único informe que ellos tenían era mi propio informe, es decir, era lo que yo todos los días les decía. Y yo no creo que ellos estuvieran tan convencidos de mi propio informe. Pero el presidente De León Carpio se adelantó a decir que eso no tenía un carácter político sino solamente tenía un carácter familiar. Y después me solicita públicamente que pida perdón a las Fuerzas Armadas por haberlos ofendido. Esa actitud me parecía demasiado evidente. Él sabe que detesto a los militares, al menos a la clase de militares que hoy tiene Guatemala.

57

Después, el ministro de Gobernación, en otro momento, dijo que efectivamente se confirmaba que era un asunto familiar y que estaba montado un plan para desactivar la maniobra, cuando yo sabía perfectamente bien que ellos no hacían nada. Cuando empezó a degenerar esta situación, algunos medios de comunicación, algunas personas se despacharon con toda la furia y con todo el racismo que guardan en su corazón. El racismo que guardan, el rechazo que tienen. Solamente tenían que esperar una ocasión para poder pronunciarse. Y empezaron a atacarme a diario en periódicos que yo pensaba que eran amigos, tal vez porque estaban acostumbrados a que siempre llegaba a pedirles disculpas. Tan acostumbrados a que yo siempre tenía que agachar la cabeza.

Tal vez pensaban que yo tendría que volver a agachar la cabeza delante de ellos. Había una actitud muy machista en algunos. Aprovecharon la ocasión para decir cosas que antes no decían sobre mi persona. Esto también me alegró mucho porque es en estos momentos cuando uno descubre que hace falta todavía tanta educación. ¡Cuánto se han deteriorado las relaciones humanas entre nosotros! A mí me dejó muchas semanas de reflexión, de estudio, de análisis.

Porque nosotros trabajamos, porque yo pienso que no debería ser mal vista nuestra presencia aquí. Porque no estamos haciendo cosas fuera de lo común. Estamos trabajando, acompañando el retorno de los refugiados de un lado a otro. Yo incluso hasta he sido muy discreta en los medios de comunicación. Nunca he brindado una opinión queriendo protagonizar cada historia, cada acontecimiento. Incluso a veces se me critica porque me callo, pero muchas veces siento que no es el papel que me toca. El valor más grande es vivir aquí. Vivir aquí quiere ganas, quiere valor, quiere mucha paciencia, quiere fuerzas porque es cierto que existe el país malo que hemos pintado, el país más sangriento, más represivo, más doloroso, más discriminado, más sucio, más atrasado. Pero también es cierto que nunca tuvimos la grandeza de equilibrar lo bueno y lo malo; o siempre dijimos lo malo o siempre dijimos lo bueno, pero no tuvimos la grandeza de fundir las dos cosas. ¡Tenemos una gran deuda con Guatemala! ¡Que el mundo no piense que Guatemala es el país más desgraciado del universo! Y no lo es porque yo en las aldeas encuentro un grupo de mujeres, un grupo de jóvenes, gente activa trabajando, muchas iniciativas, mucho liderazgo; así que aquí no va a haber un líder nada más, sino que todo el trabajo que cada uno hacemos es complementario, y eso es lo que nos anima.

Cuando uno ve a la gente y su esperanza, hace un voto de fe a diario por el futuro de Guatemala. Hay que aprovechar los espacios, generar espacios, ubicarse en una esquina donde darle utilidad al propio trabajo. Yo me convenzo de que vale la pena invertir esfuerzos y que vale la pena vivir aquí. Pero también ¿dónde más podría yo vivir para siempre? Yo soy una persona que viajo, vengo, voy cruzando fronteras. Pero es distinto pensar que estoy de viaje en lejanas tierras y saber que aquí está mi casa. La misma dignidad que da un hogar me hace sentir ansiedad por regresar pronto. Hasta el avión se me hace cada vez más eterno.

También hay algo muy grande que mucha gente no sabe que es así. Primero, yo cruzo las fronteras como cualquier ciudadana del mundo, chaparra, morena como siempre. Y la cara de pobre nunca me la van a quitar. Y tampoco la cara de maya, la cara de indígena nunca nadie me la quitará. Así que yo soy premio Nobel de la Paz en los protocolos, cuando me recibe un rey, un jefe de Estado, una persona o un artista, o cuando hay un golpe de Estado o cuando hay un conflicto en el que uno tiene que necesariamente hacerse presente. Ahí soy premio Nobel de la Paz. Pero cuando yo cruzo las fronteras, ninguna autoridad de aduanas tiene paciencia conmigo. Por lo que me sacan una por una hasta todas las ropas íntimas. En muchos momentos son muy groseros, muy racistas. Las aduanas todavía no tienen un programa social, una educación social, y siempre ando haciendo conciencia en ellos después de que me han revisado y me han sacado mis güipiles y después de que tengo que volver a empacar la maleta en una aduana. Hace falta humanidad en todas partes. Yo les digo: "Miren, el mundo debería ser más justo, más humano, debería ser mucho menos agresivo y menos racista". Y me pongo a darles plática. Y hasta el final, cuando ya está empacada mi maletita, saco mi documentación y les digo: "Miren, soy una humilde premio Nobel de la Paz y también soy una humilde presidenta de una fundación que se dedica a la educación para la paz, a la educación cívica ciudadana, a la sensibilización de la humanidad sobre los profundos valores de las culturas milenarias". Y la gente se queda sorprendida. Yo sé que jamás me van a olvidar en toda la vida y seguramente van a ser los más aficionados a este libro, porque ellos me recordarán siempre. Entonces hay una cosa que no siempre se pierde. Yo creo que la esperanza, la dignidad de la gente aquí en Guatemala, sus iniciativas, sus esfuerzos, su creatividad son parte de la vida y yo creo que de aquí nadie nos puede sacar. Ni violencia, ni guerra, ni el odio, ni nada. Ojalá que así sea. Yo sueño que podamos vivir en una Guatemala tranquila, algún día.

LOS RETORNADOS

El secuestro de Pablito no habría ocurrido si yo no hubiera decidido regresar a Guatemala. Desde finales del 93, con tantos temores, Gustavo, Dorita, Hugo y yo habíamos tomado la decisión de trasladar la sede de nuestra fundación a Guatemala, conscientes de que esta decisión representaría un gran desafío. Debería ser una institución nacional con identidad guatemalteca, sin perder de vista la importancia de su papel regional y mundial. Que tuviera siempre una misión que cumplir afuera del país. Y realmente no habría sido posible materializar la decisión si no fuera porque Dorita se decidió a venir a Guatemala después de catorce años de exilio. Después de que incluso sus dos hijos ya adolescentes vivían en un ambiente distinto. Ellos se adelantaron a Guatemala y yo creo que ellos empezaron a empujarnos un poquito más para que tomáramos la decisión de venir. Yo regresé con toda la familia a mediados del 94.

Con Dora nos unen convicciones, conciencia, sueños, una historia común y muchas cosas. Yo conocí al padre de sus hijos, César Vera, un compañero que trabajó intensamente con el Comité de Unidad Campesina (CUC), apoyó incansablemente la lucha campesina y fue secuestrado y desaparecido en los años ochenta. Dora había vivido la represión muy crudamente, muy de cerca. También secuestraron a sus padres, que nunca aparecieron. Le tocó buscarlos en todas partes, en las morgues, en los hospitales, y después le tocó la salida corriendo al exilio, como le tocó a mucha gente, con sus dos hijos. Yo sé que ella conoce a algunos de los responsables del dolor de su familia. Me unen a ella todos los riesgos que ha vivido y su gran humanidad para enfrentarlos. Pero no sólo las profundas huellas de la represión, sino también la convicción de un futuro más digno, el sueño de un país democrático y el compromiso de trabajar con la gente toda una vida.

La primera vez que yo retorné al país fue el 18 de abril de 1988. En esa ocasión fui detenida por órdenes del presidente Vinicio Cerezo en el aeropuerto guatemalteco. La policía parecía haber descubierto una bomba atómica. Había más de cuatrocientos policías en el aeropuerto para detenernos a Rolando Castillo Montalvo, a mí y a otros compañeros de la RUOG, porque en ese entonces yo era parte de la Representación Unitaria de la Oposición Guatemalteca.

Habíamos decidido venir porque a un embajador guatemalteco ante la ONU en Ginebra se le fue la mano y nos había hecho una invitación en nombre de su Gobierno. Era demagogia, porque en realidad no era ésa la intención del Gobierno, sino sólo hacer propaganda de la supuesta buena voluntad de Cerezo, evitar que fuera condenado por la comunidad internacional. Quería ponerle cara bonita a la permanente violación de los derechos humanos. En cambio, nosotros decidimos venir con mucha firmeza, como le pasa a un niño que cierra los ojos y no sabe si le dan un palo en la cabeza o en alguna otra parte, pero está dispuesto a recibirlo. Apenas llegamos al aeropuerto, nos capturaron. Cuando uno está en el exilio, sólo pensar en Guatemala da mucho miedo pero, cuando uno llega acá, es capturado y enfrenta de manera directa el desafío; entonces no le queda más que hacerle frente y nada más que entregarse al destino. Nunca voy a olvidar esa experiencia inmensa y hermosa. Porque yo jamás había vivido y conocido cuáles eran las consecuencias de ser detenido por *autoridades* con tanto rencor de represión y de impunidad en este país y, sobre todo, después de largos años de refugio y de exilio.

Era el momento de homenajear, en uno mismo, a los desaparecidos, a los secuestrados, a los torturados en centros clandestinos, a los indefensos, a los que se les aplicó injustamente la ley en su contra. Era el momento de recordar la sombra de la muerte sobre la vida. Nuestro miedo en ese entonces era mucho más grande, porque nosotros sí éramos los primeros presos políticos en este país; éramos considerados aquí como subversivos, como comunistas, como feministas e indigenistas y quién sabe cuántas cosas más. Todo eso en Guatemala ha pesado y ha derramado tanta sangre de inocentes. Por eso, éramos considerados como los rebeldes que por algún error aún vivíamos.

Fuimos detenidos a las doce y diez del mediodía, en el aeropuerto internacional. Arrastrados y a empujones fuimos introducidos en vehículos con vidrios polarizados. En otras partes del mundo no he visto tantos vehículos con vidrios polarizados como en Guatemala. En otros lugares, la gente normal que está manejando un vehículo muestra su cara. Pero aquí los autos con vidrios polarizados fueron también una costumbre y una sombra. Por un lado, para esconderse de la inseguridad, para que no miren quién va dentro pero, por otro lado, un símbolo de mucho terror. Porque la judicial, los escuadrones de la muerte, los grupos paramilitares y toda la banda de asesinos, de secuestradores, usaban esos vehículos.

Nadie sabía a dónde nos habían llevado. Nadie sabía qué había pasado con nosotros. En realidad, nos habían llevado al edificio que llaman la Torre de Tribunales, aquí, en la ciudad capital y, en fin, nos procesaron. No había sido posible desde las doce hasta las cinco de la tarde encontrar un abogado defensor aquí en Guatemala. ¿Quién realmente tendría el valor de defendernos en aquel entonces? ¡Nadie! Sólo se encontró para un compañero, el compañero Rolando Castillo Montalvo, que habíamos sido detenidos juntos. El había sido decano de la Facultad de Medicina de la Universidad de San Carlos y él es una gran personalidad muy reconocida. Es que muchos profesionales y jóvenes combativos de la Universidad habían presionado para conseguirle un abogado defensor. Pero a mí, ¿quién me iba a defender?

Un tal Alcides fue el juez de primera instancia en aquel entonces. Con él —¡la vida da vueltas!— nos volvimos a encontrar hace unos meses. Fue el primer fiscal que puso el Ministerio Público para llevar el caso de la masacre de Xamán y lo primero que hizo fue intentar borrar todas las evidencia de la masacre, tratar de convencer a las víctimas de que enterraran a sus muertos cuanto antes para obstaculizar la investigación judicial, totalmente contrario al trabajo que debe realizar un fiscal del Ministerio Público. Era un juez que acomodaba la justicia a su gusto. Y si, en aquella época, yo hubiera entendido la clase de individuo que era, la famita que se había echado encima cuando por treinta años fue juez del Quiché, tal vez me habría muerto de miedo. Más que de las balas me habría muerto del susto. Pero en ese entonces estábamos llenos de valor, de dignidad y de tanto amor a esta tierra. Cuando uno está en riesgo y no hay salida fácil, uno se entrega totalmente a la inocencia. Uno no sabe nada de nada. Y yo personalmente desconocía todos los laberintos de la impunidad.

El juez estuvo treinta años ejerciendo su profesión en áreas de conflicto. Treinta años trabajó en el Quiché. Encarceló a mi padre por más de un año por considerarlo subversivo. ¡Cuánto daría para que papá contara toda la historia de este señor! ¡Cuántos hombres y mujeres del Quiché habrán sido ejecutados bajo su decisión! Obviamente, es un individuo que había estado absolutamente involucrado en la represión del Quiché. Es un corrupto. Yo lo tomé como a cualquier otro ladino de Guatemala. Igual no entendí qué era un juez. Entonces él empezó a indagarme y yo me negué a dar declaraciones. Exigí un abogado defensor que fuera de mi confianza. Me dirigí al colegio de abogados. No tuve respuesta. Me dirigí al arzobispado. No recibí apoyo. También pedí apoyo al procurador de los derechos humanos y no tuvo el valor de hacerse presente. Aunque fue la única oficina que se hizo presente de inmediato por medio de un representante.

Al compañero Rolando Castillo Montalvo, la Universidad le nombró un abogado. En cambio, a mí la Universidad de San Carlos no asumió el riesgo de defenderme. ¡Nada le costaba! Yo venía con Rolando, éramos el mismo caso. Sin embargo, la Universidad marcó una diferencia, defendía sólo a su gente. Tal vez por ser mujer, por ser indígena, por ser autodidacta, por ser de procedencia campesina. ¡Quién sabe si también no estuvo presente el tema del racismo y el desprecio a una gente que no tenía el mismo valor que un miembro de la Universidad! ¡Que un académico! Si yo fuera valiente les haría un chorro de preguntas. Así que nadie se hizo presente para defenderme. Yo mantenía una inmensa esperanza de que alguien me ayudaría antes de que me impusieran un abogado defensor extraño o un *vende justicia*, antes de que entrara la noche. Antes de que me llevaran a alguna prisión. Sólo imaginar la santa noche sentía tanto terror, tanto miedo. Creo que *Uk'ux kaj*[16], Corazón del Cielo, y todos los dioses de mis antepasados me ayudaron. Pues era prisionera política y corría muchos riesgos. Hubo que esperar la valentía de este abogado que vino a defender a Rolando, esperar a que fueran las cinco de la tarde porque después de las cinco ya no estaba de servicio en la Universidad y ya podía defenderme a mí también, pero a título personal. He expresado siempre mucha gratitud al valor de este amigo abogado que actuó con una gran determinación personal. Que ni siquiera cobró su servicio. Actuó con un gran sentimiento humano.

Ese abogado ha de ser una gente valiente, porque sabía que no tenía el respaldo de la Universidad de San Carlos. Lo

65

16. *Uk'ux:* "corazón"; *kaj:* "cielo". (*Popol Vuh*, Edición facsimilar paleografiada por Agustín Estrada Monroy, Ministerio de Educación, Guatemala, 1973).

peor es que también este pequeño juez lo sabía. Y aquí, actuar sin esa institución detrás podía ser muy grave. Sobre todo, cuando existía aún la ejecución extrajudicial de los opositores; no digamos las amenazas de muerte, las intimidaciones y el exilio a quienes los defendían. ¡Cuántos abogados han muerto por tomar una determinación similar! A mí se me acusó de tres delitos en ese entonces. Uno era por causar desórdenes, levantamientos de campesinos en las áreas de Nebaj, Cotzal y Uspantán. Por organizar a los campesinos en contra del Estado y, así, poner en riesgo la seguridad nacional. Yo venía de Ginebra. En los años ochenta me había ido del país. Desde el 80 hasta el 88 formalmente vivía en México, aunque también me la había pasado cruzando fronteras de un lado a otro en cualquier rincón del mundo, pero menos las de Guatemala, y recorriendo los corredores de la ONU.

Otro cargo era que yo escribía ideas marxistas-leninistas y que ésas estaban prohibidas en Guatemala. "Era una amenaza para la seguridad nacional". El tercer delito era el más grave. Me acusaban de que yo colaboraba con la guerrilla, de que yo entrenaba guerrilleros en dos países. Según la acusación, tenía un campo de entrenamiento en Nicaragua y tenía otro en Cuba. Así de gratis me hicieron comandante o instructor en guerra o especialista en no sé de qué, pero me dieron alto rango. Todos los que recibieron acusaciones similares fueron ejecutados, fusilados, fueron asesinados y torturados. Tal vez están en cementerios clandestinos. Tal vez fueron comidos por animales en algún barranco.

Eso era increíble. Yo diría que gracias, en buena medida, a esa torpeza con que actuaron las autoridades, es que nos volvimos famosos en nuestra tierra, hubo una reacción de indignación en Guatemala. De modo que, como a las dos de la tarde, había ya una marcha de tres mil gentes o más que estaban reclamando nuestra libertad. Había una gran cantidad de gente repudiando el hecho. Y recuerdo a personas muy hermosas que conocí en la lucha de ese momento, como Rosalina Tuyuc, kaqchikel, admirable mujer. Como Nineth Montenegro, una mujer muy valiente que encabezaba la lucha del Grupo de Apoyo Mutuo (GAM) de familiares de desaparecidos. Mujeres fuertes que despejan horizontes. Habían venido los estudiantes de la universidad, jóvenes que siempre han sido un fervor de lucha, de convicción y de trabajo. En fin, habían venido distintas organizaciones, los sindicatos, incluso las de los derechos humanos; conocí a Byron Morales líder sindical. Los mismos compañeros del Comité de Unidad Campesina (CUC) empezaron a sacar la cabeza, no sé cómo, porque todo el mundo tenía mucho miedo aquí. De modo que a las tres de la tarde había una gran manifestación. La colaboración de la prensa fue grandiosa en ese momento. Fue determinante. La prensa nunca me defraudó. Aunque siempre hay algunos que gastan la pluma para desahogar el dolor de su racismo. Los amigos de la prensa habían aprovechado la ocasión como para romper ciertas barreras y ciertos esquemas. Nos volvimos demasiado famosos en Guatemala. No habría habido nunca una promoción tan extendida de nuestra trayectoria, de nuestra dignidad y de nuestras luchas y de las profundas causas de nuestro exilio, si no hubiera sido por esa detención.

67

El abogado se hizo presente cuando me indagaron. Yo estaba bastante atenta a lo que tenía que decir. Primero me dijeron que pertenecía a una organización que incitaba a los campesinos, que levantaba oposición contra el Estado y que esa organización se llamaba Comité de Acción Campesino. Yo dije que jamás conocí a una organización que se llamara Comité de Acción Campesino. Dije que era miembro de la dirección del Comité de Unidad Campesina (CUC) y miembro de su representación internacional, pero no de Acción Campesina. O sea, yo me seguía defendiendo por lo que era. Siempre reafirmé mi pertenencia al CUC. Y después, al final, yo había dejado como parte de mi declaración en la indagatoria que responsabilizaba al Gobierno de mi integridad física, dondequiera que estuviera, en Guatemala o fuera de Guatemala.

Responsabilizaba al Gobierno por cualquier tipo de violencia que se cometiera contra mi persona.

De lo que estoy contando hay un montón de testigos. Traíamos con nosotros a senadores norteamericanos, traíamos a diputados europeos, traíamos a un número de personalidades muy importantes que nos acompañaban. Eso era un acontecimiento muy grande. Solamente queríamos contribuir a romper el estado de miedo que había. Pero el presidente Cerezo obviamente no mandaba. Le pasó igualito que a otros gobernantes que llegan pobres a la presidencia y salen demasiado ricos después de gobernar al país. Y para hacerse ricos se someten. Ya ni siquiera defienden su honor profesional. A costa de lo que sea, incluso de que tengan que dejar recuerdos tan tristes. Eso es lo que ha pasado con muchos gobernantes en Guatemala. Se vuelven prisioneros. Se tragan el anzuelo de los sectores económicos y militares y terminan absolutamente domados, como un mono que todavía llegó agresivo de la selva y finalmente se vuelve doméstico. De su ambición sacan su medicina para curar su vergüenza.

Es la misma triste historia de la ingobernabilidad del país. Fue demasiado grande su ambición personal. No tuvieron siquiera un poco de valor, de combatividad para poder defender su propia identidad en la presidencia. Simple y sencillamente se diluían, como una gota de sal en el agua, cuando pasaron por la historia. La codicia también es adicción para el alma. Yo recuerdo que fue muy grata la presión de amigos de la comunidad internacional, especialmente de la señora Danielle Miterrand. Era la primera vez que ella intervenía. Llamó a Guatemala con mucha indignación.

Intervino también el presidente Miterrand. Hubo muchas otras personas que llamaban, que presionaban. Había trascendido muchísimo en la opinión pública. Ya a las siete de la noche había terminado la indagatoria y sólo esperábamos la decisión del juez. A las ocho de la noche nos dejaron en libertad simple y llana. Porque a nosotros querían imponernos su famosa amnistía. Y nosotros decíamos: "¡Jamás nos acogeremos a la amnistía! ¡Nunca!". En primer lugar, porque la amnistía se había creado específicamente para los delincuentes. De hecho, había amnistía para los delincuentes, los paramilitares asesinos que quisieran acogerse a ella. La amnistía era para dejar en la impunidad a militares implicados en la represión y en sucesivos golpes de Estado. Pero también la amnistía era aplicada —me imagino, desigualmente— al movimiento revolucionario, a un guerrillero que quisiera entregarse, confesar su delito y aceptar ser utilizado por la televisión, por la radio, para hacer guerra psicológica a sus compañeros en armas. Entonces lo acogían a la amnistía. Amnistía, de la que nunca supimos qué pasó con un supuesto guerrillero que se entregó, si lo mataron después, si le dieron una casa, si vivió o no vivió. Nunca jamás se supo qué pasó con una gente, supuesta miembro de la insurgencia, después de que se acogió a la amnistía. ¡Habíamos escuchado tantos testimonios sobre las famosas amnistías de los militares! Capturaban a un sospechoso, lo torturaban, lo obligaban a declararse ex guerrillero. Entonces, por esa característica de la amnistía, nosotros decíamos: "No somos golpistas, no somos ex guerrilleros, no queremos tampoco hacer guerra psicológica aquí, pero tampoco somos asesinos, tampoco somos delincuentes, por lo tanto nos negamos a acogernos a la amnistía". El juez insistía. Nosotros le respondíamos que no. En teoría, una persona que quiere beneficiarse con una ley de amnistía lo hace de manera voluntaria, porque es responsable de algún delito y quiere perdón por decreto. Eso fue el debate por horas. Estuvimos en el juzgado hasta que al final el juez nos declaró en libertad simple y llana. De todas maneras, el juez salió declarando a la opinión pública que nos había impuesto la amnistía. Durante una década se habían dictado doce decretos de amnistía y todos eran para beneficiar a los militares. También era parte de su plan contrainsurgente. Lo presentaba como su gran éxito. Era como la arrogancia de no querer retroceder y la arrogancia de no querer sanar el delito de habernos detenido ilegalmente. Y nosotros salimos orgullosos de lo que somos. Porque, finalmente, somos parte de las tantas víctimas en este país y prisioneros políticos con rostro y con vida. Fuimos los primeros prisioneros políticos vivos.

Entonces nos fuimos a un hotel. Teníamos un miedo horrible. Creo que fueron los tiempos de velar hasta por nuestra propia vida. Sentíamos el riesgo muy cerca. Se nos había dejado en libertad simple y llana y el riesgo era mucho más alto en ese momento. Porque cuando estábamos todavía bajo la responsabilidad de la autoridad, casi era una garantía, porque si nos pasaba algo, pues pesaría sobre el Gobierno. Pero habiéndonos sacado del caso, realmente era muy delicado. Nuestros acompañantes no durmieron en toda la noche, mucho menos nosotros. Cada ruido que oíamos parecían sombras de terror.

Yo estuve seis días en el país. Los compañeros estuvieron ocho días. Yo me fui antes porque los riesgos eran cada vez mayores. Los acompañantes detectaron a un hombre armado en la sala del hotel. Era un policía judicial. Lo agarraron y descubrieron que tenía armas. Se lo entregaron a la Policía Nacional. Nunca supimos lo que se hizo con él. Es decir: sabíamos que los riesgos eran grandes y nos quedamos. Recuerdo que, cuando nos capturaron, nos llevaron a un carro oscuro y había como unos cinco hombres con armas largas y nos apuntaban. Y nos llevaron, y con Rolando seguíamos haciendo bromas. Yo me di cuenta de que no lo conocía bien. Me di cuenta del cariño que le tenía. No me di cuenta de la grandeza de la vida de un compañero, de un amigo, hasta que corrimos un riesgo juntos.

Cuando vi que lo agarraron y vi caer su maletín, sentí una gran tristeza, un gran dolor en el alma. Tenía mucho miedo de no volver a verlo nunca más. Como no volví a ver nunca más a tantos otros que fueron arrebatados con violencia. En un momento yo estaba absolutamente nerviosa, no podía controlar lo que pasaba. Pero me indigné cuando vi que había una cámara que filmaba mis ojos, filmaba fijamente mi rostro, filmaba todos mis gestos. Cada vez que yo hacía un movimiento, allí estaba la cámara. Pensé que esa filmación podrían usarla para estudiarme como suele hacer la Inteligencia con sus opositores. Me dio una indignación muy fuerte. Me dio fuerza para intentar rescatar la sonrisa que en otros momentos nunca me hizo falta. Entonces me acordé de que tenía un chicle en la bolsa y saqué el dulce.

De inmediato se me vinieron encima todos los cañones de los militares vestidos de policías, como si hubiera sacado un arma poderosa. Y casi gritando les dije: "¡Miren, yo no tengo jefes! ¡Ustedes sí, sólo obedecen órdenes sin saber la verdad! ¡Pero yo voy a colaborar con ustedes en todo lo que pueda!". Me sonreí, los policías sólo bajaron la mirada. Desde ese momento empecé a resignarme y a enfrentar la situación con determinación. Cuando vi que pasó Rolando, me causó una gran alegría, pero no sabía que íbamos a ir juntos en el mismo vehículo. Hacíamos bromas con Rolando. Creo que el humor también es un arma de valor cuando uno empieza a vivir el miedo. Pero pasó todo y nos fuimos del país. Con todo eso nos hicimos famosos en Guatemala. Porque hubo quienes no aguantaron guardar más su odio, su racismo, su envidia, su rencor hacia nosotros, y otros rindieron homenaje a la esperanza, a la justicia y sobre todo a las víctimas de la impunidad. Recordaron con mucho dolor acontecimientos inolvidables. Pues no todas las cosas que hemos vivido son negativas. Ahora Rolando se ha reintegrado a la Universidad de San Carlos y a sus múltiples labores académicas en pro de la justicia, soñando siempre y trabajando para un país libre. Mis otros compañeros trabajan incansablemente por el respeto a los derechos humanos y por la justicia en Guatemala. Todos trabajamos por los mismos ideales y nos vemos de vez en cuando.

Seis días estuve. Pero, de allí en adelante, nadie más pudo detenerme. Siempre procuré retornar con frecuencia. Así pudimos organizar el Tercer Encuentro Continental de los Quinientos Años. Fue la primera actividad masiva, grande, que nos atrevimos a hacer en Guatemala. Veníamos muy frecuentemente. Frecuentemente no quiere decir todos los días, pero por lo menos tres veces al año. O sea, que cuando se anunció el Premio Nobel de la Paz, no era la primera vez que venía a Guatemala. Había empezado a reconstruir todo, tenía motivos más grandes. En las carreras del Quinto Centenario conocí a Ángel, el hombre con el que ahora estoy casada.

72

El Premio Nobel ocurre en otro contexto porque ya habíamos abierto espacios. Para el Encuentro Continental del Quinto Centenario en Xela, la ciudad de Quetzaltenango, ya había habido una resolución de apoyo, de acompañamiento de las varias organizaciones nacionales y también de algunos dirigentes indígenas del continente. Sobre todo la determinación de los compañeros y compañeras por reorganizar nuestro querido CUC y retomar nuestra incansable lucha por la tierra. Aunque nunca pudimos rescatar lo que fue el CUC a finales de los setenta y a principios de los ochenta. Era una organización mítica, grande, amplia.

Por eso tiene un significado muy grande el 93, porque es la primera vez que retornaba a Guatemala un grupo de refugiados. Venían desde México y recorrieron la carretera Panamericana hasta llegar a su destino, el Ixcán. Fue la comunidad Victoria 20 de Enero, que el Gobierno llamaba Polígono 14. Alrededor de la carretera Panamericana hubo decenas de miles de gente que padecieron la política de la *tierra arrasada:* fueron asesinadas, quemadas, masacradas en los años ochenta. Pasar una vez más por ese lugar era recordar el origen del refugio de nuestra gente. Era para dar gracias a la vida. Y soñar nuevos tiempos.

Tomar la decisión de regresar a Guatemala definitivamente fue producto de un esfuerzo muy grande de los compañeros mismos —Gustavo, Dora— desde aquí, desde Guatemala. Me decían que era importante que regresáramos y yo tenía muchas dificultades. Ante todo, el miedo normal. Es decir, quién me garantiza a mí la vida, quién me garantiza la seguridad y la integridad física, y quién garantiza la seguridad de mi familia. Pero también está el hecho de que, en el exilio, uno vive con Guatemala, come con Guatemala, sueña, añora. El único ideal, la única tierra prometida, el único deseo de vivir, radica en que uno quiere a ese país. Es el lugar en donde descansan la memoria de los abuelos, de las abuelas, la memoria de nuestros padres, de nuestra gente y el único lugar en donde quedaron recuerdos de la infancia. Y llegas a hacer de ese país un gran ideal.

73

Yo creo que todos los exiliados sabemos la inmensa soledad que se vive en el exilio. No la soledad física, porque hay millones de seres humanos y de amigos que son parte de la vida cotidiana de uno, pero sí la soledad espiritual, cultural. En el caso nuestro, el ser maya aquí, en Guatemala, es común; es en la casa, es en la esquina, es todos los días. Pero el ser maya en otras tierras es una excepción y en algunos momentos es una decepción. Cuando estaba en el exilio siempre dije que era viajera permanente, porque nunca podía echar raíz en ningún lugar. Sentía que Guatemala me reclamaba. Me tenía embrujada. ¿Cuándo es el tiempo para regresar? Mañana, la semana entrante, en cinco años, hasta podríamos decir dentro de veinte años. ¿Cuándo sería el mejor momento para volver? ¡Es un desafío tan grande! Porque después de trece años de exilio uno ha aprendido muchas cosas. Y tiene muchos recuerdos, muchos amigos, sobre todo en México donde tengo muchas más amistades, más vida social; nuestros amigos en México no eran por ningún interés ni político ni religioso, pero llegar aquí es otro mundo. Si estoy de su lado incondicionalmente, me tratan como excelente compañera, mujer ejemplar, héroe nacional, pero si tomo mis decisiones propias dicen que soy indisciplinada, que soy su adversaria, que ya no soy su héroe. ¡Qué dura es Guatemala! ¡Qué difícil vivir en este propio país mío! Y dejar los amigos era una sensación muy triste, pero una decisión también de venir. Bueno, nos armamos de valor y decidimos. Antes tenía que discutir en la casa, pues la familia, mi hermana Ana y mi esposo eran de la idea de que teníamos que venir, pero con muchas precauciones. Porque ellos me querían tanto y no podían soportar que me pasara algo. Pero también ellos estaban decididos. De repente decidimos. Un día dijimos: "Nos vamos en ocho días". Y empezamos a hacer las maletas. Nos vamos. Y nos venimos. Sin esperar homenajes, bullas o publicidad. Fue un gran acontecimiento que cambiaría de nuevo nuestras vidas.

74   Cuando recibí el Premio Nobel, venía de Oslo y cuando llegué a la casa, en México, me encontré a mi hermanita con sus dos hijitas, Maya Rigoberta y Juana María. Y me dijo: "Hemos venido sólo a visitarte. Pero no sabemos del futuro". Ella había estado alzada en la montaña desde la muerte de mamá. Doce años de su vida en barrancos y montañas. Yo quería imaginarla como la hermanita más pequeña. "Tengo la firme decisión de venir, de acompañarte y vivir contigo, pero no sé todavía si será mi destino. Me acostumbré tantos años enmontañada", me dijo. Después, ella decidió vivir conmigo. Me contó que estaba en los campamentos de refugiados desde hacía unos años. Yo no tenía idea de ella. Nunca supe dónde andaba. Me alegró mucho que ya hubiera formado un hogar, una familia. Y la nena que llegó a la casa era tan pequeñita que yo me sentía muy feliz, no sólo de volver a encontrar a la hermanita, sino sobre todo por su decisión de vivir conmigo. Ella tiene una tremenda historia que algún día deberá contar. Mi hermanita y sus hijitas son también una razón de mi existencia. Las quiero mucho, hacen que mi vida sea más completa.

Ya una vez instalada en Guatemala, entonces me di cuenta de que me faltaba un paso más y sin ello nunca sería feliz: regresar a Chimel, regresar a Laj Chimel, la aldea donde nací. Bueno, pues si tuve miedo de regresar a Guatemala, era mucho más grande el miedo de regresar a Chimel. Porque allá ocurrió tanta violencia, tantos muertos y hubo tanta descomposición del propio conflicto armado interno. Nunca se supo quién mató a quién, dónde mató y qué cosas ocurrieron allá. Es decir, es un lugar que encierra muchos misterios: cementerios clandestinos, gente que fue comida por animales, en fin... Cada quién hizo justicia con sus manos. Alguna gente aprovechó para actuar contra su vecino por problemas de tierra, problemas de mujeres, de envidia y de cualquier otro problema. Tres o cuatro comunidades tenían los mismos títulos de un mismo pedazo de tierra y cada comunidad afirmaba que esa tierra era de sus antepasados, lucharon por ella. De todos modos, quizás allí fue donde nacieron los primeros gérmenes de conciencia revolucionaria, de conciencia de lucha, de conciencia democrática también. El problema de la tierra no se trata sólo de la conciencia de no tenerla, sino de luchar por tenerla, que es distinto. Y luego, la impunidad. Nadie podía aspirar a que un responsable de violaciones fuera castigado o enjuiciado. Si el sistema legal tiene deficiencias en todas partes, cómo no iba a tenerlas en este pequeño pueblo.

75

Chimel es un lugar de mucha magia, muy profundo. Es una tierra rica en tantas variedades de árboles, animales, pájaros, flores, bejucos y musgos. Es un *bosque nuboso* o *nublado* de los pocos que quedan en el planeta, de los que llaman *pulmón del planeta*. Y se volvió más profundo después de la violencia. Debajo de las gigantescas montañas y selvas se refugiaron miles de desplazados y refugiados internos. Yo tenía mucho miedo. Nunca supe yo qué pasó con los asesinos, con los judiciales que recibieron un sueldo por matar a un catequista o que recibieron un arma a cambio de haber eliminado a un grupo de gente. Muchos hijos de terratenientes se volvieron asesinos: mataban a plena luz del día; sus padres les enseñaron a odiar a la gente pobre, a la gente humilde. Sobre todo, en distintos lugares del municipio de Uspantán. El miedo a ellos era el terror en las calles, como no saber en quién confiar.

Otra gran tragedia es el miedo a los tantos recuerdos porque, por más que uno diga que no tuvo juventud, más de alguna huella o de alguna gota de juventud tiene que estar no sólo en Laj Chimel, en Chimel, sino también en el pueblo de Uspantán. Yo dije: "Lo único que puedo hacer es endurecer el corazón y volver de incógnito". Mi esposo siempre me animaba, me empujaba a dar el paso. Él es un hombre positivo; para todo encuentra una respuesta generosa. Y nos fuimos. Unos días antes de partir a Laj Chimel soñé con mamá, soñé la casa donde crecí, estaban iguales que antes. Desde ese momento no pude separarme más de la tristeza. A cada rato se me formaba un gran nudo en la garganta y lloraba. No sentía odio por quienes arrasaron mi comunidad, destruyeron mi casa, mi familia. Solamente quería llorar. Sólo extrañaba la realidad de un pasado tan cercano, cuando fui niña, joven, y cuando tuve un hogar que no podré recuperar. El corazón siempre guarda grandes sentimientos de dolor. Fue la semana que más hablamos de mi mamá, de mi papá, de tantas cosas que pensaba que el tiempo se habría encargado de llevarlas o borrarlas. Cuando hay algo irreparable e irreversible nuestra grandeza como humanos se pone a prueba.

La primera sorpresa fue que ya no caminé las nueve horas que caminaba cuando abandoné ese lugar. Caminábamos horas y horas subiendo y bajando esos cerros, esas interminables curvas. Recuerdo cada gota de sudor que allí quedó. La gente había trabajado incansablemente para intentar abrir la carretera que va de Uspantán a Laj Chimel. No pudimos ir a Chimel, porque se camina unas horas más. Ahora sólo caminamos cuatro kilómetros. Creo que llegamos como a las diez de la mañana. La sorpresa más grande es que encontré el lugar demasiado chiquito. Era como una miniatura de Chimel. Parecía ser otro lugar diferente. Se secaron los ríos. La mayoría de los ríos se secaron. Se redujeron los embudos, los pantanos, esas áreas lodosas y los fenómenos extraños, las arenas movedizas que nos daban tanto miedo. Donde nosotros escondíamos nuestro miedo a las culebras y a los animales del monte. Vi demasiado pequeñas las piedras misteriosas sobre las que, en algún momento de nuestra infancia, pensamos que había una culebra dormida encima —un *rajaaw juyub'*[17]— o que era un lugar de

17. Literalmente, "señor, dueño del cerro"; figuradamente: lugar hechizado, encantado (Marroquín).

espantos. Pero más que espantos, eran naguales[18]. Nos fuimos
con mi hermana Anita, nos fuimos con mi hermano Nicolás,
mi cuñada Juana y gentes que eran de Chimel antes. También
se fue mi esposo con nosotros. Nos juntamos un grupo de gentes que nacimos allí. Nuestro comentario era la inmensa sorpresa de la miniatura de Laj Chimel. Es ahí donde nace el
nombre que posteriormente le dieron: Laj Chimel le llaman.
Laj quiere decir pequeñito en quiché. Algo precioso que se
guarda en muy poco espacio, algo pequeño en donde se encuentran sorpresas. Y entonces caminamos, pero yo decía: "Ésta no
es la tierra que yo dejé. ¿Dónde están las montañas que yo
dejé?". Esta tierra estuvo en manos de terratenientes y éstos
habían cortado las maderas preciosas que habíamos dejado.
Una parte del cerro estaba pelón. Nosotros recordamos que
jugábamos alrededor de grandes maderas milenarias y ellos
habían cortado la mayoría de los grandes árboles. Y se habían
secado los ríos. Había una pequeña comunidad de veinticuatro
familias reunidas en el terreno de mi papá, donde está la casa
de mi hermano Víctor. Donde está la casa de Nicolás y Marta y
donde estaba la casa de mi papá. Allí estaba abandonada la gente con tal grado de desnutrición que sentí pena de la propia
vida. Me dije: "Ésta es la cuna de una premio Nobel tan queri-
da por mucha gente, tan respetada y tan mito también. ¡Como
si yo no hubiera crecido entre lombrices y pobreza! ¿Cómo es
posible que me quieran tanto a mí, pero no a estos niños, no a
estas mujeres, no a mi gente enferma y desnutrida? Como si
eso hubiera sido asunto del pasado y como si otra cosa fuera lo
que existe ahora". ¡Sentí tanta pena! La gente estaba reducida
al puro esqueleto. Vivía una situación muy dolorosa, muy difícil. No obstante eso, se juntó, corrieron a buscar un pollito y

---

18. El nagual es el doble de una persona en el reino animal, según la creencia
quiché. Cada persona tiene un nagual, que lleva en la naturaleza una vida parale-
la a la nuestra. No debe confundirse el tonal o animal compañero con el nagual o
animal en el que una persona puede transformarse.

nos lo comimos. Nosotros lamentamos no haber traído nada. Veníamos de una ciudad capital de consumo y desperdicio. No sólo en el Primer Mundo se desperdicia la comida, sino también en esta ciudad. ¡Las familias que estaban allí eran tan pobres, pero tan pobres! Quince años después eran más pobres que antes. Por lo menos nosotros teníamos una casita de paja. Teníamos algo, no tanto. Había más cosas qué comer y de qué vivir.

Resulta que cuando ocurrió la violencia, la inmensa mayoría de los habitantes de Chimel murieron. Incluso muchos murieron allí mismo, en Laj Chimel. Entonces el Ejército, los alcaldes corruptos y la Sección Regional del Instituto Nacional de Transformación Agraria (INTA) hicieron una gran estafa sobre todas las tierras que dejó la gente que murió en Chimel. La única manera de hacer funcionar la corrupción y la impunidad en esa zona fue simular que los antiguos dueños habían vendido esas tierras. Unos de los tantos que tenían el mismo título de un mismo territorio. Pero resultó que la mayoría de ellos están muertos. Lo que hicieron entonces fue falsificar los documentos, falsificar la firma de esas personas. Según eso, mi abuelo Nicolás Tum había asistido, a la edad de ciento treinta años, con un grupo de treinta campesinos de Chimel a realizar una compraventa a favor de un tal Reginaldo Gamarra, para venderle la tierra de Laj Chimel, lo que en ese entonces era el centro urbano de la comunidad de Chimel. Entonces registraron en el acta la compraventa. Registraron también que don Nicolás Tum no sabía leer ni escribir. Por lo tanto, sólo dejó su huella digital pero confundida entre las huellas digitales de todos. Es decir, yo no podría investigar cuál es la huella del dedo de mi abuelo, muerto muchos años atrás.

Dijeron que voluntariamente ellos habían vendido la tierra. Al terminar de leer esa acta levantada supuestamente ante el notario, ante la ley, yo dije: "¡Esto es una injusticia!". Y fui a buscar los nombres de las personas. Encontré a familiares de varias de estas personas que afirmaron que sus parientes habían

muerto hacía muchísimos años. O sea, que todos los que firma-
ban en esa acta era gente que había fallecido antes de la compraventa del terrenito. La única solución para comprobar que
allí se había cometido una injusticia era ir al Registro Civil para
levantar las actas de defunción de mi abuelo y de todas las personas que supuestamente vendieron Laj Chimel. Nos encontramos con que habían hecho desaparecer el acta de defunción,
habían desaparecido todos los documentos, todos los rastros
que pudieran comprobar que el abuelo, cuando supuestamente
vendía la tierra, ya había muerto. ¡Cómo iba a vivir ciento
treinta años mi abuelo! Entonces nosotros nos vimos limita-
dos. Yo sé que mi abuelo vivió ciento diecisiete años. Creo que
no llegó a los ciento treinta años.

Cuando llegamos a Laj Chimel la gente estaba temerosa. El
nuevo dueño de Laj Chimel era un hombre malo. No les permitía trabajar, no les permitía cortar leña, no les permitía caminar
por el terreno. Le tenían miedo no sólo por ser un ladino y
terrateniente, sino también por sus posibles contactos con ban-
das de asesinos, algunos judiciales represivos. Tenía fama de
alguien que había robado tierras en la región. Los ex alcaldes,
de los cuales, gracias a Dios, algunos fueron a dar a la cárcel, no
permitían atravesar todo el camino, por lo que la gente sólo
sobrevivía de lo que tuviera en ese lugar. Cuando nosotros llegamos, juramos por la memoria de nuestros padres que lucha-
ríamos de nuevo por esa tierra. Mi hermano Nicolás siempre
luchó por esta tierra pero no pudo ganar frente a esos quienes
tenían tanto poder. Es increíble. Yo nunca pensé que volvería a
nacer en mí aquel espíritu de lucha tan profundo que nos enseñó
papá para recuperar esa tierra. Yo dije: "Tenemos que recuperar-
la cueste lo que cueste, esta tierra tiene que recuperarse". Toda la
gente se puso muy feliz y convivimos unas horas.

Llegamos como a las diez, y ya como a las once de la
mañana ellos estaban trabajando para ofrecernos una comida.
Como a las doce empezamos a recorrer la memoria nuestra en
este pedazo de lugar. La tierra donde nuestros recuerdos reposan.

En primer lugar, la extrañeza de por qué los ríos se volvieron chiquitos, de por qué los embudos eran más pequeños. ¿Será que nosotros teníamos otro parecer? ¿Será que en aquel entonces esa tierra era más grande o que la complementación con su comunidad, con su gente la hacía grande? ¡Quién sabe qué había pasado! Fuimos a buscar un árbol que siempre soñábamos —no sólo soñaba yo—. Mi hermana Lucía un día me contó que soñaba siempre ese *cuxín*. También mi otra hermana, Anita, me contaba que había soñado ese *cuxín* durante toda una vida. Que era muy hermoso y grande, y que tenía muchas frutas. Comíamos sus frutas. Yo lo que recuerdo de mis sueños durante todos los años es que siempre soñaba o estar abajo del *cuxín* o caminar al lado del *cuxín*. Fuimos a ver el *cuxín* y no encontramos ni una señal del árbol. Y le digo a mi hermano Nicolás: "¿Y qué pasó con el *cuxín*?". Y él me responde con algo de tristeza: "Hace mucho tiempo que murió". "¿Pero por qué murió?". Porque era un árbol grande, era un *cuxín* viejo, de muchos años, ya estaba ahí cuando nosotros nacimos. "¿Cómo murió tan pronto cuando hay otros árboles que estaban ya cortados cuando éramos niños y sus troncos están allí todavía?". Entonces mi hermano Nicolás contó que allí habían sido colgados algunos de los habitantes de Chimel y otros habían sido colgados y fusilados, en ese *cuxín*, y como que se reventó la sangre humana sobre ese árbol. Allí salpicó mucha sangre. Muy pocos días, pocas semanas duró el árbol. Se murió solo, se secó solo. Y ya cuando estaba seco, se cayó, se arrancó y se pudrió rápido. Pues ya no encontramos ni una huella ni nada. Para nosotros era asombroso, el árbol con que soñábamos siempre ya no estaba. Pero había otro árbol muy cerca de la casa donde nacimos mi hermana Lucía, Anita, Patrocinio y yo. En ese pedazo, lo mismo. Allí habían colgado a un vecino que se llamaba don Gerónimo Poli, que era compadre de mis papás, y dice que en el árbol lo mataron. También mataron allí a otra persona. Igual pasó. Era una encina, es árbol macizo. No podría haberse podrido en tan poco tiempo. Allí la gente dice que a esos árboles se les salpicó sangre humana y murieron de inmediato.

Fuimos encontrando muchos huesos por el campo, por el terreno, debajo de las piedras, en los barrancos. Y le digo a mi hermano: "¿Pero por qué hay tantos huesos en este lugar?". Me dice: "Aquí han pasado muchas cosas y realmente son pocos los que se quedaron vivos para contarlo". En la época de la violencia, la mayoría de la gente no fue enterrada. Los perros formaron pandillas y, cada vez que moría la gente, las pandillas de perros llegaban pronto, despedazaban los cuerpos, se llevaban los huesos y se los comían. Y entonces había un pleito de perros buscando muertos, buscando cadáveres, buscando gente en agonía. Dice que hubo un tiempo en que la gente tenía miedo de pasar por esta aldea, por este lugar, porque las pandillas de perros se acostumbraron a comer gente. Por eso había tantos huesos tirados. Los militares hacían emboscadas permanentes.

La gente que iba buscando refugio con sus familias en este lugar se murió. También murieron muchos guerrilleros que iban de paso y caían en la trampa tendida. Más tarde, Laj Chimel fue ocupado por terratenientes. Cuando ellos llegaron, metieron allí ganado y fue muy poco tiempo lo que vivieron. Un día las reses empezaron a morir masivamente. Las vacas que tenían se dormían y no se levantaban más. Se dormían y se morían. Muchas vacas parecían vivas pero estaban muertas. Y los perros se volvían rabiosos, muy hambrientos de carne. Las descuartizaban igual, se las comían igual. De modo que éste es un lugar donde podría haber huesos de gente confundidos con huesos de animal. Mi hermano miró al cielo, guardó silencio como pidiendo permiso al creador y, luego, nos contó con mucho respeto. Dijo: "Yo tenía una perrita que estaba cargada, se metió en las pandillas de perros que comió gente y, cuando nacieron sus perritos, tenían las miradas de gente, sus ojos tenían gesto humano. Miraban como personas y los tuve que matar uno a uno. Sólo espero que no haya cometido un delito ante nuestro creador", dijo. Sólo el Corazón del Cielo sabe qué será eso. ¿Cómo íbamos a diferenciar nosotros entre un hueso de una vaca y un hueso de humano?

Cuando empezamos a ver todo eso, hicimos recuerdos de que como seis o siete grupos de gente han pasado por esta bendita tierra y nadie se quedó. Se fueron pronto porque tenían miedo. Los espíritus de esa aldea tienen mucha energía. La gente cree que todos los que fueron asesinados ahí de hecho son habitantes de Laj Chimel y de Chimel y creen que son los dueños de la propiedad y son los dueños de las tierras. Son los guardianes de este lugar. Poca gente aguantó vivir allí. O se peleaban entre ellos y se iban. Los terratenientes no aguantaron mucho, empezaron a revender pedacitos de Laj Chimel y a soñar ser ricos con la inmensidad de la naturaleza de Chimel. Fueron muchos los ambiciosos que soñaron talar y vender las maderas finas de los árboles milenarios de Chimel. ¡Cuánta inmensidad de riquezas de fauna y flora guarda esa gran selva nubosa! Por más de diez años ¡tantos quisieron adueñarse de esa tierra...! Pero todo está igual, como cuando nosotros vivíamos allí.

No todo fue triste, doloroso o de lágrimas. Respiramos de nuevo el olor inolvidable de Chimel. Recordamos con mucho orgullo lo felices que fuimos en este lugar. Recordamos nuestra niñez, nuestros juegos, los lugares en donde pastoreábamos las ovejas. Recordamos las cosas que más nos daban miedo o más hacíamos de niños. Creo que tuvimos de nuevo la posibilidad de imaginar cosas grandes para Chimel. También para Laj Chimel, pero primero hay que rescatarlo, hay que asegurarlo.

Creo que abandonamos Laj Chimel como a las tres de la tarde. Agarramos camino hasta donde estaban los vehículos como a cuatro kilómetros de Laj Chimel. Camino muy duro, muy difícil. Hay mucho lodo. Cuando regresamos yo estuve tres días enferma. Decía: "¿Pero qué me habrá hecho mal? ¿Posible que sea el impacto psicológico?". Yo tengo inolvidables recuerdos de ese lugar, la pequeña comunidad había iniciado la lucha. Había roto los muros que les habían puesto los terratenientes. Había empezado a agarrar un pedacito de tierra en distintas partes de Chimel y había empezado a distribuirlo. ¿Cómo podría esconderme de tantos recuerdos? Pues un mes después llegó una institución del Gobierno a ofrecer ayuda a la gente, a ofrecer láminas. Como que se despertó una pequeña vergüenza en las instituciones. Porque trascendió, salió en la prensa que yo había vuelto a mi tierra. ¡Qué triste que la cuna de una premio Nobel de la Paz sea un pueblo muerto de hambre...! En fin, que se acordaron de Laj Chimel y algunos fueron a ofrecerles láminas a cambio de que dieran la firma a una institución para elaborar un proyecto y pedir dinero en algún lado. La comunidad dijo que no, que esperaban nuestras opiniones, porque mis hermanos, mi esposo y yo éramos miembros de la comunidad y que si nosotros no opinábamos ellos no iban hacer nada.

Fue así como empezó a nacer de nuevo el sentimiento de Ana, Lucía, Ángel y yo de ser miembros de la comunidad. Sólo que no podíamos hacer nada sino hasta fin de año. Desde principios de 1995 había proyectado pasar una semana en Laj Chimel con la gente. Así que el 23 de diciembre cumplí con mi obligación de nuera. Me fui a la casa de mis suegros en San Pedro Jocopilas. Pasamos allí el 23 y el 24. El 25 por la madrugada agarramos camino hacia Laj Chimel. Llegamos el mismo 25 como a las ocho de la noche con una lluvia infernal, una lluvia impresionante. Nos quedamos allá. Volvimos a recorrer con paciencia todos los rincones de Laj Chimel y fuimos a juntarnos con las veinte familias que allí viven. Creamos nuestra nueva cooperativa, hicimos nuestra asamblea, hicimos fiesta, quemamos cohetes, quemamos el *pom*, fuimos a traer marimba.

Nunca dejamos de quemar el *pom* por esta tierra durante todos los años de ausencia. No teníamos casa todavía, pero la gente hizo una champa increíble. Allí tomamos bastante *cuxa* para el frío. Sufrimos un frío inmenso pero pasamos con ellos el fin de año. Rescatamos para nosotros, de nuevo, la tierra.

Sabemos que está a nombre de Reginaldo Gamarra que es un dueño falso. Sabíamos que él era un corrupto de primera. Por amenazas, intimidaciones y por la fuerza de las armas se robó tantas tierras en esas zonas, pero él tendría que tener mucha moral y mucha fuerza para poder sacarnos de nuevo de esas tierras de papá. Ésa donde nosotros enterramos nuestros recuerdos, nuestro ombligo, como dice mi hermano.

Siempre nos llamó ese espíritu que nos cobija y protege. Así que Chimel y Laj Chimel vuelven a ser un hechicero en la historia de cada uno de mis hermanos. Volvimos a juntarnos de nuevo después de una tragedia familiar, o sea, después del secuestro de Pablito. Había que purificar la familia de nuevo en Chimel. Apenas un mes y medio había pasado del secuestro del niño. Para nosotros, la unidad familiar vale más que el individuo mismo. Por eso todos nos juntamos en el momento del secuestro y por eso pudimos descubrir al culpable. Porque estábamos juntos, unidos en el mismo sentimiento. También por eso había que juntarse en el pueblo que nos vio nacer.

En Laj Chimel no existe camposanto o cementerio ni centro de salud. No existe escuela. La cooperativa, nuestro anhelo de cooperativa, la germinamos ese fin de año. Le pusimos el nombre de *Tikb'al Utziil* que quiere decir "sembrando la paz". Así se llama la cooperativa: sembrando la paz. De *Tikb'al Utziil* tiene que nacer de nuevo Chimel. La gente no puede sacar su maíz por lo malo que está el camino. Allá no llegan camionetas ni camiones, no hay transporte. Existe una carretera donde pueden entrar vehículos, pero nadie quiere arriesgarse a poner un vehículo que transporte a la gente. Obviamente ningún miembro de Chimel iba a soñar con tener un vehículo que transporte a la gente. Se sigue usando el caballo, se sigue usando la espalda para cargar, para poder ir hasta Uspantán. La gente está muy mal, con un excesivo grado de desnutrición. Cuando yo salí había una niña y hoy tiene ya tres hijos. Cuando llegamos a Laj Chimel, ella tenía una hijita tiernita. Y yo le dije: "¡Pero niña! Eras una nenita cuando salí de aquí y ya tienes tres hijos!". Y ahora que llegamos en diciembre, o sea, unos cuatro meses después, le pregunto: "¿Y tu nenita?". Me dijo: "Ha muerto". Y le digo: "¿Cómo, murió?". "Sí, murió". ¡Como si la muerte fuera tan normal!

Yo, en cambio, creo que la gente tiene que vivir. Nuestra gente es un pueblo inocente, maravilloso, con tanto espíritu de trabajo y de lucha. Estoy segura de que en unos años se va a demostrar que ese lugar es un paraíso; dará vida, felicidad y comida a mucha gente. Hay que demostrar que ese lugar es una belleza y que su gente es una belleza. Vamos a reconstruir Chimel. Mientras nosotros vivamos, seguramente Chimel va a recobrar su dignidad. ¡Que regresen los ríos, que vuelvan los ríos, que vuelvan los caminos respetuosos del lugar, que crezcan los árboles de nuevo y que la gente conviva con esa naturaleza que a nosotros nos enseñó a convivir! Laj Chimel ya no es el lugar que yo recordaba. Lo destruyeron e hicieron que se secaran los ríos. Pusieron animales encima de los nacimientos de agua, por lo que las aguas tal vez se fueron a otro lado. La misma comunidad tenía una expresión muy hermosa. Decía: "Ha aparecido un nacimiento de agua más abajo en otro pueblo, tal vez sea nuestra agua que se trasladó a otro lugar".

Ahora bien, para poder hacer que Chimel recobre su dignidad, para hacer que toda Guatemala recobre su dignidad, hay que comenzar con un trabajo de hormiga en todo el territorio nacional. Por ejemplo, la Campaña Nacional para la Participación Ciudadana, la motivación al voto que impulsamos en las elecciones de 1995. La primera actividad, la más grande a nivel nacional que hicimos en nuestra fundación desde que regresé.

En Guatemala a nadie le ha interesado que la gente vaya a votar. A los partidos políticos tradicionales no les interesaba el voto ciudadano, porque ellos tenían menos trabajo si la gente no estaba inscrita en el padrón electoral. Para ellos era mejor porque iban a disputar el voto de una minoría. No les interesaba, aunque fuera sólo de mentiras, hablar de los derechos y valores de los pueblos indígenas. Nunca iban a hacerlo, no les interesaba la conciencia cívica ciudadana. En los municipios, les interesaba llegar con sus amigos, con sus compadres, a la alcaldía. El pueblo no les importaba y mucho menos hacer un acto ciudadano, siquiera sólo para que la gente empezara a creer en su voto. Muchos funcionarios esbirros, comisionados militares, llegan armados a decirle a la gente: "O votas o te mato". Sólo se acuerdan del campo si hay elecciones para asegurarse en el poder local.

El día en que cambien esas relaciones, seguro que haremos un cambio en Guatemala. Yo creo que la gente tiene que pronunciarse también. Nos quedamos mucho en la condición de víctimas y no tenemos una autovaloración de lo que es nuestro. Nos cuesta autoestimarnos y ser propositivos. Por ejemplo: en muchos lugares los mayas prefieren no hablar en su idioma si está presente una persona de lengua española, un mestizo o ladino. Prefieren usar el español. Aunque sea hablado mal, pero hacen el intento de demostrar que hablan un segundo idioma. Jamás se exigió que un hermano ladino que no habla el quiché hiciera el mínimo esfuerzo de entenderlo. Y si no lo entiende por lo menos que lo respete. Es decir, que no imponga lo suyo. Entonces la autovaloración de nuestras culturas, de nuestra identidad, también es un recurso potencial para poder acercarnos.

En la Campaña Nacional me encontré con una gran cantidad de gente verdaderamente profesional que habla dos, tres, cuatro idiomas de las distintas áreas lingüísticas. Aparte de eso, no me atrevería a usar un traductor sin saber lo que está traduciendo. Porque yo no entiendo lo que traduce. Por otro lado, la razón clave de poder tener éxito en una campaña como ésta es darle oportunidad a la misma gente del lugar. Yo no tengo que traer a un traductor de otro lado cuando allí, en esa región, hay personas valiosas, hay hombres y mujeres que no sólo manejan perfectamente los idiomas, sus idiomas, sino que manejan perfectamente los conceptos. Si todo el mundo diera oportunidad a los especialistas, técnicos locales y nacionales, tal vez muchas cosas cambiarían.

Porque una cosa es el concepto que se transmite y solamente se traduce en forma literal y otra cosa es la adaptación del mensaje al pensamiento en otro idioma, respetando totalmente los derechos y la identidad de los pueblos y, sobre todo, un mensaje coherente en la realidad objetiva de la gente. Lo que nunca ha ocurrido es que los políticos logren suficiente confianza con la población como para encontrar no sólo intérpretes, no sólo personas que profundicen el contenido para que sea comprensible a nuestra gente, sino, sobre todo, encontrar caminos para construir un futuro mejor. ¿Cómo fundir el pensamiento Occidental con el de una cultura comunitaria, milenaria, que tiene características muy propias y muy profundas, que posee sus simbologías y su propio esquema comunitario?

¿Cómo sembrar las bases de una relación intercultural entre nuestros pueblos? ¿Cuánto tiempo necesitamos para hacerlo? Nuestros idiomas son muy ricos, son el universo total de una cultura. Casi todos sus signos, sus símbolos, sus referencias son a cosas objetivas y no a cosas subjetivas. Nuestra mente y nuestro idioma son referentes a un cerro, son referentes a una cosa. La ejemplificación es la figura de las cosas. El idioma español es muy rico, pero, para nosotros, muy abstracto. Por ejemplo, en el idioma quiché sólo una palabra tiene cinco o seis significados. Tengo que usar esa palabra aclarando para qué la estoy usando. Entonces se entiende para qué y por qué estoy afirmando una cosa. En el español, normalmente, no.

Durante la Campaña Nacional para la Participación Ciudadana, la experiencia lingüística fue extraordinaria. Nosotros llegábamos a un pueblo y no hablábamos su idioma, no conocíamos su estructura comunitaria. Entonces, les dábamos ocasión para que sus mismos profesionales, sus mismos líderes locales, hicieran suyo el mensaje. Si no se apropian del mensaje, seguramente haremos un trabajo formal, pero esto no tendrá nada de especial más que la misma rutina que han hecho muchos. Nos reafirmó la necesidad del respeto profundo a la identidad local y el no querer ir a imponer ideologías o pensamientos partidistas, sólo la lógica del razonamiento. La gente estaba contenta y emocionada porque compartía el mensaje, la necesidad de que juntos construyamos un país democrático. Las elecciones y las votaciones las ve nuestra gente como una costumbre ladina; ¡es *kaxlan*[19]!, dicen. Convencerlos de que hoy por hoy son las reglas del juego tampoco era difícil. Nuestra gente decide.

Yo aprendí siempre que si no hay un equipo de trabajo, si no hay una responsabilidad compartida de personas válidas, de personas creadoras, de personas sensibles, realmente es imposible pensar que aquí podremos hacer un cambio. Los cambios van a tener que ser siempre el producto de un trabajo colectivo. Eso es lo que entiendo de nuestra fundación. Por ejemplo, si yo voy a San Sebastián Huehuetenango, que es una zona mam, y yo no los entiendo; si yo llego cayendo de las nubes, aunque tenga buenos propósitos, allí no pegará nada. Entonces, llego después de que los compañeros han hecho un trabajo de preparación, han hablado con la gente y nos hemos empezado a conocer y a entender mutuamente. Cuando uno llega, llega después de que sabe que allí hay amigos. Se tiene una visión casi común de los problemas. Cuáles son los problemas más urgentes de ellos. Cuáles son las limitaciones de los problemas nuestros. Llegar como cualquier otro político no da una relación profunda o seria.

Así que el equipo, el hacer equipo, es una condición necesaria para entender el concepto comunitario. Por ejemplo, yo jamás en la vida plantearía un concepto de partido político para los indígenas. Plantearía el concepto comunitario. Pero tampoco la comunidad por la comunidad. La idea sería una comunidad política del pueblo maya. Es decir, yo me sentiría en comunidad con los otros, en una actuación política. Tendría que haber valores y principios comunes como indígenas. Pero

---

19. Generalmente se entiende por *kaxlan* al ladino. *Kaxlan winaq* es la persona *kaxlan*, mientras que *kaxlan tziij* es el idioma castellano.

no sería un partido político. Es otro el esquema. Y este esquema no sólo para los mayas. Vale para toda la nación guatemalteca. A mí me indigna cada vez que alguien dice hay que darles esto o aquello a los indígenas, como si los indígenas estuvieran esperando que les den, necesariamente separados y a la espera de lo que quieran ladinos. Esa cuestión para mí es obsoleta, es atrasada. La campaña es Campaña Nacional para la Participación Ciudadana. Algunos me dirán: "¿Y dónde está el sello indígena?". Yo respondo que el concepto de *ciudadano* que yo tengo es un concepto integral, es un concepto más amplio del que normalmente entienden algunas gentes. Dirigimos la campaña hacia las mujeres, y no tendría sentido decir: "Esto como no es para la mujer indígena entonces no pertenece a esta campaña". Cada quien tiene un papel, un rol dentro de esa gran diversidad cultural. Yo estoy en contra de que se diga "la mujer", porque en el mundo no existe *la mujer,* existen *las mujeres.* De distintas extracciones de clase, distintas procedencias, distinta cultura, distintas experiencias, etcétera.

En algunas regiones, el voto consiste en que el 30% de la gente vota como espectador, como quien asiste a un juego. Siempre vota por el candidato más divertido. Por otro lado, existe un 70% de población empadronada que no vota, siempre se abstiene. Pero hay otra cantidad de votos perdidos, que no se emiten, que pertenecen a la gente que no tiene documentos. Si somos los guatemaltecos once millones y sólo hay 3.700.000 ciudadanos empadronados, tendríamos que calcular alrededor de cuatro o cinco millones de población que debería estar en edad adulta. Aunque en Guatemala la población que vota no llega a un millón y medio de ciudadanos. Lo que pasa es que están inscritos en el libro de Registro Civil pero nunca fueron a sacar una cédula de vecindad, y menos a empadronarse, a sacar el documento que les permitiría votar.

Pues bien, la Campaña para la Participación Ciudadana de nuestra Fundación Rigoberta Menchú Tum sorprendió por el reclamo de autonomía. Yo dije que no iba a apoyar a ningún

90

partido político, a ninguna tendencia o grupo en particular, que iba a realizar una campaña neutral autónoma y que no iba a permitir tampoco que dicha campaña fuera usada por quien fuera. Nadie me creía, todos creen que si alguien pretende demostrar que hace algún bien común es porque tiene algún interés individual escondido. Me parecía que no era correcto permitir que la campaña provocara dudas sobre su vinculación con una tendencia. Sabiendo que había veinticuatro partidos políticos y diecinueve candidatos presidenciales disputándose un poco más de un millón de votos, resultaba ridículo. Ubicarse al lado de uno por más que coincidiera con sus convicciones, con sus luchas, con su identidad o su origen, o por más que compartiéramos luchas comunes, siempre iba a ser un papel triste del premio Nobel de la Paz para los que no eran seguidores de ese candidato. Los seguidores de los dieciocho candidatos excluidos iban a sentirse ofendidos. Además, yo no podía comprometerme tampoco a que iban a cambiar las cosas en Guatemala. Que se garantizara el respeto a los pueblos indígenas, que se garantizaran las reformas sociales necesarias, que se garantizara un modelo económico más justo y más digno y que se considerara al ser humano como objetivo principal. ¿Quién iba a ser ese candidato que garantizara el respeto a las mujeres; que ya no se violaran los derechos humanos; que no sólo pusiera fin al conflicto armado interno, sino que cumpliera con la implementación de los acuerdos de paz; que impulsara un proceso verdadero de paz; que cumpliera con sus compromisos para que no volviera nunca la guerra; que fuera respetuoso de la memoria histórica de Guatemala? ¿Quién iba a ser ese candidato? ¿Quién iba a ser ese que realmente hiciera un mínimo de esfuerzo para transformar las cosas y que escuchara a la gente? ¿Que diera un lugar digno a los siempre excluidos? ¿Que nos tomara en cuenta como gente honorable que somos?

Creo que el secreto tiene que estar en saber escuchar a la gente. Conocer sus problemas, sus necesidades y contribuir a que las resuelvan. No llegar como un señor que se la pasó

inaugurando chorritos sólo para hacerse propaganda en la televisión o sólo para promover su nombre. Todas estas cosas no
creo yo que estaría en condición de prometerlas. Yo sé que tengo un papel como cualquier ciudadano común. Porque como
ciudadana común con otros ciudadanos comunes podremos
lograr que Laj Chimel vuelva a ser el paraíso que yo recordaba.
Que Chimel, que todo Guatemala sea un tesoro para la memoria de las generaciones que vendrán.

3

LA MASACRE DE XAMÁN

Muchas gentes, en distintos lugares, me han dicho que nunca o sólo muy raras veces recuerdan sus sueños. A mi eso me extraña porque desde chiquita siempre me acuerdo de lo que sueño y pienso en ello. En mis recuerdos más lejanos de nuestra casita en Laj Chimel, posiblemente antes de que naciera mi hermana Anita, guardo memoria de que al despertar por las mañanas hablábamos sobre lo que habíamos soñado y alguno de mis padres, sobre todo mi mamá, nos explicaba su significado. Nos enseñaron que no todos los sueños se cuentan en público. Que algunos sueños sólo hay que contarlos a las personas más cercanas y otros hay que guardarlos en el corazón, recordarlos y atenerse a sus consecuencias. Porque no todos los sueños se pueden interpretar. Durante toda mi vida, los sueños han sido importantes y muchas veces se han convertido en motivo de reflexión, de preocupaciones, de esperanzas.

La mañana del 5 de octubre de 1995 —estábamos en la ciudad de Madison durante un viaje de trabajo por Estados Unidos— me levanté con un dolor muscular insoportable. Entonces recordé que había tenido un sueño horrible en la madrugada. Tuve un sueño pero sobre todo un sentimiento y un dolor muy grande. Al ver a Dorita, que me acompañaba en la gira, le dije: "¡A saber cuántos niños han sido paridos en esta noche!". Yo no pensé en la muerte, pensé en la vida. "A saber cuántos niños han sido paridos en esta noche y tal vez a alguno le pusieron mi nombre. Y quién sabe si yo tuve que ayudar a esas madres a parir esos hijos". Tenía mucho dolor. Empezamos una larga jornada, como siempre, llena de entrevistas, conferencias y charlas. Por fin, fuimos a comer con un grupo de amigos.

De pronto iniciamos una conversación sobre los refugiados. Y empezamos a recordar a don Juan Coc, el respetado dirigente de los refugiados que retornaron a Guatemala a la finca Xamán. Mientras tomábamos el café, empezamos a hablar de don Juan Coc y de la maravillosa fuerza de la vida. Recordamos cómo él había podido contener una enfermedad mortal y mantenerse frente a su pueblo hasta conducirlo a las tierras largamente soñadas. Murió muy poco tiempo después sin tener siquiera tiempo para saborear la primera cosecha que recogieron sus hermanos. La conversación se prolongó. En eso, entre las tres y las cuatro de la tarde, recibimos la primera noticia de la masacre. Yo me quedé perturbada y sorprendida. Sentía escalofríos por todo el cuerpo. No podía creerlo. En poco tiempo esa dolorosa información dio la vuelta al mundo.

Mi reacción fue de profunda amargura e indignación. Había querido creer que las historias de masacres, que las historias de la tierra arrasada eran trágicas memorias del pasado. En cambio, una patrulla de militares del Ejército de Guatemala había entrado a la comunidad de Xamán y, en circunstancias inexplicables, había abierto fuego contra la gente que se preparaba para celebrar una fiesta. Más de diez muertos y más de veinticinco heridos, incluso niños, mujeres y ancianos, eran el resultado trágico de este acto de barbarie, de esta nueva masacre contra la gente más humilde de mi pueblo.

Hace bastantes años, tal vez unos doce o trece, que conozco a la gente de Xamán. Los conocí cuando llegaron como refugiados a México. Habían caminado uno o dos meses por las montañas, sin zapatos, sin comida, sin esperanza. Cargaban con sus hijitos y sus pocas pertenencias. Acababan de escaparse de la muerte. Muchas personas contaban que dejaron enterrados, algunas veces insepultos, los cadáveres de sus hijos, de sus esposos y de sus esposas en el corazón de la selva, en medio de los barrancos. Sólo Dios sabe en qué parte se habrán quedado sus muertos. Narraban con profundo dolor cómo vieron sus casitas cubiertas por las llamas, cómo los soldados destruyeron todo lo que les había pertenecido.

95

Así conocí a muchos de ellos, cuando estaban llegando para iniciar una historia de tristezas, de nostalgias y de grandes recuerdos en algún campamento de refugiados en México. No cargaban nada más que su dignidad, su verdad y su orgullo de vivir. Jamás olvidaré a don Juan Coc, que era un líder q'eqchi'. Más que un líder era un hombre sabio, muy sensible. No en el sentido del estereotipo que nos ponen encima a los indígenas según el cual todos somos naturales y sensibles. Él era un hombre de grande y profunda espiritualidad. Tenía algunos dones especiales, no de todos.

Como refugiados sobrevivientes, exiliados, víctimas de la guerra, no nos quedó otro camino más que trabajar y luchar incansablemente por muchos años. Sobrevivir y esperar a que llegara el día de retornar con dignidad. Sabíamos que toda la gente tenía un gran sueño. Volver a la tierra, volver a Guatemala. El 8 de octubre de 1992 se firmaron los acuerdos para el retorno de los refugiados entre los representantes de éstos y el Gobierno de la República. Se abrieron nuestras esperanzas por un retorno organizado, con seguridad y con dignidad. Don Juan Coc fue uno de los firmantes de esos acuerdos.

Para don Juan Coc la única ilusión era que regresara su gente, que encontrara la tierra para vivir y trabajar y que volviera a renacer a la vida, que volviera a renacer en la estabilidad. Nosotros la apoyamos para encontrar y negociar la finca Xamán, en Alta Verapaz, que fue escogida por la comunidad como la más adecuada. Al final de cuentas, el Gobierno compró las tierras. Pero la negociación fue muy complicada. La gente tuvo que esperar con mucha paciencia más de un año en un lugar temporal antes de poder fundar su propia comunidad. Un lugar en donde reposara la memoria de sus nietos, la memoria de las generaciones venideras. La mayoría de hermanas y hermanos de la comunidad provenían de distintos lugares y muchos hubieran querido volver a su tierra natal. Allí había gente mam, q'eqchi' y k'anjobal. Cuando por fin fueron dueños de la finca Xamán, la bautizaron con el nombre de Aurora 8 de Octubre y nació una esperanza muy fuerte. Porque allí la *santa tierra* produce maíz, produce café, hule, cardamomo y otros productos no tradicionales que pueden darle a la gente una vida digna. Sobre todo productos que no dañan a la naturaleza de esta zona. Nosotros asumimos totalmente el compromiso de ayudar en la reconstrucción y la urbanización de Xamán, trabajando con gente tan hermosa y solidaria como Médicos del Mundo de España, con el fin de instalar inmediatamente los servicios de salud más urgentes. ¿Cómo garantizar y atender la salud y una educación adecuada a los niños, a los adolescentes que tienen triple identidad? Por un lado son mayas que hablan tres idiomas diferentes, son guatemalteco-mexicanos o mexicano-guatemaltecos. Pero, por otro lado, son simplemente hijos de refugiados que no han echado raíz en ninguna parte. Cuando llegaron a México los niños preguntaban: "¿Y cuándo vamos a volver a casa?". Sus papás les respondían: "Muy pronto. Sólo esperaremos que se mejore un poco la situación". Ese poquito de espera se convirtió en doce y hasta trece años de exilio. Tal vez la fuerza de la familia y de los grandes valores de la comunidad, la fuerza de nuestra cultura maya les haya dado a ellos la base para ser niños y jóvenes normales.

Las doscientas familias que regresaron del refugio en México encontraron en Xamán a un poco más de cincuenta familias q'eqchies que tiempo atrás habían ocupado algunos terrenos de la finca. Se produjo una negociación muy hermosa hasta llegar a un pleno acuerdo entre quienes vivían allí, acusados de invasores, y los que llegaban como nuevos propietarios de la tierra. Juntos formaron la cooperativa La Unión Maya y los sueños comunes fueron más grandes todavía. Y ahí estuvimos, afortunadamente, acompañando a nuestras hermanas y hermanos en ese camino de esperanza. El mensaje de reconciliación era claro y directo, sobre todo cuando el Ejército seguía acusando a los retornados de ser sustento de la guerrilla, al mismo tiempo que la insurgencia desconfiaba de quienes pretendían pensar con su propia cabeza. Quiero decir con todo esto que nuestro interés por Xamán no surge ante la infamia de la masacre. Durante años hemos trabajado hombro con hombro con la mayoría de los que fueron asesinados o quedaron heridos. Tal vez por eso duele más profundamente. Y la misma pregunta repetida muchas veces: ¿Por qué? Xamán dejo de ser zona de conflicto armado desde el año 85 u 86. En general es una región pacífica, y quienes retornaron del refugio supieron evitar cualquier confrontación con sus nuevos vecinos. Por el contrario, pusieron sus pocos recursos —la escuelita y la clínica, por ejemplo— al servicio de sus hermanos de las aldeas cercanas. Todo eso, a pesar de que el Ejército creó un clima de tensión y enfrentamiento antes de que regresaran los refugiados diciendo en las comunidades de Chisec —a ese municipio pertenece Xamán— que se trataba de guerrilleros que vendrían a reavivar la guerra y que, por lo tanto, eran enemigos. Pero las raíces comunes han sido más poderosas. La humildad de nuestra gente y la inmensa pobreza de ambas comunidades son iguales y, poco a poco, se han venido construyendo relaciones pacíficas entre comunidades mayas que comparten un mismo territorio.

Sin embargo, muchas cosas malas han caído sobre Xamán desde que retornaron los que tuvieron que pasar tantos años en el refugio. Don Juan Coc, su guía, su *k'amal b'e*, el que va adelante de los demás, tenía leucemia, una enfermedad feroz que lo podía haber matado varios años atrás. Pero su fuerza radicaba en el compromiso de conducir a su pueblo hasta la madre Tierra. Hasta el lugar donde nadie sería extranjero, refugiado o víctima de algo. Aguantó muchísimo. Nosotros mismos no entendíamos cómo un campesino humilde y pobre que no tenía forma de lavar frecuentemente su sangre, porque la leucemia avanzaba cada vez más, aguantó y soportó hasta que le alcanzaron las fuerzas para llegar. La gente se reubicó y él se despidió de ellos. Es el primer muerto que bendijo el camposanto de Xamán.

Unos meses después ocurrió un desastre natural. Hubo un viento huracanado y levantó todos los techos de las humildes casas, las pocas cosas, las pocas láminas que tenía la gente. El 16 de abril de 1995 a las ocho de la noche empezó la tormenta y duró más de tres horas. Lloraban los niños, aullaban los perros y gritaban las gentes. La gente estaba desconcertada, la naturaleza les había demostrado su grandeza, su agresividad, su poder. Pasaron una larga noche de desamparo total, de miedo y de pena. Cuando ocurrió eso, yo hablé con algunos líderes de Xamán para decirles que tal vez lo que faltaba allí era una oración, sus plegarias a la Tierra. Era como el compromiso de todos para honrar esa nueva tierra, esa nueva comunidad. Como que faltaba un poco de humildad para tratar de bendecir la Tierra como se hacía antes en nuestros pueblos. Quemarle su *pom*, sus candelas y darle su *cuxa*. "Pedirle permiso a la madre Tierra", decían nuestros padres.

Empezó a salir adelante Xamán. Habíamos terminado de dividir en lotes el centro urbano, se estaba ya instalando el servicio telefónico. Se siguió buscando un mejor mercado para el hule y el cardamomo que produce la cooperativa y se comenzó a trabajar en la construcción de viviendas formales y dignas.

A principios de septiembre nos reunimos con varios de los líderes de la comunidad para apoyarlos en la organización de la fiesta de su primer aniversario, el 8 de octubre. Se contemplaba realizar una gran fiesta. Convocar a los representantes de los retornados de las distintas regiones. Pensamos invitar a una buena cantidad de pueblos vecinos. Se habían planeado encuentros de fútbol y otros juegos deportivos. Habíamos pensado que varias marimbas de comunidades cercanas deberían tocar en esa fiesta y que teníamos que lograr que fuera una fiesta muy grande. Había doce niños que iban a ser bautizados, había otros niños y jóvenes que tenían que ser confirmados en la religión católica. Había que hacer todo en ese día. Desde el 7 de octubre se empezarían las ceremonias para agradecer este gran día de aniversario. Cuando hay festejos como ése, la comunidad aprovecha para cambiar sus autoridades y reafirmar el papel de sus líderes. Se reúnen los catequistas, las mujeres, los jóvenes. Todos estábamos seguros de que iba a ser una fecha memorable. Muchos analistas y muchas instituciones entendían que la experiencia de Xamán podría ser un modelo de retorno para otros refugiados. Primero, por el aspecto de reconciliación; segundo, porque se logró en tan corto tiempo que la comunidad empezara a levantarse con un gran nivel de organización. Un modelo para las otras comunidades cercanas, porque los recién llegados rápido empezaron a dar servicio médico a sus vecinos. Muchas comunidades habían acudido a buscar medicinas en este nuevo pueblito y vieron el ejemplo de que con la conciencia y el esfuerzo de la misma gente se puede lograr una vida digna. La esperanza que se estaba depositando era muy grande. Mucha gente había ido a conocer algo de esas esperanzadoras experiencias en la nueva comunidad a la que sus pobladores bautizaron con el sonoro nombre de Aurora 8 de Octubre. Por eso, ante la matanza y la reiterada pregunta del por qué de esa nueva infamia en contra de la gente tan humilde, en contra de una comunidad indígena que a diario buscaba cicatrizar tantas heridas de la crueldad que ha vivido, no se puede dejar de pensar que ahí se cometió una infamia, un hecho de profunda maldad.

Ese jueves 5 de octubre de 1995 a eso del mediodía, mientras la mayoría de los pobladores de la comunidad de Xamán se dedicaba a sus trabajos habituales y otros, los de las comisiones encargadas, se afanaban en terminar de construir una enorme galera que serviría para el baile de aniversario, llegaron las noticias iniciales de la presencia de soldados armados dentro de la comunidad. Fueron los niños que salían de la escuela los primeros en verlos. En cualquier lugar donde los militares se asoman, causan pánico, sobre todo a quienes ya han sido víctimas de sus atropellos.

Luego algunas mujeres confirmaron la información de que un grupo numeroso de militares caminaba por el bosque que rodea el casco urbano de la cooperativa. Cuatro dirigentes de la comunidad salieron a buscar a los soldados para hablar con ellos y pedirles que se retiraran. A lo largo de un año de estancia en Xamán ésa era la primera vez que el Ejército penetraba a la finca, que es propiedad privada de la cooperativa.

A los pocos minutos, dentro del bosque, los dirigentes se toparon con veinticinco soldados bajo el mando de un subteniente. Todos los soldados, incluido el jefe, eran indígenas y jóvenes igual que ellos. Al hacerles ver que al entrar sin permiso a la finca estaban violando uno de los acuerdos firmados entre el Gobierno de Guatemala y los refugiados en octubre del 92, el subteniente Antonio Lacán Chaclán, que se identificó como el jefe de la unidad, dijo que ellos sabían que se iba a celebrar una fiesta y que llegaban para participar. Los dirigentes les pidieron a los militares que salieran inmediatamente de los terrenos de la cooperativa. Les explicaron que la comunidad no aceptaría su presencia y que ésta más bien causaría miedo o intranquilidad. El oficial se negó diciendo que ellos habían sido invitados a la fiesta.

Tres mujeres mayores llegaron hasta donde hablaban los dos grupos. Al oír los argumentos del jefe militar dijeron indignadas que no era correcto que los dirigentes estuvieran tratando con los soldados en medio de la montaña. Muy enojadas exigieron que todos se fueran hasta el centro del pueblo y que se hablara frente a toda la comunidad. Así es como se trasladaron al centro de la comunidad.

Ya en el corazón del centro urbano, en el terreno reservado para construir la escuela, se comenzó a reunir la gente, en su mayoría mujeres y niños. Los dirigentes empezaron a llamar por un altavoz a los vecinos de los diferentes barrios, donde conviven familias que hablan el mismo idioma maya. Poco a poco creció el grupo hasta componer unas doscientas cincuenta o trescientas personas. Una mujer mam muy hermosa y creativa, llamada Rosenda Sales, llevó una cámara fotográfica y tomó varias fotografías donde se pueden ver los rostros de niños, mujeres, ancianos y pocos hombres jóvenes que formaban una media luna en torno a los soldados armados. Esas fotos son muy tristes. Todos, soldados y pobladores, son hermanos indígenas. En la investigación que realizamos posteriormente encontramos que varios de los soldados fueron reclutados por la fuerza cuando tenían catorce y quince años. La mayoría de los militares son muy jóvenes, algunos casi niños. En las fotos se ven las armas de guerra —fusiles, ametralladoras, lanzagranadas—, listas para ser usadas en contra de la población civil desarmada e indefensa. Ojos de niñitos asustados, viendo con curiosidad a quienes unos minutos después serían sus verdugos.

El subteniente volvió a repetir sus argumentos. Los dirigentes insistían en exigir su salida inmediata de la cooperativa. Las mujeres, algunas de ellas enfurecidas, gritaban que los soldados no debían salir hasta que llegaran los observadores de la Organización de Naciones Unidas (MINUGUA) y quedara apuntado en un papel que se había cometido esa violación a los acuerdos. Y que los soldados habían incursionado ilegalmente en una propiedad privada. Muchos recuerdos terribles se agolpaban en la cabeza de quienes sobrevivieron al arrasamiento de sus aldeas trece o catorce años atrás. Aumentaron los gritos y los reclamos, especialmente de las mujeres. Algunos comenzaron a exigir que los soldados pusieran sus armas en el suelo mientras llegaban los funcionarios de MINUGUA. El ambiente se puso tenso en pocos minutos. Varios de los testigos afirman que vieron al jefe de la patrulla militar comunicarse por radio con alguien. Los mismos aseguran que unos instantes después lo vieron hacer una señal a sus soldados con el pañuelo rojo que llevaba en el cuello.

Y ahí empezó la matanza. Los soldados comenzaron a disparar sus fusiles en todas direcciones. Las primeras en caer muertas fueron las mujeres que estaban protestando frente a los militares. Pedro Medina, un joven y querido dirigente, cayó herido y fue rematado en el suelo cuando trataba de incorporarse. La niñita Maurilia Coc Max, de apenas siete años de edad, fue asesinada por la espalda mientras corría hacia donde desesperadamente la llamaba su padre para que se pusiera a salvo. En medio de gritos de angustia y terror se escuchó la explosión de dos granadas. Tres soldados que quedaron en medio de la gente que huía llena de pánico fueron heridos en las piernas por los disparos de los soldados que estaban más alejados. A los soldados no les importó la suerte de sus propios compañeros que se quedaron perdidos entre la multitud. Imágenes terribles de mujeres corriendo bajo las balas, con un hijo recién nacido amarrado a la espalda y arrastrando de las manitas a otros dos niños pequeños. Todos corrían de un lado a otro buscando salvar la vida. Fernando Chop, un joven maestro de diecisiete años —muy querido porque desde los catorce años comenzó a cumplir con su vocación de educador—, recibió dos tiros en la espalda cuando corría y casi se había puesto a salvo. Varios de los heridos fueron rematados en el suelo en los momentos en que Lacán Chaclán comenzó a dar a gritos la orden de retirada. Parecía que no era la primera vez que les tocaba rematar a alguien en agonía.

La mayoría de los heridos trataron de refugiarse en sus casas. Algunos de los más graves se arrastraban hacia la clínica de Médicos del Mundo en busca de auxilio. Rosenda, gravemente herida en un pie y con esquirlas incrustadas en las piernas, logró salvar la cámara con las valiosas fotografías. Alguien vio el reloj: pasaban diez minutos de las dos de la tarde de un día terrible. Una nueva pesadilla de sangre, una nueva herida en la memoria de un pueblo maya. Los soldados corrían desordenadamente disparando sobre las casas que encontraban a su paso. Bastante lejos del lugar de la masacre, uno de los grupos de militares que se retiraba se encontró con Santiago Tut Pop, un niñito q'eqchi' de apenas ocho años de edad. Santiaguito estaba jugando a pescar en un pequeño arroyo y traía una vara y un hilo en la mano. Al ver a los soldados corrió por el camino hacia su casa. Un primer disparo le desgajó la mano y el antebrazo, pero siguió corriendo mientras gritaba de dolor y llamaba a su mamá; un segundo disparo le penetró por la espalda y otro le destrozó la cabeza. Santiago cayó muerto a la orilla del camino. A su lado quedó la varita de pescador de ilusiones. Una y otra vez los sobrevivientes y los testigos me han relatado con profundo dolor lo ocurrido; una y otra vez he visto y oído los llantos de la comunidad y de las víctimas.

Ocho cadáveres quedaron tirados en el lugar de la masacre. Maurilia murió en la clínica de la comunidad donde trataron desesperadamente de salvarle la vida. El cuerpecito de Santiago, lejos, a la orilla del camino. Fernando Chop, el niño maestro, murió al día siguiente en un hospital al que fue trasladado. El saldo terrible de la infamia: once muertos y veintiséis heridos en aquel jueves 5 de octubre que amaneció con la alegría de los preparativos para la gran fiesta. Como dos horas y media más tarde empezaron a llegar uno tras otro los helicópteros y la imagen de dolor de nuestra gente dio la vuelta al mundo.

Esa misma noche, mientras los heridos eran trasladados en helicópteros a hospitales de la capital, el Gobierno hizo pública su versión de los hechos por boca del ministro de la Defensa. Con el mayor cinismo, el general Mario Enríquez dijo que una patrulla militar había sido atacada por la población en Xamán. Hizo el absurdo relato de cómo unas agresivas mujeres le habían arrebatado las armas a los soldados con las cuales comenzaron a disparar sin control ya que no sabían utilizarlas. El resultado, según el descarado general, fueron los muertos y heridos dentro de la población. El general asumía su verdad sobre la masacre como si él personalmente hubiera estado allí. Por supuesto que esa versión no se la creyó nadie y sólo sirvió para profundizar el clima de repudio a este hecho vil y salvaje.

Inmediatamente cancelé mi gira de trabajo en Estados Unidos y buscamos con Dorita el primer avión que nos llevara de regreso a Guatemala. Le pedí a Gustavo, el director de nuestra fundación, que se trasladara de inmediato a Xamán y tomara las medidas que fueran necesarias para patentizar nuestra solidaridad con la comunidad. En las primeras horas de la mañana del día 6, Gustavo encontró los cuerpos de los masacrados en el mismo lugar donde los habían matado. Las escenas de amargura y de dolor eran desgarradoras. Familias completas lloraban junto a sus difuntos, mientras rezaban y encendían sus candelas. Los niños y los jóvenes grababan en su memoria un hecho sangriento, sin explicación. El cuerpecito de Santiago permanecía tirado en la misma cuneta, a la par del camino, como muestra terrible del grado de maldad y deshumanización que el Ejército ha podido sembrar en el corazón de jóvenes soldados que un día fueron reclutados a la fuerza como ganado, fueron entrenados con crueldad y que tal vez nunca podrán pagar su deuda para con su pueblo.

Mientras tanto, el fiscal del Ministerio Público y el juez de paz de Chisec recogían pruebas de manera superficial y descuidada. No dieron ninguna instrucción a la comunidad para conservar y proteger las pruebas y el lugar de la masacre, no cercaron el área donde permanecían los muertos, mezclaban dentro de una bolsa los numerosos casquillos de balas que la gente recogía e inocentemente les entregaba. Gustavo preguntó el nombre del fiscal y se llevó la sorpresa de que se trataba de un tal Alcides, el mismo que, siendo juez, ordenó mi captura e intentó encarcelarme en 1988 cuando regresé por primera vez a mi tierra. Nuevamente se cruzaban nuestros caminos, pero esta vez en circunstancias más terribles. Obviamente este juez verdugo no había cambiado mucho. Los testimonios de la gente indican que él hacía todo lo posible para borrar las evidencias de la masacre.

Ese día ocurrió algo que refleja claramente el temple de la comunidad de Xamán. En medio del dolor generalizado, los dirigentes consultaron la opinión de las familias de las víctimas y del resto de la comunidad y tomaron la decisión de seguir adelante con la celebración de su primer aniversario. La vida tiene que triunfar sobre la muerte, decían, y proclamaban que la fiesta sería la mejor forma de decirles a sus verdugos que habían fracasado en su intento de matar la fe y la esperanza del pueblo de don Juan Coc. Llegué a Xamán después de haber anunciado públicamente que aceptaba la petición de la comunidad de representarlos como acusadora y participar directamente en el proceso judicial que debía iniciarse. Dije ante la prensa que buscaríamos el castigo legal contra los hechores materiales y los autores intelectuales de ese acto de barbarie. Lo reafirmé ante todo el mundo y ante la comunidad cuando llegó ese esperado día 7 de octubre. Jamás podré olvidar esa ceremonia donde fueron bautizados doce pequeños niños, a la par de los ataúdes de los asesinados. Donde se lloraba de dolor por la injusticia y la muerte, al mismo tiempo que se le daba gracias al Corazón del Cielo y de la Tierra por el milagro de la vida. Las cajas de los muertos estaban llenas de flores, rodeadas de candelas y veladoras. Mujeres y niños lloraban a gritos, otros rezaban en voz alta, otros quemaban el *pom*, otros cantando himnos religiosos, otros estaban callados. Y todo ocurría en aquel lugar tan especialmente bello: un pequeño valle quebrado, lleno de suaves lomas y cruzado por muchos arroyos, rodeado por los cerros de la montaña selvática en la que se oye la alegría de los loros y las guacamayas, junto al aullido imponente de los monos saraguates. Allí quedó sellado el compromiso de hermandad entre esta humilde mujer maya y esa comunidad ejemplar.

La decisión de involucrarme como acusadora particular —"querellante adhesiva" es el nombre técnico— no fue fácil.

Sabía que estaba asumiendo una responsabilidad grande y riesgosa en la que, por una parte, tendría que encararme a un sistema judicial corrupto e inoperante, a la par de enfrentarme de manera directa con el Ejército. Muchos pensaban que se trataba de una empresa perdida de antemano. Era el momento de caminar por los laberintos de la justicia y codearse con los laberintos de la impunidad. Lo medité, escuché opiniones, pedí consejos. Mi determinación quedó clara. Había que hacerlo por muchas razones: por el derecho de las víctimas a la justicia; porque por primera vez se podía llevar ante los tribunales a los responsables de una masacre; por la obligación moral de luchar contra la impunidad. Y una de las razones más importantes, a la larga, fue la de transmitir un mensaje educativo sobre la necesidad de fortalecer el camino de la legalidad, de participar en la construcción del Estado de derecho. Toda mi vida uní mi voz a la lucha contra la impunidad. Pero bien diferente fue tener el valor de pasar días y días de un tribunal a otro, presentar un memorial tras otro, leer y aplicar párrafo por párrafo los artículos del código procesal penal y la Constitución nacional.

Al momento de escribir estas reflexiones ha transcurrido más de año y medio desde que ocurrió la masacre. El proceso judicial todavía no termina y no está plenamente asegurado que al final se hará justicia. Ha sido un camino lleno de amenazas, obstáculos y trampas. Luchamos contra el Fuero Militar, que no era otra cosa que el trapo sucio de la impunidad con el que se tapaban los militares, y lo derrotamos. Nos han hecho la vida imposible pero logramos que los militares no juzgaran sus propios crímenes. Ahora el juicio está en los tribunales civiles. Nos hemos enfrentado —y lo seguimos haciendo— contra la corrupción de jueces y tribunales acostumbrados a someterse a los poderosos y vender la justicia al que pague más. Nos ha tocado superar una a una todas las artimañas de los abogados defensores, que durante años han combinado las amenazas, el soborno y el retorcimiento de la ley para dejar en la impunidad los crímenes de sus defendidos. Con nuestras propias investigaciones hemos ido superando la desaparición y destrucción de pruebas que han cometido organismos del Ejército y algunos de los propios funcionarios encargados de impartir justicia. Hemos tenido que buscar y contratar a los asesores y a los peritos técnicos necesarios para superar las fallas y las omisiones de los organismos correspondientes. Y nos hemos llenado de deudas para poder cubrir los costos económicos de un proceso judicial largo y complicado. Debo rendir homenaje a los fiscales del Ministerio Público y a los jueces honrados con quienes hemos hecho frente a las dificultades. Las amenazas y las provocaciones siguen siendo cosa de todos los días.

Y, a pesar de todo, poco a poco se han venido cumpliendo los objetivos que nos trazamos. Nos hemos apoyado mutuamente con otras hermanas y hermanos que están en la misma lucha por la justicia. Así nació la Alianza contra la Impunidad y juntos encontramos la fuerza para seguir adelante. La comunidad de Xamán y, en particular, los sobrevivientes de la masacre han mantenido el mismo espíritu que les transmitió don Juan Coc y, a pesar de las adversidades, continúan trabajando con esperanza en el futuro. Tienen fe en que se hará justicia en el difícil proceso legal que les ha tocado llevar durante más de año y medio. En el lugar donde ocurrió la matanza se edificó una hermosa escuela de seis aulas, donde los niños de la comunidad estudian repartidos en dos jornadas diarias. Es la única manera de no olvidar a los masacrados.

Si se ve la experiencia con ojos jurídicos, se han logrado cosas muy importantes: el golpe frontal a la impunidad representada en el Fuero Militar; llevar a la cárcel y abrir un juicio legal, por primera vez en Guatemala, a los responsables materiales de una masacre; lograr por primera vez la calificación del delito de *ejecución extrajudicial*; hacer regresar a la cárcel a varios de los soldados y al oficial que los mandaba, que habían sido dejados en libertad condicional por un juez corrupto. Se logró sacar a ese juez corrupto de su silla, aunque no logramos que fuera castigado por la ley; y haber ido derrotando uno a uno todos los trucos y trampas legales utilizadas por los abogados militares de la defensa. Estoy convencida de que todo este esfuerzo va contribuyendo a la construcción de la Guatemala que tanto hemos soñado. Y para lograrlo se ha necesitado de la sabiduría, abnegación y valentía de mucha gente. Dos personas han dejado una huella muy profunda en este camino. Una mujer pequeñita de estatura, pero muy grande por su valor e inteligencia, la abogada guatemalteca María Estela López Funes, que ha llevado todo el peso de la conducción del juicio. Y un hombre, argentino de nacimiento e hijo de nuestra América por vocación, el doctor Eduardo Salerno, que ha sido fundamental con su experiencia y talento para trazar el camino correcto en medio de tantos obstáculos y peligros. Personas de la calidad ética y moral de ellos, gente como don Juan Coc, me ayudan cada día a reafirmar la convicción de que podremos construir un mundo más justo y humano. Me ayudan también a fortalecer la utopía de la interculturalidad. No puedo asegurar que al final derrotaremos a la impunidad en este caso y que habrá justicia para las víctimas. No sé a ciencia cierta si lograremos identificar y enjuiciar a los autores intelectuales de la masacre de Xamán. Lo que sí puedo afirmar con seguridad es que todo este esfuerzo ha valido la pena, que somos muchos —la mayoría— las mujeres y los hombres, los indígenas y los ladinos que queremos terminar con la impunidad. También con eso he soñado muchas veces.

CAPÍTULO 4

LA MADRE Y LA TIERRA

La última vez que llegué a mi casa antes de salir al exilio fue en los primeros días de octubre de 1979. Llegué por poco tiempo y sin previo aviso. Fue poco después de la tortura y muerte de mi hermanito Patrocinio; mi madre estaba absolutamente destrozada por esa muerte. Cuando me vio llegar, se puso a llorar amargamente. No sólo por la emoción de verme sana y salva, sino para comunicarme el peso de su dolor porque los militares le habían arrancado la vida a uno de sus hijos quemándolo vivo. Se había asustado mucho con mi llegada, porque estaba consciente del enorme peligro de que también yo fuera secuestrada. Sintió que podría perder a otra hija. Su única razón de madre eran nuestras vidas. La situación había sido tan dura en Chimel que la mayoría de las familias había empezado a huir de la aldea hacia las montañas, a dormir en los barrancos, a vigilar la aldea día y noche. La mayoría de las familias estaba viviendo el terror, el miedo a que en cualquier momento llegaran los militares.

No hay nada más horrible en la vida que cuando uno vive bajo la presión de una permanente persecución. El miedo de mi madre era el de toda la comunidad. ¡Fueron tan pocas las horas que pude estar con ella! Pero esas pocas horas en mi casita fueron, para mí, la sustitución de los tantos años en que emprendería una larga caminata por mi propia experiencia. Se me estaba acercando un extraño y misterioso destino y parecía que mi madre lo estaba percibiendo. Quería prometerle a Chimel toda una vida, toda una conciencia y todo un compromiso de lucha. Mi madre me decía: "Hija, tienes que buscar cualquier lugar a donde irte pero no perderte aquí".

Sentí una gran impotencia por no poder aliviar el dolor de mamá ni siquiera con mi presencia. ¡Sentía tanto miedo de llegar a perderla...! Jamás podré superar el trauma de haber dejado a mi madre casi a las puertas de la muerte. Fue la última oportunidad que tuve de sentir el calor de una madre. Si hubiese sido adivina, por lo menos me habría detenido en mirarla fijamente, en contemplar por última vez su rostro. Habría intentado, aunque fuera en el último minuto, aprender algo más de ella. Sólo me quedó el recuerdo tan doloroso de tener que dejar la casa. No hay palabras que puedan describir ese momento.

Me quedó grabado el recuerdo de cuando mamá corrió a buscar un pequeño jarrito de donde sacó un collar rojo, una medalla y cinco quetzales. Me depositó todo en las manos, miró la salida del sol, cerró los ojos y lloró mientras rezaba. Entonces me fui. Mi hermanita corrió detrás de mí llorando. Yo ya no volteé a mirarla. Presentía y casi estaba convencida de que no volvería a ver a mamá, ni a mi pequeña hermana Anita, ni a mi comunidad. No volvería a ver y a vivir en la humilde cuna en donde nací y crecí, donde los abuelos me enseñaron qué significan los cantos de los pájaros, qué significa la oscuridad en la noche; en donde aprendí a ser parte de los nietos de los mayas de Guatemala. Mi mamá se quedó sola con mi hermana, la más pequeñita de la familia. Anita, la pequeña seguidora, la que por su edad no se desprendía de nuestra madre, pues todos mis hermanos y hermanas se habían ido a esconder a otros lugares, a preservar sus vidas y las de sus familias. Era extraño y nuevo todo lo que estaba pasando. Por primera vez se rompió la familia, el hogar, la comunidad y las costumbres. Ninguno sabía cuánto tiempo iba a vivir y los que vivieron, cuánto tiempo se iban a ausentar de Chimel.

Buscamos vecinos para que me sacaran de inmediato de Chimel y salí camino a Santa Cruz del Quiché. Caminamos toda la noche hacia Uspantán. Fue difícil pasar por el pueblo de Uspantán, ya que los mismos vecinos tenían miedo del Ejército que se encontraba allí y entonces no quedó más que caminar hacia otro pueblo llamado Cunén. La última vez que estuve en Chimel estaba lloviendo. Caían torrentes de lluvias. Es una característica de Chimel: llueve nueve meses al año. Son cascadas de agua. Son tinajas de lluvias. En algunas partes del camino el lodo llegaba hasta la cintura. Esa vez estaba lloviendo fuerte, fuerte. Nos habíamos estado mojando toda la noche. El frío estaba insoportable. Pero llega un momento en que es difícil diferenciar el dolor del cansancio y el dolor del frío con el dolor de todo un nuevo destino. Es una de las huellas que me quedó en la memoria.

Cada vez que recordaba a mi madre, cada vez que recordaba esa última tarde, siempre me nacía una nostalgia, me nacía un dolor, pero al mismo tiempo me venía la sensación del lodo, la sensación de la lluvia, la sensación de tristeza. Respiraba el aliento de esas espesas nubes, respiraba el aliento de esa tierra mojada, junto a la sensación de miedo. Desde allí me nació una utopía. Esa utopía es el firme deseo de volver a vivir en Chimel. El sueño de volver a la casa, a ese ranchito igual a como lo había dejado. En muchas ocasiones se me ha presentado en sueños. Sueño con mi madre y la sueño con la misma sensación. Hasta con la misma percepción del fuego, de la leña, del ambiente, de toda una vida irrecuperable.

Tenía veinte años. Estábamos en octubre de 1979 y empezaba un nuevo periodo de represión contrainsurgente en la vida del pueblo de Guatemala. Lo más duro eran las amenazas, la tierra arrasada, la persecución a los dirigentes de nuestras comunidades, la aplicación de la tortura, la imposición de las

Patrullas de Autodefensa Civil (PAC) por parte del Ejército. Se iniciaba, apenas, la militarización del campo. Eran los primeros orígenes de las PAC que poco a poco se institucionalizaron en nuestras comunidades. En aquel entonces estaba vivo mi querido padre. Ya era perseguido y amenazado de muerte por su lucha de más de treinta años por nuestra madre Tierra, por su lucha para obtener los títulos de la tierra de Chimel. Él estaba escondido en otra región del país.

Mi padre, don Vicente Menchú Pérez, hacía meses que había abandonado la casa. También se habían ido de la aldea mi hermanita Lucía, mis hermanos Nicolás y Víctor y muchos de los líderes de la comunidad. Otros se quedaron, como mi madre, una mujer que fue ejemplo de muchos valores y cualidades. La descubrí quizás mucho más en los últimos años, después de que había muerto. He descubierto lo que era mi madre. Ella fue la que se quedó en la aldea. Ella fue valiente y fuerte.

Poco tiempo después vino la muerte de papá, cuando fue quemado vivo en la Embajada de España a las once de la mañana del 31 de enero de 1980. Hubiera querido convertirme en cualquier misterio para poder tener conmigo a mi madre en ese momento, cuando murió papá. Porque papá para mí representó muchas cosas. Representó lo que sería imposible plasmar en un papel o en un libro. La muerte de mi padre nos había golpeado profundamente.

Yo casi sentía una telepatía con mi madre. Yo intentaba adivinar que la manera en que yo iba a enfrentar ese hecho sería la misma de mi madre. Después de la muerte de mi papá, vino la muerte de mi mamá. Cuando mi padre iba a morir, lo había soñado en un cuartito lleno de luz y lleno de calor. Papá estaba vestido de una manera rara. Tenía un traje extraño. Lo vi triste. Él me dijo: "Hija, cuídate mucho porque yo me separé de tu madre. Ya nos separamos". Entonces, llorando de tristeza, yo le dije: "Papá, ¿pero cómo es eso?". Le dije: "Yo creo en usted y creo en mi mamá, sólo seríamos felices si ustedes dos estuvieran juntos". Él me respondió: "Tienes que creer". Era un sueño nada más.

Tres días después, había muerto.

Cuando murió mi madre soñé algo similar. Había soñado que bajaba el cerro de Cholá, la peña que está en las faldas de un cerro cercano al pueblo. Vi que mi madre estaba subiendo ese cerro. Cargaba una canasta muy pesada en la cabeza. De repente, vi que llevaba dentro de la canasta una carne descompuesta. Sentí mucho miedo cuando vi eso. Como cinco días después de ese sueño, oí que mi madre había sido secuestrada y estaba detenida en el cuartel del Ejército. Estaba siendo torturada en el destacamento de Xejul. Ya sabía que ella no iba a volver. En aquel entonces, creí que mi hermana Anita había muerto con mi madre. Era la única que se había quedado con ella. Me decía: "M'in, todos ustedes se van, pero yo me quedo con mamá. Si nos matan aquí, yo me moriré con mamá". Hasta casi un año después no supe que mi hermanita había sobrevivido. De casa en casa de la gente estuvo en las áreas de Nebaj y de Cotzal. También estuvo en el Soch. La gente la guardaba y la acogía. Nunca dijo su identidad. No dijo que era hija de la familia Menchú. Aunque algunos lo sabían. Simple y sencillamente andaba de casa en casa y volvía al ranchito. Cuando podía hacerlo, soltaba los caballos, los animales, y se escondía de nuevo. Los pocos que sobrevivían en ese lugar tenían miedo de asomarse a los ranchitos, preferían esconderse en los barrancos. Cuánta impotencia siento cuando mi hermanita me cuenta los dolorosos capítulos de su propia experiencia.

Enfrentar la muerte de mis padres era al mismo tiempo romper con el hogar, romper con la familia era entonces romper con la cultura y romper con la tradición. Era una verdadera encrucijada para los que hoy vivimos. Después, yo empecé a descubrir que mi madre era mucho más grande de lo que yo la conocí. Era no sólo partera, comadrona, curandera, sino al mismo tiempo era una madre que poseía muchos de los valores de nuestros antepasados. ¡Nos había educado tan bien! Esto lo descubro ahora que me falta. Tenía razón cuando ella decía que sus manos eran grandes e invisibles. Con esas manos recibía al mundo las criaturas, desnudas, desconcertadas, arrastrando un gran ombligo. Pues nacemos en el vacío, el primer contacto con este mundo es con las manos de una partera y de esas manos se pasa a enterrar el ombligo en la tierra para que eche raíz. Todo esto lo explicaban mamá y nuestros abuelos.

114

Mamá nació de una familia muy curiosa. Yo tengo el mismo nombre que mi abuela. No éste de Rigoberta que uso ahora. Porque yo me llamo Rigoberta Menchú Tum sólo a partir de 1979. En realidad, mi verdadero nombre, y el de mi abuela, es M'in. Actualmente, mis sobrinos y todos los familiares me dicen M'in. La aldea me conoció así y el pueblo de Uspantán me conoció así. Cuando nací, mi padre no tuvo tiempo de ir a registrarme a la municipalidad y dejó pasar varios días antes de hacerlo. Cuando llegó a la municipalidad, los alcaldes no le aceptaron el nombre M'in. Le dieron un listado de santos y él escogió entre todos los nombres el de Rigoberta. No sé por qué escogió Rigoberta. Es un nombre muy complicado. En la familia nunca pudieron pronunciarlo, especialmente mamá. Nunca pudo decir "Rigoberta". Siempre dijo "Beta", "Tita". En fin, que en casa siempre fui conocida como M'in. Cuando cumplí dieciocho años, mi padre tuvo que luchar mucho para establecer mi identidad. Se fue a la municipalidad a buscar mi acta de nacimiento y él quería pedir que le dieran el acta de nacimiento de su hija M'in. Le contestaron que no había absolutamente ninguna M'in registrada. Además, él sostenía que yo había nacido a las ocho de mañana el 4 de enero y en la municipalidad afirmaban que no había ningún Menchú Tum nacido en esa fecha. Tuvo que pagar varias multas hasta encontrar un nombre, que era Rigoberta Menchú Tum, que nació el 9 de enero, en donde coincidían los dos apellidos de mamá y papá. Entonces supusieron que era yo y así se estableció mi identidad legal. Y así me llamaron.

Mi ombligo lo quemaron. Lo quemó mi madre junto con mi compañerita, la placenta. Esto era una tradición: la creencia de que uno pertenece a la madre Tierra y que la tierra es sagrada. Al mismo tiempo, el ser humano que nace debe nacer libre, libre de ella, independiente. Cierto, es su madre, porque comerá maíz, porque comerá de ella, y la madre Tierra acompañará sus pasos; porque es su sombra, al mismo tiempo, su nagual, su personalidad, su doble, el doble ser que será siempre de la Naturaleza. Será su guardián para que proteja su vida y todos sus actos. Para que perdone sus errores, castigue sus faltas y para que florezcan sus buenos ejemplos. Pero quemar el ombligo y su compañerita también constituye un símbolo de que será independiente de ellos y es como nacer de nuevo. Hay una razón para que se entierre el ombligo. Mi ombligo es como la única fuente que me une hacia la energía y la vida con la madre Tierra. Cuando se quema el ombligo es como tributo a la Naturaleza, es el humo que rinde homenaje a la madre Tierra, es fuego, es energía. Es la unión de cada hombre con su entorno, es la unión de cada mujer con su entorno.

115

El ombligo seguirá siendo siempre la energía y la fuerza de todo ser humano. La mayoría de los seres humanos jamás piensan en lo que pasó con su ombligo y dónde lo dejaron tirado. Yo no los critico. Simplemente me siento orgullosa de que mi ombligo esté en Chimel. Plasmado en las montañas de Chimel y de Guatemala. Sombra en los barrancos, acompañando los caminos, acompañando las veredas.

En mi familia nos dieron las mismas oportunidades a mis hermanos varones que a mí. Yo era la que acompañaba a mi papá en las gestiones. Nos quisieron igual. Debo decir que mi familia no siguió algunas reglas de la tradición. Por ejemplo, en la familia indígena, el primer hijo debe llamarse igual que uno de los abuelos, preferentemente el abuelo paterno. La primera hija, a su vez, debe llamarse como una de las abuelas. Así, mi hermano Nicolás se llama como mi abuelo. Pero yo, que me llamo como mi abuela, soy la sexta hija. Aquí no se siguió la tradición. Por tanto, la pareja poseedora de la memoria de los abuelos somos mi hermano Nicolás y yo. Otra cosa: se cree en la dualidad de la vida. Los números pares deben ser números sagrados. Mis padres, en cambio, dieron números impares, es decir, en suma, somos tres los tocayos de la familia. No porque no hayan tenido hijos, sino porque no quisieron y no sé por qué.

116

Mi abuelo era de Santa María Chiquimula. Los chiquimulas, en Guatemala, son como los gitanos en el mundo. Los chiquimulas perdieron sus tierras hace como ciento cincuenta años. Eran parte del departamento de Totonicapán. Mucha gente todavía vive en Santa María Chiquimula, pero la mayoría recorre toda Guatemala. Ellos hablaban su idioma. Usaban un traje rojo y negro, un güipil rojo y negro y un corte negro con una franja multicolor de por medio tejido a mano. Usan el pelo con muchos listones multicolores y un collar rojo que es el collar que yo mantengo conmigo en todos estos años. Podría decir que es mi único collar que marca el tiempo. Es el collar rojo de los chiquimulas. Su rostro era más moreno que el de otros pueblos. Morenos y con los pómulos más resaltados. Por eso un chiquimula no puede perderse en ningún lugar. También fueron los sectores más despreciados. Pues resulta que mi abuela, pura quiché de una importante familia, los K'otoja', se casó con un Tum que era el apellido de un chiquimula. Fue un gran pleito, pues mi abuelito no fue aceptado por la familia de mi abuela. Entonces tuvo que hacer lo que está en contra de las costumbres y las tradiciones —esto es, ir a pedir a la novia, ir a pedir todo y llevar un largo proceso de ceremonia para el casamiento—: se huyeron, fugitivos de la familia. En nuestro idioma común se dice *xralq'aj rali'*, "robó a la mujer".

Así fue como cayeron en Uspantán, en esas montañas. Decía mi abuelo que él miró el primer entierro del primer niño en el cementerio de Uspantán. Cuando llegaron a Uspantán, vieron que allí tenían unas costumbres muy raras. Porque mi abuelo poseía una identidad profunda, una gran identificación con su cultura. Los chiquimulas, hasta la fecha, no se han extinguido. No tienen tierra, no tienen lugar, en todos lados son rechazados y la gente piensa que son vagos. Ellos ocupan un pedazo de terreno para poder instalar un mercado, una pequeña venta. Siempre andan juntos. Nunca renunciaron a sus trajes a pesar de que son discriminados por todos los otros grupos étnicos. Cuando hablo de grupos étnicos, me refiero a las etnias de Guatemala, esto es, los no indígenas —mestizos o ladinos— y los pueblos indígenas. Nosotros quisimos esconder un poco esa nuestra identidad cuando éramos pequeños y más tarde, ya jóvenes, porque todos se reían de nosotros. Cuando alguien quería insultarnos decía: "Chiquimulas". Aunque este insulto nunca fue grave, no se compara con los insultos de los ladinos cuando le dicen a su perrito: "*Parecés* indio".

Nuestra niñez fue diferente. Aprendimos a jugar con las cosas de la Naturaleza. Me da una sensación de maravilla. Una fuerza muy grande. Recuerdo la sensación de frío, los tiempos cuando se multiplicaban los hongos. Recorríamos la inmensa selva para buscar una clase de hongo, el más fino, el que parecía pechuga de pollo. El *moo'* era nuestro equivalente de la carne. Simplemente era una delicia que podíamos darnos el lujo de saborearlo cuando era su época. En el camino siempre encontrábamos *slip, xikin mam, raq masat*, otra gran variedad de hongos para preparar cualquier plato sabroso. ¡Tanto frío que hace!

Recuerdo el lodo en los pies mojados, las *patas rajadas* como nos decían en el pueblo. En tiempo de lluvia se sufre mucho de infecciones en los pies. Era muy doloroso pues había que quemarlos permanentemente, porque mañana había que continuar descalzos en la humedad, en el frío y en el lodo. Cuando hacía sol por una semana, mamá nos curaba en tan poco tiempo que nos dejaba nuevos para empezar. Ella era curandera, comadrona y partera. Nos enseñó el *xew' xew*[20] para curar malestares, mal de ojo; *saq ixoq*[21] para los fuertes dolores

---

20. Planta medicinal.

21. Literalmente, "mujer blanca". Es una planta medicinal.

de estómago; los tallos tiernos de la hoja de chilacayote para quemar las heridas del lodo en los pies. Nunca faltó *k'a q'eyes*[22] para atacar la gripe, el resfriado, la fiebre o *saq ixoq* para curar el dolor de estómago por el frío o por no comer a tiempo. Nos dormíamos con la ropa mojada y nos levantábamos al día siguiente con la ropa mojada.

Esas sensaciones jamás podrán quitarse de la vida de uno. Recuerdo a mi abuelo, quien nunca dejó de contarnos cuentos hermosos, revelaciones y misterios. Un día me gustaría rescatarlos. Contarlos como ellos lo hacían, aunque sé que nunca será igual. Recuerdo también los caprichos que hacíamos con mi hermano Patrocinio. Apenas nos llevábamos un año y medio de edad. Con él aprendimos a convivir, a trabajar el uno para el otro cuando éramos chiquitos. Cuando él nació yo mamaba todavía y compartimos la leche de mamá. Sólo que él mamaba primero, él era el tiernito y lo que sobraba lo aprovechaba yo. Recuerdo que robábamos panelas[23] de la casa de mi mamá y luego nos íbamos al monte donde cortábamos moras y pasábamos la vida comiendo moras.

Después mi madre decía: "¿Por qué no comen?". Y nos miraba la lengua, nos miraba la boca y sabía perfectamente bien que habíamos comido moras. Lo que no sabía era que habíamos comido moras con panela. Por nuestras condiciones de vida nunca nos faltaban lombrices en el estómago. Pero mi mamá tenía *sik'aj*[24] para combatir esas lombrices. Recuerdo cuando pastoreaba las ovejas y trepábamos a los árboles. Las niñas no podíamos trepar a los árboles. Si me sorprendía mi madre, seguro que me castigaba con una rama de durazno. Mi hermanito para mí es la referencia más alta de mi niñez.

---

22. Planta medicinal.

23. "Azúcar sólida, no refinada, de color pardo oscuro o amarillento, obtenida de la cocción de la miel de caña. Comúnmente se vende en bolas compuestas de dos tapas hemisféricas" (Armas).

24. Apazote: *Chenopodium ambrosoides*. También epazote: condimento culinario y hierba médica (Armas).

Caminamos juntos, crecimos juntos, tuvimos miedo juntos. Son cosas difíciles de expresar.

Recuerdo también el miedo y la oscuridad. Yo nunca tuve miedo de otras cosas antes de exponerme al miedo a los hombres y las mujeres, el miedo hacia los militares, el miedo hacia el ser humano mismo. Antes de salir de Chimel nunca tuve miedo de las personas. Tenía miedo a la oscuridad, al canto de un pájaro, tenía miedo al movimiento de un sonido. Tal vez era el *K'oox*, el patojito[25] que monta los caballos durante las noches, el que hace las trenzas con la cola de los caballos en las noches. Tenía miedo a que diera una mala señal, a que anunciara un mal tiempo. Tenía miedo a que un animal anunciara malos mensajes.

Los sueños, en nuestras vidas, son misterios tan profundos que no podemos despojarnos de ellos. Sólo los animales pueden ver algo que existe más allá de los humanos. A veces miro a los mismos pájaros, en una gran ciudad, quizá metidos en jaulas en un hotel y no sé qué pensar, si me da la misma sensación de miedo que en Chimel. Pienso que los seres que viven en la ciudad son tan extraños que no se conocen unos con otros. Cuando salí de Chimel creo que traje costales suficientes como para cargar con recuerdos tan grandes. Con mi hermanito, contemplábamos durante horas y horas cómo los zompopos corrían de un lado a otro almacenando sus alimentos, construyendo su casa común. Unos vienen, otros van, todos cargando lo necesario para su comunidad. Daba la impresión que se saludaban en el camino. Cuando miro una gran ciudad me recuerdo de esas hormigas, sólo que ellas no se matan entre sí. No son peligrosas y tal vez no son rencorosas. Tal vez, más organizadas que nosotros. No las pienso todos los días, sino que me vienen a la mente espontáneamente. Simple y sencillamente están conmigo. Es la sombra que me acompaña.

Las culturas milenarias siempre reconocieron aquellas fuentes de energía de la madre Tierra y que son imposibles de

---

25. Niño. Guatemaltequismo.

estudiar y conocer a fondo. Por ejemplo, para nosotros, las abejas son muy sagradas porque son feroces, son animales que pican y a una picazón de cien abejas es seguro que nadie puede sobrevivir. Pero son dulces como la miel. Es decir, es un animal feroz y siempre vive en comunidad, en colectivo. Hay muchos mitos alrededor de las abejas. Se dice que las abejas que viven en las áreas más lejanas, sin químicos, sin domesticación, sin lesiones a las propias reglas de la naturaleza, se parecen mucho a la familia, a la integridad familiar y a la integridad de la comunidad. Un día, cuando todavía vivíamos en Chimel, entró la abeja reina, aquella que nunca sale de su nido. Se entró a la casa y mi madre se asustó mucho porque creyó que podría ser un mensaje muy negativo para la familia. Mi mamá se preocupó, rezó y quemó el *pom*. Trató de sanar ese mensaje. Agarramos a la reina, ella la agarró con tanto cariño y la devolvió a su cajón. Dos días después se levantaron cuatro cajones de abejas. Cuatro reinas abandonaron la casa.

Nosotros con el ruido de azadones y machetes queríamos que volvieran. Que se quedaran en casa. Se quiso hacer una reconciliación con ellas. Cuando se va un cajón de abejas, es porque está molesto, porque una hormiga se metió en su panal, pero normalmente regresa. Se levanta el cajón, se amontona en un árbol enfrente y entonces se hace un nuevo cajón. Se hace ruido con los machetes y azadones y se les quema el *pom*. Se agarra todo el panal y se ubica en una nueva casa. Es la costumbre para que crezcan las abejas. Cuando ya son muchas y ya hay dos reinas que pelean en el panal, entonces se levanta una parte del panal, se busca un lugar cómodo en un pedazo de árbol cerca de la casa para llamar la atención y se hace allí un panal. Son como las personas que necesitan realizar una manifestación para resolver un gran problema de vivienda. Entonces se hace una nueva caja y se ubica una nueva familia.

Pero esta vez no hicieron caso. Los enjambres de abejas se fueron poco a poco. Se desaparecieron entre las nubes encima de la casa. ¡Quién sabe cuál fue su nuevo destino! Se ubicaban en un árbol más cercano. Cuando llegábamos a tratar de detenerlos con el humo del *pom*, se levantaban de nuevo y se iban y se ubicaban en otro lugar. Y así, poco a poco, se alejaron de la casa. Todos nos quedamos tristes; había una sensación de luto, de dolor. Casi cada día había que perseguir a un panal de abejas que se iba. Hasta que llegó un día en que todas las abejas se fueron. Sólo quedaron algunos cajones. Esto fue como uno o dos meses antes de que mi hermano Patrocinio cayera en manos del Ejército.

121

Mi madre lloraba cada vez que salía. Visitaba el área que dejaron las abejas y lloraba. Porque las abejas, en Semana Santa, eran muy importantes para nosotros. Era el tiempo en que les quitábamos la miel. Teníamos suficiente miel en la casa. Comíamos tanta miel que nos daba dolor de estómago. La repartíamos en la casa de la gente. Intercambiábamos un pequeño jarrito de miel a cambio de la amistad de la comunidad. Regalábamos una cuarta, un octavo de miel en las aldeas en Semana Santa. Era la costumbre que teníamos. Por eso, fue muy triste la fuga de las abejas. Pero sobre todo mi madre estaba inquieta, triste y afligida aunque, igual que todas las madres, trataba de esconder su dolor. Cuando cayó mi hermano, también mi madre lo interpretó como un mensaje de las abejas porque la familia se iba a desintegrar.

Antes de la salida de Patrocinio de la casa, dice mi madre que primero cantó el *xooch'*, el murciélago, después cantó el *tukur*, el tecolote[26]. Cantó en la madrugada cuando a las tres de la mañana mi hermano Patrocinio agarró el caballo para ir al pueblo. Cuando cantó el pájaro, mi madre, que iba con mi hermano, le dijo: "No te vengas conmigo. ¡*Quedate* en casa, *mijo!*". Mi mamá creía que en la casa había un poco más de seguridad. Mi hermano no quiso quedarse. Tal vez su destino ya estaba marcado. Mi madre le dijo: "Te estoy ordenando que

---

26. Búho. Según una antigua creencia, el canto del búho precede a la muerte de una persona.

te quedes en la casa". Pero mi hermano no obedecía. A mi madre le entró la duda. Porque si se quedaba en casa, a lo mejor el riesgo que corría no era por el camino, sino en casa. Podría ser un riesgo cualquiera de los dos y en cualquier lugar. Mi madre había soñado noche tras noche la sombra del mal. Tenía señales en las manos. Y no se sabía quién corría riesgos, aunque mamá temía más por Patrocinio. Se sintió incompetente en ese momento para evaluar lo que había que hacer. Así que se fueron al pueblo.

Allí vendieron todas las cosas y anduvieron bien hasta el momento que se despidieron. Mi hermano se iba a ver a la novia, cerca del pueblo. Mi madre le dijo: "Cuídate mucho, *mijo*, y vuelve pronto a casa". Cuando mi madre subió el cerro de Cholá, el cerro que tanto recuerdo, un cerro tremendo de dos horas y media de camino, cuando subió al cerro, dice mi madre que sintió algo muy fuerte y se le volvió el recuerdo del miedo que le causó el canto del *tukur* en la madrugada.

Nunca más volvió mi hermano. Fue secuestrado por el Ejército. Todo este tiempo mamá y toda la familia tenían grandes presentimientos, tenían muchos mensajes negativos o extraños que indicaban que algo malo pasaría. Los perros lloraban y lloraban de tristeza, se fueron las abejas y otras cosas más. Sabíamos que vendrían tiempos duros, pero nadie podía saber de qué se trataba.

Si hubiéramos sabido lo que valía mamá y lo que valía papá y lo que valían los abuelos, si hubiéramos conocido el mundo distintamente, habríamos tenido cincuenta mil interrogaciones y preguntas que hacerles. Pero la historia no se puede cambiar y no se puede retroceder. Sólo nos quedará volver a nacer para volver a aprender. Estoy segura de que naceremos de nuevo para tener otra oportunidad. Mi mundo era Chimel, Uspantán, las veredas que recorrí de niña —si acaso alguna vez me sentí niña—. Las montañas, mi gente, los animales, la tierra. Fueron tan cortitos esos años que yo no sé cómo pasaron. ¡Tan ligeramente pasaron por mí!

La grandeza de mi mundo era al mismo tiempo su pequeñez. Cuando conocí la capital guatemalteca, me pareció grande y fea. Después conocí la ciudad de México y me pareció tremenda. Es como una selva peligrosa. Sin embargo, conozco casi todas sus calles, porque las recorrí a pie. Yo no sé manejar un vehículo, pero sí sé guiar a un conductor en la ciudad. Cuando conocí fronteras y ciudades parecía solamente una imaginación. Conocer otros pueblos me ha servido para admirar profundamente la esencia de sus luchas, la esencia de sus valores y algo conozco de sus sueños de futuro. Cómo la gente ha podido sobrevivir con base en algo más grande que sólo comer y dormir. No sólo se come y no sólo se duerme, hay una gran cantidad de valores de por medio. La vida es más grande y más intensa.

A mi madre le pasaron cosas muy curiosas. Cuando trabajé el libro *Me llamo Rigoberta Menchú*, yo dije que guardaba unos secretos y guardaba algunas partes que son tan secretas de nuestra cultura y esa decisión la mantengo todavía. Mucha gente ha trastocado nuestra historia. Mucha gente nos ha metido en sus esquemas. Nos ha metido en libros y en análisis. Nos estudian y nos estudian. Nos han estudiado a lo largo de siglos. Y lo peor es que mucha gente ha usurpado nuestros conocimientos. Yo creo que es indignante cuando nos convierten en objeto de experimentos. No he querido contar los secretos porque a algunos les gusta ridiculizar nuestras palabras. Sin embargo, quisiera contar uno de esos secretos. Cuando mi madre era bien jovencita, vivía en un pueblo que se llama Cholá. Allí vivían sus padres. Entonces fue a pastorear ovejas. La tradición de nuestros abuelos, especialmente la de mi abuelo chiquimula, era que la Naturaleza tiene dueños. Nosotros lo llamamos *rajaaw juyub'* y también lo llamamos "el encanto". El encanto es el momento en que los hombres o las mujeres no cumplen sus obligaciones con la madre Naturaleza. El momento en que se atropellan los valores, el momento en que pierden su ser animal o natural. El momento en que no

123

respetan su nagual. Entonces, el Dueño de la Tierra se hace presente. Es el *rajaaw juyub'*, el Dueño del Mundo, el Dueño de la Naturaleza, el Corazón del Universo. El guardián de todo ser vivo. Es la sombra de todos, es nuestro nagual. Se hace presente y puede hacerse presente en el pajarito más hermoso. Puede tomar el cuerpo de un faisán, el cuerpo de un quetzal, el cuerpo de un colibrí o de cualquier animal bonito. Hay veces que se presenta por medio de un animal nuevo. Se presenta a un elegido, no a todos los miembros de la comunidad. Puede presentarse como un gallo, como un animal nunca visto. Cuando se presenta, no hay que hacer escándalo. Hay que guardar el mensaje y saber transmitirlo a un anciano o a los ancianos del pueblo para que ellos sepan dar consejos a la persona que tuvo esa suerte. No hay que intentar agarrarlo, porque es bravo o enojado y puede causarle la muerte o puede desaparecerlo por los barrancos. Se cree que es un signo de los tiempos. Es una señal, es un aviso muy sagrado.

Mi madre fue a pastorear un día. Se llevó a sus ovejas al cerro mismo de Cholá y encontró en el camino a un cochito[27]. Un cochito recién nacido. Pero mi abuelo odiaba a los coches. Mi abuelo había dicho que jamás iba a haber un cochito en la casa. Entonces mi mamá recogió al cochito y se lo llevó. Sabía que si lo encontraba mi abuelo la podía castigar. Entonces lo metió en el temascal y le sacaba comida a escondidas. Cada vez que salía a pastorear se llevaba al cochito en el rebozo. Fue creciendo y ya no podía seguir durmiendo en el temascal. Creció en tan poco tiempo que de repente se dio cuenta mi abuelo. Ese día se puso tan furioso que le dijo a mi mamá que o se iba junto con su cochinito o simple y sencillamente lo mataba.

Entonces mi madre estaba muy triste y no sabía qué hacer con el puerco. Así que lo dejó en el corral de las ovejas. A las nueve de la noche empezaron a ladrar los perros y ladraban y ladraban como si los coyotes hubieran bajado del monte.

---

27. Diminutivo de coche, "cerdo" en Guatemala. Viene de cochino.

Efectivamente los coyotes entraron en el corral y entre tantos animales se llevaron sólo al cochito. Cuando empezó a chillar el puerco porque se lo llevaban los coyotes, mi mamá salió. Decía mi abuelo que, en ese momento, sintió un escalofrío muy fuerte.

Mi madre siguió a su cochinito. A un cierto punto, los perros ya no quisieron avanzar. Los perros, cuando tienen miedo, se paran y no hay nada que los mueva. Sólo lloran de frustración o como señal de súplica. Esto les pasa a los perros cuando hay otro animal más grande que les puede hacer daño u otro animal más poderoso que ellos, o cuando hay algo extraño que supera todo su instinto animal.

Mi madre, en cambio, tenía deseos de continuar. Los coyotes se dirigían a un cerro misterioso. Pero mi abuelo sintió un fuerte escalofrío que le heló la sangre y sintió mucho miedo de perder a su hija. Creyó que era un signo muy fuerte para su vida. A partir de eso, el abuelo vivió con muchos remordimientos, pues le había frenado una suerte a la hija.

Pero lo que pasó al final de su vida fue muy curioso. Nosotros fuimos al rancho, al lugarcito donde el abuelo pasaba la mitad de su vida en los últimos tiempos. Se llamaba El Aguacatal. Era un pedacito de tierra muy productiva en medio de tantas piedras y cerros. El abuelo tenía una piedra. Se ubicaba en esa piedra para juntar fuego en las orillas del trabajadero, para que no se bajaran los mapaches y los animales a escarbar la semilla del maíz. Cuando ya crecía la milpa, cuando empezaba a jilotear[28], también mi abuelo se ubicaba allí para vivir largas temporadas. Porque ya despúes vienen los animales, los coches de monte, los jabalíes; vienen los mapaches de nuevo, vienen los pajaritos, los chocoyos[29], los pericos; llega la pandilla

28. "Empezar a granar la mazorca de maíz" (Armas).

29. "*Coronos holochlorus*. Ave trepadora de cuerpo pequeño que anda en parvadas y causa serios daños a las cosechas como el maíz y el maicillo" (Rubio). Se asemeja, por el color verde, a los pericos. También es llamado cotorro.

de *k'el*[30], para estropear la mazorca cuando está naciendo. Entonces mi abuelo se mantenía tirando con una honda sobre la milpa. En las noches, juntaba fuego en las orillas para tapar los caminos de los jabalíes. Ponía trampas por todos lados, pero todos los animales son listos y casi nunca podía atraparlos. Allí se hacía su vida bajo una piedra. Sólo le ponían un nailon y ya era su casa. Cuando terminaba la cosecha regresaba a Chimel y los animales pasaban a vivir debajo de la misma piedra. Nunca supimos qué clase de animales vivían allí. Podían haber sido tigrillos[31], gatos de monte[32], quién sabe.

También nosotros íbamos a vivir allí una temporada. Especialmente cuando se hacía la tapisca[33]. Estábamos allí, tapiscábamos el maíz, recogíamos los frijoles y recogíamos toda la cosecha. En eso apareció un día una puerca en la casa. Una puerca grande, gigante, colorada. Tenía una trompa muy larga y ancha y llevaba una puerquita, una puerquita no tan pequeña. A mi madre le volvieron de nuevo aquellos recuerdos pero tan fuertes y profundos que casi los entendió como un mensaje. Trató de capturar al animal, pero resultaba imposible porque era muy grande. Le tuvieron que poner cadenas. Preguntamos de casa en casa de la gente más cercana del lugar y nadie tenía puercos grandes. Nadie perdió dos cerdos como esos. En fin, cuando terminó nuestra temporada en El Aguacatal, nos llevamos la puerca a Chimel. La puerca parió cuatro veces. Cuando nacieron sus primeras crías, en la casa se le tuvo

---

30. Chocoyo.

31. "*Felis pardalis.* Mamífero carnicero de color gris-crema, moteado con manchas pardas cirundadas de un anillo negro. Mide más de un metro de largo por cincuenta centímetros de alto". (Armas).

32. "*Urocyon cinereoargentus guatemalae.* Gato silvestre o zorra gris". (Armas y Rubio).

33. "Cosecha de granos que se hace a mano. Se le llama así a la del maíz, café, cacao y otros" (Rubio). Armas restringe su significado sólo a la cosecha del maíz.

que hacer un corral de maderos grandes porque la puerca solía comerse la madera y a veces se escapaba. Cuando se escapaba del corral nadie podía agarrarla, tenía más fuerza que una mula. Teníamos un perro pastor alemán y sólo ese perro podía convencerla para que regresara a su corral. ¡Quién sabe por qué!

127

Cuando nació su primera cría, eran doce cochitos. Mi madre los vio nacer como veía nacer a los niños. Como a las dos de la mañana empezó a dar señas la puerca de que nacían sus hijos. Mi madre se estuvo allí guardando uno por uno los hijitos, poniéndolos en un lugar para que cuando la madre se diera vuelta no los aplastara con su enorme cuerpo. Los cochitos tenían dueño antes de nacer. Todos los vecinos pedían un puerco antes de que naciera. También llegaron gente de Pinal, de Caracol, de Soch, de Chicaman, de Las Pacayas, de todas partes para pedir los puerquitos. Así fueron vendidas las cuatro crías que dio la puerca. Unos seis meses antes de que empezaran los problemas, antes de que definitivamente nos fuéramos de la aldea, la puerca dio su última cría. Cuando terminó la puerca de parir a los doce hijos se volvió loca. Agarró uno por uno los hijos y los descuartizó. Mi madre tuvo que escapar del corral, porque la puerca se había puesto furiosa. Fuimos corriendo a tomar una escopeta y tuvieron que matarla y se tuvo que enterrar. No comimos su carne porque se murió así. Ningún anciano pudo entender lo que pasó. Mi madre quedó bastante impresionada. Ella dijo que tal vez porque vendían a los cerdos antes de nacer, tal vez por eso había habido castigo.

Siempre pensó mi mamá que las cosas tenían que ser naturales, sin forzar nada. Todo tenía que ser natural. No todas las personas tienen las huellas del tiempo o los signos, y no todos tienen que vivir los signos en su vida. Debe ser una elección del Universo. Quizá una elección del tiempo, una elección de algo que no sabemos. Cuando vivía mi madre, no la supe entender ni descubrir. Tal vez le admiraba a ella muchas cosas, pero no era para entenderla, no era para imitarla. No era aprender instintivamente de ella. Tal vez su sabiduría permanecía oculta. Cada misterio que ella nos contaba en algo tenía que ver con sus propias experiencias, con su propia vida. Hasta después de estos doce años no la he descubierto. Para mí, ha sido una permanente educadora. Cada cosa que me sale mal, siempre acudo a ella; intento pensar cómo ella la habría resuelto. Sé que mi madre habría tomado las cosas con calma, con más realismo, con más sencillez. No habría corrido tanto como uno corre en el mundo nervioso en el que vive. Ella sigue siendo para mí una maestra de algo que no sé exactamente cómo definir. Algo inexplicable. Creo que ella es mi subconsciencia y me resuelve problemas que yo sola nunca habría podido resolver. Las veces que sueño a mi madre son ocasiones muy especiales. Entonces me siento de nuevo rejuvenecida, llena de energía, llena de entusiasmo, llena de paz interna. He recordado siempre sus palabras cuando decía: "*Mija*, tú me puedes engañar a mí que soy tu madre, yo te traje al mundo, puedes engañar a tu hermano o hermana, a tu gente, pero a quien nunca podrás engañar es a tu conciencia. Tu conciencia conoce la verdad. La conciencia nunca se engaña". Es posible que haya idealizado a esa madre, pero creo que idealizar a la madre es también muy importante, porque se trata de la fuente que nos dio la vida. Eso nos hace ser mucho más humildes.

Cuando dicté el libro *Me llamo Rigoberta Menchú*, estaba profundamente lastimada y fui incapaz de abordar el tema de mi madre. Yo hablé de mi padre pero eso no quiere decir que mi madre no haya tenido un profundo significado en mi vida. Intenté muchas veces hablar de ella, pero no pude vencer la tristeza. ¡Es tan profunda mi relación con ellos dos! Mi madre era una gente valiente. Cuando trabajé el primer libro, no hablé de ella. No dediqué el tiempo necesario a mi madre. Mi madre era tan valiosa y tan grande, tan fuerte. No sólo asesinaron a una mujer, a una madre, sino mataron a una curandera, a una comadrona, a una doctora, a una trabajadora social. Mataron a algo más que a su propia madre. Cada vez que yo tomé conciencia de las luchas y de las memorias de los pueblos y cada vez que reivindico mi identidad física y espiritual, cada vez más admiro a mi madre. No hablé de ella en el primer libro porque el dolor de su muerte fue un dolor inmenso. Mi luto es interminable y el daño es irreparable. Más tarde, quise escribir algo y nunca terminé. Igual me pasa con Chimel. Yo quiero hacer un poema sobre Chimel. Inicio un poema maravilloso, recordando sus ríos, sus aguas, sus animales, sus anécdotas y termino el poema sin mencionar a Chimel. O simple y sencillamente nunca termino el poema.

129

(El 20 de febrero de 1994 soñé a mi papá. Lo soñé en Guatemala, en un lugar tan maravilloso, como si fuera cafetal, como si fuera un lugar en donde había flores. Entonces mi padre me dijo: "*Mija*, déjame que te ayude a construir esta obra". Y veía una obra tan grande como si fuera una fortaleza que estaba construyendo. Y me dijo de nuevo: "Hija, déjame que te ayude a construir esta obra". Yo como que dudé si podría hacerlo. Le dije: "Un momento, papá. No puede terminar usted solo esta obra". Él me respondió: "Hija, me tienes que dar confianza, déjamelo, porque la manera como lo están haciendo no es la más correcta. Si lo hacemos juntos va a ser distinta. Va a ser una obra construida por los dos". Entonces como que sentí pena y le dije a mi papá: "Está bien, papá. Le voy a dejar que usted haga esta obra y le ayudaré en todo lo que pueda". Mi padre me dijo: "Está bien, hija". Y me subí en una loma y miré a mi padre desde esa loma. Él empezó a trabajar con tanta energía, con tanto entusiasmo y con tanta alegría que me hacía recordar cuando empezaba a preparar las semillas antes de la siembra. Yo estaba en la loma bajo la sombra de un gran árbol contemplando cómo mi papá empezó a trabajar. Después del sueño, por lo menos por dos o tres días seguí pensando; el sueño me seguía haciendo efecto y se me repetía y repetía. Me perseguía el sueño en cada instante y en cualquier lugar, pero tenía mucha confianza que el mensaje de mi papá no era malo. Me daba una sensación de satisfacción, de seguridad.

Creo que él no está lejos de mí, creo que me cuida, creo que él ama mucho la vida.)

Mi madre representa a la mujer y al indígena. Ella representa una doble marginación. Las mujeres y los indígenas hemos sido los incomprendidos. Esto constituye una deuda impagable porque hay cosas que jamás podrán restituirse. Sin embargo, tengo mucha esperanza de que mujeres e indígenas podrán incidir decisivamente; quizá en otra época de la humanidad. Quizá iniciará un ciclo en que ya no seamos los más desfavorecidos. Quizá en otro tiempo podremos ser los protagonistas. Yo no soy filósofa. Simple y sencillamente, soy una nieta de los mayas. Ni siquiera hija, porque la hija es más cercana. Ser nieta significa tener abuelos, tener historia, tener pasado; al mismo tiempo que representa poseer sangre joven, pertenecer a una generación nueva, asomarse al futuro. Soy nieta de los mayas y creo que hay cosas que cambiarán más adelante. Las mujeres hoy cobran gran importancia en muchos campos. Las mujeres han desafiado dictaduras desde condiciones desiguales y parece que podrán desafiar, más adelante, la impunidad a escala mundial. La impunidad es un arma de guerra local y también se eleva a escala mundial. Las mujeres, por haber sido madres de tantos desaparecidos sobre la Tierra y de tantos niños de la calle y por haber sido madres de tanta generación perdida en la droga, por haber sido madres de los que destruyen la Tierra, cómo no van a sufrir, cómo no van a sentir. La lucha de los indígenas nace de algo que no se puede decir, algo que está más allá de la locura y de la ideología.

Los procesos de liberación nacional que han ocurrido en la región centroamericana implicaron una fuerte participación de las mujeres. Se inculcó el respeto hacia altos valores, resaltó las necesidades de lucha en las sociedades; por lo menos, sistematizó en buena medida reivindicaciones valederas, que fueron valederas ayer, que lo son hoy, lo serán en el futuro. Todos los temas de derechos humanos, distribución justa de la tierra, democracia plena, lucha contra la explotación, lucha contra la discriminación, contra el racismo, todo esto, la distribución más justa de la riqueza humana al servicio de la sociedad, sanar la brecha entre ricos y pobres sigue siendo un gran desafío de la humanidad, independientemente de si lo dijo Marx o algún otro. Eso no se sana con un concepto de desarrollo según el cual vienen los técnicos con sus proyectos bajo el brazo y dicen: "¡Aquí traemos el proyecto de sus sueños, de sus anhelos y todo lo demás!". Y terminan después de dos, tres años, veinte años de estar ahí y se van, y no dejaron nada.

Los movimientos de liberación dieron otro enfoque, pero no tuvieron una verdadera comprensión dc la lucha de las mujeres y de la lucha de los pueblos indígenas. Entender la miseria y la pobreza como algo injusto y luchar porque haya igualdad en la sociedad, eso se ha dado. Y nadie puede negar que esta profunda conciencia social abrió una gran brecha hacia la democratización. Pero no en la misma medida para las mujeres y los indígenas. En muchos lugares, la situación específica de los pueblos indígenas, denominada *cuestión indígena*, simple y sencillamente no fue tocada ni abordada. Son muy pobres todos esos análisis y la percepción de nuestros valores indígenas. Yo he tratado de rescatar algunos documentos valiosos de los movimientos de liberación para entenderlos mejor. Las proclamas son verdaderamente limitadas. En la práctica me imagino que es igual. Si no se percibe en la teoría, no se percibirá en la práctica. Sobre todo cuando el mundo necesita doctrinas para tomar sus decisiones. Yo no estoy subestimando papeles de mujeres destacadas en el continente americano. Hay mujeres que han desafiado y que están presentes en la lucha, pero estar presentes como mujeres no significa entender el derecho del género, no significa entender una lucha de género. Tampoco significa lograr la plenitud del respeto. O lograr la plena, activa y efectiva participación a todo nivel. Por experiencia propia yo pienso que es muy difícil hacer prevalecer tus inquietudes, tus ideas y tu papel frente a los compañeros. Ellos, en un determinado momento, si no se pueden valer de otra cosa, te dicen:

131

"Ésas son cosas de mujeres". No digamos las enormes dificultades que enfrentamos las mujeres indígenas que estamos en una función pública. Nuestros errores los pagamos inmensamente caros. Esto es la misma realidad para un indígena.

Son las mujeres como mi madre las que saben interpretar las señales, que son los signos de los tiempos. Son como tareas o como el destino que un niño o una niña puede tener. Cualidades para ser sensible a recibir un mensaje que te lanza el Guardián del Mundo, el Guardián del Universo, el *rajaaw juyub'*. Siempre debe estar presente cuando los hombres y las mujeres destruyen a la Naturaleza o no cuidan los recursos de la Tierra. O están destruyendo su calidad de vida. La calidad de vida la entendemos como un todo. Es material, es espiritual, es humildad y es respeto. A veces, se presenta como un animal. Si se presenta eso, el iniciado debe saber convencer a la gente de que le ha tocado ver eso y debe hacer todo lo posible porque los humanos pidan perdón o pidan disculpas por los daños que hacen a la Naturaleza, a la vida. Si no, se guardan el secreto; no lo comentan y queman el *pom* y rezan. Es como un tiempo especial, porque nunca se sabe de antemano si lo que anuncia una señal es destrucción: si va a haber mucha plaga, si es que va a caer mucha lluvia y destruye el maíz antes de que el elote[34] se vuelva mazorca; o el *kaqiiq'*[35] carga o transporta malos vientos. En fin, no se sabe. Puede ser una enfermedad, una epidemia. Puede ser una discordia colectiva o un dolor común. También puede anunciar que en ese lugar existe un altar de los abuelos, existe un altar de los antepasados y ese altar hay que cuidarlo. Ese altar hay que venerarlo, presentarle plegarias y pedir allí disculpas por los adversarios, rezar por los enemigos, rezar por los que nos hacen tanto daño.

Siempre hay *ajq'iij* —sacerdotes o sacerdotisas mayas— sabios, que leen los signos de los tiempos y del Sol, que tratan

---

34. "Mazorca tierna del maíz" (Armas).

35. El aire (Marroquín).

de leer el acontecimiento. Mamá tenía aptitudes de iniciada, de intérprete de las señales, y siempre tuvo muchas cosas muy curiosas. Nosotros siempre la respetamos por eso. En uno de los cerros que están en El Aguacatal, cerca de Chimel, mamá vio una culebra inmensa que se paseaba en la vereda donde ella iba caminando. Ella dejó pasar a la culebra antes de cruzar el camino. Era una culebra grande como un trozo de madera. Se fue entonces con un *ajq'iij* y le contó lo que había visto. Entonces el abuelo, el *ajq'iij*, le dijo que fuera a ese mismo lugar y que fuera a buscar la piel de la culebra. Si la encontraba, podría ser un mensaje muy importante. Mamá volvió al lugar y encontró el pellejo de la culebra tirado cerca de allí, tal como lo dijo el abuelo *ajq'iij*. Entonces mi mamá volvió y el abuelo dijo que ahí podría haber un altar de los antepasados pero que no denunciara ese lugar. Porque ahí podría estar un altar de los abuelos, un *kab'alwil*. Y como los arqueólogos andan escarbando los tesoros de nuestros abuelos, se lo podían llevar. Entonces a mi mamá le quedó esa gran visión. Si se denunciaban lugares como éste, creemos que caía la maldición sobre la familia, sobre la comunidad. Por eso, todas esas cosas nosotros nunca las contamos. Así yo estoy hablando de muchas cosas, pero mucha gente no las entenderá. No todas las personas del mundo respetan nuestros secretos. Mis hermanos y yo nunca vamos a denunciar ese lugar sagrado.

Mi papá era católico y mamá creyó más en la religión maya. Nunca tuvieron discusiones sobre ello. Es como la manifestación de modestia frente a algo más grande que nosotros. Nosotros celebrábamos la fiesta católica pero no de la misma manera que en los pueblos grandes. La Semana Santa es un gran acontecimiento. Eran los únicos tiempos en que papá y mamá compraban unas veinticinco libras de harina. Luego, con algún vecino que tenía horno, se hacía un poco de pan. Luego se hacía un poco de miel de pancla. Nosotros tuvimos la suerte de tener abejas y entonces, cuando era lunes, martes, miércoles y jueves santo, toda la comunidad intercambiaba un

133

poco de lo que tenía. Como a las seis de la mañana empezábamos a tocar la casa de los vecinos para llevarles un jarrito de miel, ya sea miel de abeja o de panela, y una canasta de pan, y ellos nos llenaban nuestro jarrito con la miel de ellos y nos devolvían pan de ellos. Así se hacía con todos los vecinos. Se hace un lindo intercambio entre los habitantes de la comunidad.

Mamá nunca salía de casa, porque siempre había alguien que llegaba y era un honor recibirlo. Ella sólo salía a intercambiar con los compadres, las personas mayores de la comunidad. Éramos los hijos los que andábamos de arriba a abajo regalando unos panitos y recibiendo la respuesta. Eran los días que más comíamos en la vida. En la mañana, cada vecino nos daba un montón de pan y miel para comerlo ahí mismo. Nunca decíamos que no, porque así nos educaron nuestros padres: se recibe todo, se come lo necesario y se lleva el resto. A medio día se hacían tortillas blancas, se cocinaba frijoles blancos con pescado seco. Se cocinaba pacayas envueltas en huevo, arrancadas de los palmares desde los hondos barrancos de Chimel o del Soch. También a mediodía andábamos con nuestro tanate de tortillas, nuestra olla de barro para ir a regalar a los mismos vecinos. De nuevo comíamos en cada lugar al que llegábamos.

Como no se puede hacer todo en un día, por eso a veces se empezaba el lunes o el martes santo. Quizá lo más hermoso de la Semana Santa era que ya se sabía que nos sobraría pan y que comeríamos la comida que habían hecho otras señoras, más que el día de Navidad. Nosotros bajábamos a la misa el Sábado de Gloria y el Domingo de Resurrección. Mi mamá nunca fue una fanática católica pero nunca faltó a las misas de Semana Santa, la misa de Navidad y algunas veces a las misas patronales del pueblo. Siempre estuvo en las cofradías cuando tenían un contenido distinto del de ahora. Ahora muchas veces están influidas por la militarización, el sectarismo religioso y la corrupción. Antes la cofradía consistía en que las señoras principales ofrendaban lo mejor de ellas para una fiesta importante y para rezar o para festejar una fiesta del pueblo. Se escuchaba y se bailaba la mejor marimba seleccionada para los festejos. Mi mamá siempre participó en las cofradías que en algunos aspectos chocaban con la Iglesia católica, aunque sin abandonar la Iglesia. Es la mezcla de religión católica, religión maya y fiesta popular. Lo que pasaba era que la Iglesia adversaba a las cofradías en donde se ponía la marimba y tomaban la *cuxa*, bailaban y quemaban el *pom*.

135

Chimel es algo fuerte, es algo raro. Algo donde ocurrieron muchas cosas. Siento que la casa me atrae pero también me da un poco de pena. Debo ser cautelosa, porque uno cree haber conocido muchas cosas. Saber tanto quizá no conviene. La casa de la que hablaba es la casa donde yo nací y viví hasta los diez años. Un ranchito de paja, de horcones de madera. Una casita normal como todas las casas que conocí yo de mi tierra. Lo único raro de esto es que, todas las veces que sueño, sueño el mismo lugar. Veo un tronco algo extendido. Veo una parte como si fuera la cocina. Veo las mazorcas, veo el maíz colgado del tapanco. Hasta veo la nariz de los conejitos que miran por entre las rejas. Veo una siembra de granadilla salvaje de monte que llamamos *karnat' k'ooy*. Veo todo lo que está allí, hasta los manzanares y los duraznales de enfrente. Esa casa existe, para mí, tal como la conozco y tal como la sueño. Cada vez que sueño, regreso con el olor de la tierra húmeda, cuando sale el Sol después de una buena lluvia. Regreso con el olor de la tortilla recién salida del comal. A mi madre siempre la encuentro sentada en ese tronco. Yo llego y me dice: *"Xat peetik wal"* ("¡Ya viniste, hija!."). *"Xin peetik nan"* ("Ya vine, mamá").

A veces la veo peinándose con la melena muy larga y muy negra. Nunca he soñado a mi madre con el pelo blanco. ¡Cuánto me habría gustado verla un día con el pelo blanco! Los abuelos decían que el cabello blanco es símbolo de humildad frente a la vida; es respeto, es símbolo de larga caminata por la vida, es sabiduría. La casa está muy clara, los troncos enfrente de la casa están bien claros, pero no tanto el rostro de mamá. Después de haber soñado quisiera recordar cómo era exactamente la sonrisa de mi mamá y cómo era exactamente su fisonomía, pero ya no me acuerdo. De la casa, sí. Esa casa donde viví hasta los diez años. Ahora Chimel ha cambiado mucho. Chimel se dice que es misteriosa. Yo sólo les cuento algunas cosas, por instinto. En Chimel parece que hay una energía que atrae. Había un lugar donde todos teníamos miedo pero al mismo tiempo pasábamos muy cerca de su orilla. La capilla queda muy arriba, en una lomita. Muy abajo estaba la casa de nosotros. Allí había un pantano. Un pequeño pantano donde se hundió un toro de mi mamá. Dice que ese pantano jalaba, tenía energías. Nosotros, para ir a la capilla, teníamos que pasar necesariamente por la orilla de ese pantano. Y teníamos que correr cada vez que pasábamos por allí, sobre todo cuando pasábamos de noche, aterrorizados por la oscuridad. Era una lógica de mi madre. Decía que si hay peligro no hay que huirle, sino enfrentarlo. Ese lugar siempre lo sueño. Todavía le tengo miedo.

Sin embargo, un día, una de mis hermanas me mandó una carta donde decía que había pasado por Chimel y que el pantano ya no existía. Yo no lo quise creer. Dije: "Está loca. Esto no puede ser". Y me contestó: "Hoy es un potrero de unos terratenientes que usurparon nuestra tierra. Lo que quedó es un ombligo del pantano, un hoyito bien pequeño. Yo metí allí un palo y bajaba hasta adentro. Tiré una piedra y su caída sonaba hasta el fondo. Pero no tiene el tamaño para tragarse a un animal". En fin, un día pedí a unos periodistas que fueran a tomar fotos, para confrontarme con esa realidad. Efectivamente, donde estaba el pantano, ahora pastoreaban unas vacas. Como ya he contado, el INTA (Instituto Nacional de Transformación Agraria) ha vendido cinco veces las tierras de Chimel y las cinco veces los compradores se han tenido que ir. Se les moría el ganado, no les daba la cosecha, se peleaban entre ellos. Yo pienso que la comunidad que va a ocupar Chimel algún día va a tener que ser una comunidad consciente y respetuosa de la grandeza de esa sagrada tierra. Temo que si no es así, la Tierra tiene su propia energía y tiene su propia venganza y tiene su propio cobro.

Cuando los militares ocuparon el territorio, en algunos lugares la tradición sufrió cambios. No sólo por la represión, no sólo por la ocupación de las tierras y el terror, sino por la miseria y la pobreza. También abundaron los supuestos investigadores y antropólogos. Muchos de ellos son arrogantes y racistas y hostigan a la gente con sus preguntas. Son tantos los desplazados internos —alrededor de un millón de guatemaltecos que huyeron a distintos lados— que habrán sufrido un efecto muy importante en su propia vida y en su propia cultura. También los desplazados han afectado la cultura de los lugares a donde han llegado. Yo espero que se retome esa tradición. Chimel en buena medida la está retomando con orgullo. Es un pueblo al que no se le podrá quitar todo esto, porque la tradición está muy impregnada con la vida. La tradición está incrustada en las veredas, en los barrancos y en la sensación de las nubes de sus cerros. Allí en Laj Chimel, allí en Chimel, da la sensación de que las nubes cantan, hablan y miran.

La Naturaleza es mucho más grande y la vida es más grande que los esquemas. Los pueblos tienen alma, tienen mucha sabiduría. Las primeras gentes que llegaron allí pagaron su sacrificio para que les perteneciera esa tierra. Todo Chimel es una montaña que no puede romperse. Chimel es un lugar precioso, tiene ríos; allí vive el quetzal y, como es un pájaro que le gusta la libertad, a lo mejor el quetzal voló a otras partes para defenderse. Según la gente, recientemente el quetzal ha vuelto. La gente de Chimel era muy luchadora. Ahora hay nuevas familias, de hecho hay una nueva comunidad. Ocupó ese gran pedazo de tierra que supuestamente habían sido tierras baldías, tierras desocupadas desde hacía muchísimos años. Hizo ahí su vida. Cuando la tierra ya producía, aparecieron los terratenientes. Entonces empezó el sistema de corrupción sobre la tierra de Chimel de parte de los terratenientes, de parte de algunas personas ambiciosas pero, sobre todo, la culpa la tienen las instituciones del Estado. Permiten que funcionarios corruptos se lucren con la tierra y pisoteen la dignidad de la gente más humilde. Los Brol por un lado, los Martínez por otro lado y los García por el otro. Ante su incapacidad de sacar a la gente que defendía la tierra, los despojaron, quemaron sus casas. Muchas veces.

Papá fue a buscar abogados. La gente juntaba para el pasaje de mi papá, juntaba para el pago del abogado y en todos lados los engañaron. Los abogados cobraban una fortuna para hacer un escrito y era una gran bendición encontrar un abogado amigo. Llegaban los terratenientes e intimidaban a los abogados. Entonces volvía a iniciarse el proceso de trámite. Yo no sé cuántas veces mi padre inició el trámite de Chimel, porque lo engañaron. En un lado lo hicieron firmar papeles falsos sobre los títulos de propiedad de Chimel y después en otro lado le dijeron que eso no valía. Cada gobernante nuevo imponía sus propias reglas sobre esta santa tierra. Entonces iniciaba de nuevo. Desde 1952 mi papá estuvo luchando contra la burocracia hasta su muerte. Hace poco se inició un nuevo trámite sobre Chimel, a través del INTA. Ahora que se dieron los nuevos títulos yo le dije a mi hermano que quería reivindicar un pedazo de Chimel. Aunque fuera sólo un pedazo de tierra que me quedara en la vida. Aunque no viviera allí. El INTA borró los nombres de los padres de todos y de nuevo distribuyó la tierra. Son 61 caballerías. Es una gran montaña con la que la gente trató de convivir, sin afectar su ecosistema. Querían pasar una carretera en medio de la montaña y entonces la gente luchó en contra de eso. La gente quería que la carretera llegara sólo a la aldea o que pasara a un lado, pero que no rompiera el ecosistema de la montaña. Es una zona que tiene maderas preciosas y también animales preciosos. Los animales siempre comían un poquito con nosotros; a los animales no se les podía impedir que lo hicieran, pero todos convivíamos. Se podía vivir bien en

Chimel sin romper todo. Había quetzales en los cerros más cercanos. Y si los quetzales podían vivir ahí es porque encontraban paz, seguridad y comida.

Los ríos de Chimel podían haber producido energía eléctrica para una importante área de poblaciones cercanas, si hubiésemos tenido posibilidad de desarrollo. Todos los sueños de desarrollo, de progreso, los compartimos siempre con las comunidades de San Pablo, El Caracol, Caracolito, Laguna Danta, San Pedro la Esperanza, El Rosario, y los empezábamos a hacer una realidad. Mis padres nunca se negaron a tener nuevos cultivos y nuevos productos. Eran parte de la asociación de productores de manzanas del Quiché. Apenas venían creciendo las primeras plantas de manzanas cuando llegaron a destruir Chimel. Mi papá llevó una planta que es como un ciprés muy precioso y lo dejó sembrado y me dicen que en poco tiempo se reprodujo ese árbol. Cuando volvió la gente, el cipresal estaba alto y verde.

Mi padre decía que cuando la tierra ya no tiene plantas, vive un momento de soledad, porque le han quitado lo que la hace feliz. Se hablaba cotidianamente de los árboles con bigotes. No es porque los bigotes de los árboles sean visibles, sino por el respeto que inspiran y por los años de madurez que tienen. Los terratenientes que tuvieron unos años la tierra, desde el 83 hasta el 85, talaron muchos árboles y metieron ganado, pero debieron retirarse porque tuvieron mucha pérdida. No sé qué tendrá Chimel que tanta gente tiene interés en apoderarse de él. Los terratenientes, otras autoridades locales, otros esbirros y el INTA tienen intereses allí. Desde el 84 mi hermano Nicolás empezó a organizar a las familias que sobrevivieron de Chimel. Quería volver allá y lo capturaron, lo golpearon, le impusieron multas, le sacaron todo, le robaron sus cosechas, en fin. Pero seguía y seguía. Necio como mi padre, necio como mi abuelo. Mi hermano dice que es como si Chimel le atrajera. Como que si, estando fuera de Chimel, le faltara un pedazo de espíritu. Y siguió y siguió. Hasta hace poco logró tener el título de propiedad. Cuando yo lo leí, le dije a mi hermano: "Esto es falsedad. De nuevo es un engaño". Porque el título hace propietario legal sólo a mi hermano, pero en el momento que muera, sus hijos tendrían que empezar a hacer otros trámites. No reconoce que él tiene familia y que la tierra es heredada. Pasaría lo mismo que pasa con nosotros: mi padre luchó por la tierra, obtuvo los títulos y, ahora que yo quiero tener un pedazo de tierra allá, yo no existo, porque, según esos papeles, sólo existió don Vicente hasta su muerte. Tenemos que hacer algo para cambiar esas reglas y que la tierra pertenezca a nuestras generaciones. Como vivieron nuestros abuelos.

Después que salí de Chimel, me fui a Chiché y estuve en Kukabaj. Allí conocí a Mateo López Calvo. Era un joven quiché activo y muy luchador. Formaba parte de la dirección nacional del CUC, o sea, de la Comisión Nacional de Coordinación (CONACO) del Comité de Unidad Campesina, con su novia, la Chila. Los conocí como líderes ejemplares. Personas muy sensibles, gente muy clara y muy sencilla. Cuando conocí a Mateo López Calvo le tuve mucho cariño. Yo era una adolescente. Necesitaba de una referencia, necesitaba de unas personas en quienes creer y seguir su ejemplo. Mateo fue uno de los quemados vivos en la Embajada de España junto con mi padre, el 31 de enero de 1980. Los pocos meses que los conocí fueron suficientes como para declararlos depositarios de los principios y los ideales del Comité de Unidad Campesina (CUC) donde yo también aprendí a luchar. Aprendí a tener mis ideales, a luchar por los derechos de las mujeres y los indígenas. Todo lo que el mundo pueda conocer de mí no lo aprendí sola. También conocí a Romeo Cartagena, un ladino de Huehuetenango, uno de mis primeros maestros de español. Me enseñaron el español de otra manera. No me enseñaron a decir: "¿Qué manda usted?", "¡sí, señor!" o "¡sí, señora!", sino que me enseñaron los conceptos de cómo puede haber una relación más fraternal, más igualitaria, entre el idioma que yo aprendí, el quiché, y el idioma que debía aprender después. Recuerdo bastante los últimos años en la capital guatemalteca a finales de los setenta y principios de los ochenta. Duros, difíciles, de persecución, de muerte. Recuerdo a mucha gente que conocí, sus nombres y sus rostros, y que finalmente no tuvieron la suerte, como yo, de sobrevivir. Todos ellos andan conmigo donde quiera que me encuentre. ¡Conocí a tantos compañeros que a lo largo de estos años han muerto en el camino! Me impactaron profundamente las masacres. Me tocó recibir a los primeros refugiados en México. En fin, mis recuerdos de esos tiempos no se quedan en la familia, sino que están encarnados en todo un pueblo, en toda una sociedad, en toda Guatemala. Están encarnados en todas las fronteras donde nuestros compatriotas emprendían una larga marcha y casi lo único que querían era retornar algún día, volver a la tierra. Como yo, que tenía la utopía de volver a la aldea Chimel y de hacer la casa otra vez, de volver a ver a la familia unida y trabajando. Y lo más grande para mí, tener la dicha de que, algún día, una nieta me peinara el cabello blanco que a mi madre no le permitieron tener.

Tuve la suerte de que después de la muerte de mis padres fui a dar a Chiapas. No sé si la casualidad o el destino me llevaron a la casa del obispo don Samuel Ruiz. Yo llegué a Chiapas con úlcera péptica. Yo llegué a Chiapas como mucha otra gente que quería ser valiente. Pero ser valiente no es por decreto. Nadie puede ser valiente en lugar de uno. Sólo uno puede enfrentar su vida. En la casa de monseñor tuve una cura de sueño por muchos días. Mucha gente me conoció en aquel entonces como una mujer indígena tzeltal. Me vestía como tzeltal y me llamé Lupita. Fue el tercer nombre que tuve en mi historia. En el sur de México soy conocida como la Lupita, una extraña que hablaba mucho sobre su cultura y su identidad pero que no podía hablar el tzeltal. Nadie creía que en tan corto tiempo hubiera perdido mi identidad. En cambio, la estadía en Chiapas me devolvió a Guatemala en los ojos y vi a Guatemala todos los días en mis ojos.

141

CAPÍTULO 5

CRUZANDO FRONTERAS

Las religiones en el mundo han sido, a veces, un arma de opresión y han sido, en otro momento, un arma de conquista y colonización. En nuestra experiencia como pueblos indígenas, la religión se usó como una poderosa escopeta, como una poderosa ametralladora o como una poderosa flecha para tratar de desmantelar nuestras culturas. Con ocasión del Quinto Centenario, los indígenas dejamos plasmado nuestro pensamiento frente a la religión católica. Nunca antes descubrí yo el papel de la religión o las religiones sino hasta esa fecha.

Yo quiero diferenciar entre lo que significa la religión como doctrina y lo que significa la creencia de los pueblos. Nuestra fe es tener algo en qué afianzarse, tener algo en qué confiar nuestras penas y sentirse modestos frente a la vida, frente al dolor, frente a la Naturaleza, frente a las generaciones y frente a las épocas. Ser fuerte para no sentir desmayos, creer en el más allá; todo eso es la fe, es ampararse en una práctica religiosa que no se puede encasillar en un concepto. Es tener convicción de la grandeza de la vida. El don de rezar es una humilde revelación de respeto al más allá. Es rendir homenaje al más allá. Mi madre rezaba a la Naturaleza. Salía a medianoche cada vez que había algún acontecimiento especial en la

familia o en la comunidad, o cada vez que la Naturaleza se eno-
jaba. Cuando había vientos fuertes que destruían la cosecha, mi
madre inmediatamente salía a quemar el *pom*, a rezar a la
Naturaleza, a rendirle homenaje a la esencia de la vida y a rendir homenaje al *raajaw juyub'*, el Dueño del Universo. También
rezaba para dar gracias, gracias por la comida, gracias por la
vida, gracias a algo nuevo, gracias por lo bueno y lo malo. Para
la vida de mamá, en todos los sentidos estuvo presente el amor
a la vida, al Sol, a la Luna y a la Tierra. Había que saludar al
Sol con mucha reverencia, con gran respeto, cada vez que ama-
necía. Cada vez que, como decía mi madre, los ojos del Sol
empezaban a espiar detrás de un cerro en la mañana. Había
que saludarlo, quitarse el sombrero, hacerle un gesto profundo
porque era el padre Sol, nuestro padre Sol, el abuelo Sol. La
Luna, en cambio, era como la abuela, la abuela profundamente
cariñosa y serena, la abuela profundamente sabia para introdu-
cir el equilibrio de la vida. La abuela llena de misterios. La luz,
el fuego y el calor ardiente del padre Sol necesitaba ser com-
plementado por la frialdad y la serenidad de la abuela Luna.
Ellos representan la dualidad de la vida. Durante febrero y
marzo, salíamos con mamá al patio o nos entraba la noche
caminando hacia la casa y mamá se detenía a mirar la Luna,
grande, redonda y luminosa y decía: "¡Qué linda está la abuela!
¡Qué hermosa está, es un buen tiempo para sembrar! ¡Dará
buena cosecha!".

La vida es dual. Necesita de una madre y necesita de un
padre. Mi mamá nos enseñó que la madre Tierra está dominada por la abuela Luna y el padre Sol (ambos son *uk'ux kaj*). La
madre Tierra es como la fertilidad de los abuelos, es la fertilidad necesaria. Por eso, cuando se le pide al padre Sol que deje
caer la lluvia, es porque al mismo tiempo se cree que la madre
Tierra está fértil, por lo que es receptora de semilla y la semilla
le hace germinar y crecer. El momento del contacto de la lluvia
con la Tierra es como si hubiesen hecho el amor para engen-
drar un hijo.

El abuelo y la abuela no sólo son sinónimo de sabiduría, esperanza, cultura, transmisores de tradiciones, de todo, sino que también son poseedores de experiencias. El hijo engendrado por la lluvia y la Tierra inicia una peregrinación de experiencias. Los abuelos respetan cada una de las etapas de la vida de cada ser humano, la rectitud de sus cualidades, el peso y la trascendencia de sus errores, de sus comportamientos, el hilo conductor de su destino, hasta que llega a grande y llega a ser abuelo. Lo bueno y lo malo son necesarios. No son incompatibles, sino son complementarios. El abuelo o la abuela significan, para nuestra gente, una ciencia y una sabiduría. Ellos son, diríamos, los libros de historia. Son como la biblioteca a quien consultar y de quien afianzarse en última instancia. Las ancianas y los ancianos son fuente de sabiduría y son garantía de respeto.

Los abuelos, desde que somos muy chiquitos, nos cuentan eso. Nos cuentan que la abuela Luna mandó un mandadero para allá y por eso cayó una estrella. Siempre dijeron los padres que no había que mirar fijamente al Sol, porque el Sol es muy bravo, más cuando se saludan directamente con la abuelita Luna. Es un abuelo muy bravo y que se compensa con la ternura y el cariño de la abuela. Esa mentalidad es parte de nuestra espiritualidad y es parte de nuestra educación y es parte de la conducta de nuestras vidas. Esta religión es hermosa cuando es natural, cuando es auténtica, cuando no se manipula, cuando no se ridiculiza, cuando se respeta su integridad, porque es la fe de un pueblo. La mística de mamá se junta con el conocimiento de los animales, los movimientos del tiempo y otras cosas.

Mi padre no, mi padre era catequista católico. Mi padre creció siendo *chajinel* o sacristán de la iglesia. Ponía candelas a los santos, los vestía, les ponía flores y de vez en cuando les quemaba el *pom*. Asistía con mucha devoción a todas las misas que hubiera. Veneraba la iglesia como el gran templo de Dios. Después, por distintos motivos, trabajó en diferentes cosas de la iglesia. Luego se volvió un gran catequista, un catequista que entendió la vida y la fe unidas y no como cosas separadas. Mi padre catequista fue muy fervoroso con la religión católica. Él fue un predicador de la palabra de Dios. Desde muy pequeñitos nos transmitía los mensajes bíblicos, nos enseñó los compromisos de un buen cristiano en la comunidad. Entendía la *Biblia* como luz de esperanza, como fuente de vida, de experiencia y como fortaleza de la fe.

Nunca hubo un desequilibrio entre creer más a mamá o creer más a papá. Sobre todo, porque los dos eran un granito de nuestra comunidad. Como nos lo enseñaron ellos, las dos maneras de rezar y de creer son profundas y el creador sabrá cómo recibirlo. No cabe duda de que mamá aprendió mucho de la fe de papá. También él de ella, y nosotros, los hijos, de ellos dos. De todas maneras ellos pedían a Dios que les diera muchas bendiciones. Papá nos enseñó a ser catequistas, a predicar la palabra de Dios, a respetar los símbolos religiosos y a rezar con devoción.

Cuando salí de Chimel, yo no tenía conciencia de profesar la religión maya. Nunca me dijeron mis padres que esto venía de miles de años atrás. Simplemente me dijeron que esto era de nuestros antepasados. De nuestros abuelitos. Cuando salí de mi pueblo, me di cuenta de las luchas entre las religiones. Porque en la Iglesia siempre se dijo que los *ajq'iij*ab, los mayores que conocen los movimientos del tiempo y del Sol, eran o brujos o *zajorines*[36], algo inaceptable para el Dios que pregona la Iglesia. No lo entendía mucho, pero no tenía problema de rezar tal como lo aprendí desde el ranchito.

Las confrontaciones entre religiosos me daban miedo. A lo largo de estos años me ha tocado el gran privilegio de estar en iglesias de toda tendencia. Tuve la oportunidad también de asistir a conferencias muy profundas de diferentes sectores religiosos. También tuve la dicha de conocer a los navajos, a los jopis, a los lakotas. Especialmente la Gran Montaña, Big

---

36. Zahoríes.

Mountain en Arizona, en Estados Unidos, donde los navajos creen que deben de existir las siete generaciones, y las siete generaciones son la fuente y la garantía de la vida de los pueblos. También me tocó estar en el Sweat Lodge, lugar sagrado donde rezan los navajos o los lakotas y todas las primeras naciones que viven en los Estados Unidos y Canadá. Viendo todo esto me he convencido de que el problema de nuestros pueblos no es su fe y mucho menos que la fe sea un motivo para despreciar a alguien.

Cada vez que en el CUC dijimos: "Cabeza clara, corazón solidario y puño combativo de los trabajadores del campo", lo decíamos con mucha convicción. "Queremos que haya justicia, queremos que se respete en lo más profundo la dignidad humana, queremos que se respete la dignidad de los pueblos indígenas, queremos la justa distribución de la tierra como algo necesario...". El hondo anhelo de bienestar para la gente se volvió también la fuente de nuestra convicción, porque es necesario y posible cambiar la sociedad. Eso es también parte de una creencia muy profunda que tenemos. Es aspirar a un mundo mejor. El problema es cuando la religión se utiliza en forma institucional para ejecutar planes políticos, planes contrainsurgentes, o detener a la población en sus justas demandas y reivindicaciones, como ha sucedido en la vida de muchos pueblos del mundo. Esto ha sido parte de las propias experiencias que hemos vivido.

Cuando fui a Roma por primera vez estaba muy esperanzada porque consideraba a Roma como parte del cielo, no como parte de la Tierra. Yo pensaba que sólo después de la vida se llegaba allí y sin güipiles multicolores. Cuando me dijeron que íbamos a viajar a Roma y supe que allí vive el Papa, tenía un montón de inquietudes. La misma sensación tuve con Israel, con todas esas áreas donde nace la religión, porque todos esos nombres los aprendíamos en la *Biblia*. Eran nombres bíblicos. Esos nombres bíblicos no parecen reales, sino un pedazo de territorio situado en el cielo. Más allá de las nubes.

Llegar a Roma es como descubrir algo que te conmueve y te hace reflexionar.

Roma no es un pedazo de cielo, sino es una ciudad tan común como cualquier otra ciudad del mundo con su propia historia humana. Allí fue donde yo encontré el lugar en donde, en el pasado, se sacrificaba a los cristianos. Siempre se me hizo la pregunta de por qué los aztecas, si amaban la vida, sacrificaban a seres humanos. Y yo no encontraba exactamente la explicación, ni los argumentos, sobre todo cuando la pregunta la hacía gente reaccionaria y racista que trataba de agredirme con ello. O usaban ese tema como arma de provocación o como manera de descalificar el mensaje de un indígena. Cuando yo llegué a Roma, dije: "¡Pero también los romanos sacrificaban a los cristianos!". Encontré las huellas más vivas de cómo se sacrificaba a los seres humanos. Tuve una idea más clara del sacrificio. Me impresionó muchísimo. Es una lección que no olvidaré nunca.

Yo, especialmente, tuve al Papa como un rostro-magia, como si pensara yo que fuera algo extraño, como muy lejano, algo como inalcanzable, imposible de ver o conocer. El hecho de ver al Papa en fotos —"es santo pero humano", pensaba— me causaba una sensación rara, inexplicable. Tal vez hacía milagros. Nunca tuve la idea de que el Papa pudiera volar, sino más bien encarnado, más bien realista, pero algo grande y misterioso. Cuando mi madre hablaba de la Luna y del Sol y de la madre Naturaleza, mi idea era que nunca les llegaría a conocer de cerca. Casi similar era la ilusión y sensación de algún día poder conocer al Papa. Desde muy pequeña aprendí a no juzgar aquello que no conozco, aquello que no ha hecho contacto con mi propia piel.

Roma fue para mí un gran descubrimiento. Sobre todo, descubrir que la casa de Dios estaba construida con piezas valiosas procedentes de nuestros países, del llamado Tercer Mundo. Piedras preciosas de América, del Caribe, de África, en fin. Iba con nosotros un historiador y me contaba, casi pieza por pieza, el origen de las piedras valiosas de que está construido el Vaticano. Yo hubiera querido que mi querido padre viera lo que yo estaba viendo. Habría hecho todo lo posible por conseguirle un pasaje para que fuera a descubrir Roma y el Vaticano antes de morir. Yo había creído que allí todo era distinto, no tan lleno de materialidad, no tan lleno de lujos, de protocolos y de turismo. No quiero ahondar en esto, porque sé que es un tema muy polémico. Lo que quería señalar es que también las religiones se prestan a ser un imperio, se prestan a ser un instrumento político o comercial. Y depende de quienes las profesan el evitarlo. Por eso tenemos que equilibrar absolutamente el respeto a nuestra religiosidad, el respeto a nuestra fe.

149

Yo soy profundamente religiosa. Creo en la Naturaleza, creo en la vida y también creo en los pueblos. Soy profundamente religiosa porque también creo en la fe de la gente y creo en su comunión; creo en la experiencia de vida y de fe de los primeros cristianos, sobre todo porque compartían sus cosas. Creo que los seres humanos debemos luchar por una creación. Entiendo la creación como cada una de las particularidades de la vida que se mueve a lo largo y ancho del universo. Creo que es necesario creer. Y siempre he sido enérgica en señalar que la fe de cada uno, la fe de los pueblos es algo sagrado y privado, no se compra ni se vende. No tiene precio. En eso coincido profundamente con todos los que, a pesar de las dificultades que significa abordar este tema, lo han hecho con plenitud. Creo que la religión y la religiosidad de los pueblos deben ser respetadas. Los mayas guardamos la esencia de nuestra fe. Ésta debe florecer y debemos tener derecho a proclamar nuestra religión y nuestra fe. Y si lo que le falta es el pleno reconocimiento y cierta institucionalidad, pues entonces hay que luchar por ese reconocimiento y esa institucionalidad religiosa como religión maya, inca, azteca. La religiosidad de un pueblo se funda en su práctica cotidiana. Hasta cierta manera, la religiosidad de los pueblos es también como una modestia frente a la vida. Si no se entiende así, la religión se convierte en mercancía o en obstáculo para la convivencia pacífica. Y corre el peligro de convertirse en un arma de colonización, de discordia, de racismo, de dictadura, de guerra. La religiosidad está encarnada en los pueblos y acompaña a su historia y sus generaciones.

Existen una serie de leyes que rigen la vida de nuestras civilizaciones desde hace miles de años. Cuando llegaron las colonizaciones, lo único que hicieron fue fabricar nuevas leyes, excluyendo absolutamente la participación de las antiguas. Dentro de esas leyes están las leyes religiosas. La armonía que emana de nuestras religiones mayas, aztecas, xincas, incas, araucanas, aymaras, lakotas es un patrimonio tan alto que debe ser reconocido, respetado y retomado por la humanidad. Los retos del futuro van a estar exactamente en la comprensión y aceptación de la diversidad, en la creación de un mundo intercultural. Eso comporta un proceso que no siempre es comprendido.

Yo creo que es un reto para el futuro evitar que los conflictos religiosos oculten los problemas económicos de fondo. Los poderosos pueden usar la religión como una manera de encubrir los profundos problemas de injusticia que enfrenta la humanidad, y lo peor es cuando la religión se usa como un gran principio de impunidad. "El que no peca no conoce el perdón de Dios", dicen. Por lo tanto, se puede odiar, oprimir, matar y luego buscar el perdón de Dios. En muchos momentos, así se ha dirigido el mensaje religioso a las víctimas, para que olviden a sus victimarios. Como Dios es tan grande, perdona todo tipo de pecados. Casi a diario escucho este tipo de mensaje y me preocupa mucho.

En Chiapas, por ejemplo, son muchos los que, en nombre de una religión x, fueron expulsados de sus comunidades. Pero, en el fondo, no es el problema religioso lo que hay, sino es el problema del caciquismo, de la corrupción, del despojo de las tierras, de la usurpación de las tierras tradicionales de los pueblos indígenas. Es problema de racismo contra los pueblos indígenas, es injusticia social, es un problema de opresión. O que, en un determinado momento, cuando se ve avanzar las negociaciones de paz, entonces, inmediatamente aparece un problema religioso. Un gran pecado que han cometido los gobernantes y algunas instituciones religiosas ha sido tratar de hacer creer que los pueblos se han rebelado porque se les enseñó la *Biblia* y porque hubo un cura o una religiosa que dijo que había miseria y hambre. Se empecinan en castigar a la *Biblia*, a la conciencia de los pobres, al cura o a la religiosa, pero no se empeñan en castigar el hambre, la miseria y la opresión. Tenemos que buscar todavía una serie de remedios para evitar que, en el futuro, el arma religiosa sea un arma de guerra.

151

Cuando los indígenas del continente retoman y reafirman su religión, hay quienes dicen que están atentando contra la unidad nacional. En realidad, lo que están reclamando los indígenas es justamente hacer ver que es necesaria la diversidad y la unidad nacional sobre la base del respeto mutuo. Nuestras contradicciones no se fundan en lo religioso, sino que se fundan en el problema del desequilibrio. De la falta de un mundo de respeto mutuo, de la falta de una convivencia intercultural.

Otro problema importante es la ciencia. Yo veo la ciencia y la tecnología como un patrimonio universal. Es lo más alto que se ha logrado crear. Cada vez estoy más maravillada de esos grandes avances. Creo que la humanidad es capaz de evolucionar y llegar a la cima de sus conocimientos con la solución de una gran cantidad de problemas. Me impresionan de una manera especial los avances tecnológicos en cuanto a medicina y salud. Ahora bien, el hecho de admirar la ciencia y la tecnología no quiere decir que yo no esté consciente también de sus repercusiones negativas. Creo que el error que se ha cometido es la concentración del conocimiento científico en pocas manos. Las grandes potencias mundiales acapararon el control de lo más destructor de los avances de la ciencia y la tecnología para poder con ello controlar al resto de la humanidad. Me refiero a que, por ejemplo, dentro de los avances científicos y tecnológicos se encuentran especialmente las armas. La carrera armamentista puede llevar a la destrucción de la vida del planeta.

Hace algunos años, en las Naciones Unidas, durante mis giras yo veía mucha protesta contra las armas nucleares o contra la acumulación de armas químicas. Pero la gente sólo se acuerda de un problema por un rato y después lo deja de lado hasta cuando aparezca otro desastre producido por esas mismas armas. Hiroshima, Nagasaki y Chernobil, que dejaron grandes sombras de dolor y destrucción sobre nuestra humanidad, hoy, cada día se corre el riesgo de que se conviertan en simples mitos de nuestra historia hasta olvidarlos. Lo más triste es que la gente no toma conciencia de los dolorosos resultados de las armas hasta que no los vive en su propia piel. No sabemos cuáles son los experimentos que hoy se realizan con la plantas, con los árboles, con los ríos, con los mares. No sabemos cuáles son los experimentos que se realizan con la vida humana, con los niños de la calle, con el trasplante de órganos. La sed de descubrir ha hecho que hasta se haya alterado el orden natural del desarrollo de muchos seres vivientes.

Además, la ciencia se ha deformado para lograr el control de los individuos. Se necesitan máquinas para controlarnos. Ya no hay confianza, ya no hay palabra, ya no hay el sentirse parte de una misma especie sobre la Tierra para poder relacionarse y brindar confianza. Al mismo tiempo, la ciencia y la tecnología han cambiado en buena medida el rumbo de nuestra naturaleza. Yo he observado los proyectos de cooperación financiera entre las naciones del mundo. Sin ir muy lejos, las cooperaciones con Guatemala y con los Gobiernos de América, en su inmensa mayoría proyectos llamados *de desarrollo*, se escriben detrás de un escritorio por técnicos que supuestamente tienen absoluto conocimiento o se creen conocedores hasta de los propios sentimientos de los pueblos, imponiendo su propia imaginación sobre los hechos.

Muchos de esos técnicos permanecen por unos años en una zona, *educando* al indígena, *estudiando* al indígena, *enseñando* a los pueblos, educando a los pobres, educando a todos. Como si fueran técnicos lo que necesita la humanidad para rectificar sus profundos y grandes errores de desigualdad social y de desprecio a la vida y a la dignidad. Terminan su periodo, durante el que vivieron bien con un sueldo garantizado, y se van y dejan a los pueblos en el desamparo, igual o peor que cuando llegaron. Es ahí donde la ciencia y la tecnología pierden su contenido. Ya no es un patrimonio universal, sino un patrimonio al servicio de intereses mezquinos. Las comunidades y los pueblos son usados como conejillos de indias para la experimentación. Es así como los avances técnicos y científicos se convierten en una amenaza para la vida. La ciencia y la tecnología han sustituido a la ética para ponerse, a veces, al servicio de la eliminación de la creatividad de los pueblos. Esa creatividad que nos enseñó a jugar con una ovejita, un pájaro, nos enseñó a jugar con las flores del campo; la creatividad que nos enseñó a edificar con la madre Naturaleza sin estropearla.

Tengo la impresión de que la ciencia y la tecnología se han ido aislando de las necesidades de la gente. En muchos casos, el ejercicio de la ciencia se convierte en un fin en sí mismo. En cambio, debería darse el reencuentro de la ciencia y las grandes mayorías de la población. Quizá así encontraría la humanidad formas de descubrir cosas nuevas. Y no necesariamente violentar la vida y tener que usar la vida como un objeto de experimento. Los indígenas, por supuesto, admiramos la ciencia y creemos que es un patrimonio universal. Es más, tenemos derecho a la ciencia y a la tecnología. Yo siempre ando con mi pequeña computadora bajo el brazo. Yo soy maya y pertenezco a la cultura maya y necesito una computadora porque está al servicio de mi trabajo, pero yo no estoy al servicio de la computadora. En el momento en que las personas se ponen al servicio de sus inventos, seguramente atropellan la vida, la moral, la ética, la dignidad. Se alejan de su propia especie. Lo primero que me impresionó en las casas del llamado Primer Mundo fue que niños de apenas tres años pasan horas concentrados frente a la televisión. Lo que están viendo me impacta a mí, que soy adulta. ¡Cómo no los va a impresionar a ellos! Pensé que era un problema de allá. Hoy entiendo que es un problema a afecta a millones de niños y jóvenes en todos los rincones del planeta. Todo lo que se inyecta por los ojos de la niñez es una manera de violentar su propio proceso natural. Es una manera de quitarles ese grandioso don de ser niños. Uno ve, en abundancia, disparos, asesinatos, violencia, pleitos, fragmentación de la familia, traición de la mujer, traición a los hijos, traición al marido. Es como si le hubieran echado químicos. Igual pasa con las plantas de nuestra naturaleza, igual pasa con un pepino, igual pasa con un *güisquil*[37], que se le echan más químicos y seguramente crecerán más pronto, pero ésa es una violencia contra el proceso natural.

La televisión puede tener otro uso. Pienso que sería muy hermoso si nuestra gente humilde contara con estos medios —televisión, radio, medios escritos y un sin fin de medios orales—. Estoy segura de que le daría un uso distinto. Crearía nuevas generaciones sensibles a la vida. En lugar de que el abuelo cuente sus historias sólo al nieto, que las cuente también a la sociedad. Que haga una renovación de conciencia de la sociedad. La televisión puede ser un medio para difundir las tradiciones sin que sean manipuladas y trastocadas, ridiculizadas por el folclor. Pienso que los indígenas tenemos mucho deseo de tener una red de información computarizada. Tenemos el gran sueño de llegar al hermano, a la hermana, mestizos, ladinos o no indígenas en general; contarles nuestras vivencias, compartirles nuestros conocimientos y esperanzas, pero desde una relación de igualdad y de respeto.

Con esto quiero decir que no estoy en contra de la ciencia y la tecnología, pero sí estoy en contra de la manera en que se ha usado. Corregir los errores de la ciencia y la tecnología no significa sólo la buena intención, sino que significa una verdadera

---

37. *Schium edule*. Planta trepadora cuyo fruto es comestible.

revolución que permita que los pueblos sean actores de su destino. Que sean protagonistas de sus experiencias y que puedan compartir la ciencia y la tecnología. Significa cambios desde los más altos niveles de la toma de decisiones.

Me parece que, si los pueblos indígenas, las culturas milenarias, han aportado permanentemente a los avances científicos y tecnológicos, también deben contribuir de manera eficiente a la aplicación de estos avances. Lo nuevo sería su aportación en función de la sociedad: el valor de la gente, el valor de la colectividad, el valor de la comunidad como mecanismo de vivencia social, como modo de vivir, existir y desarrollarse en sociedad. Esto, indudablemente, cambiaría el enfoque y cambiaría la manera de difundir y la manera de aplicar la ética, la ciencia y la tecnología. Tendría que haber otras reglas y otros valores. Los pueblos indígenas creen en el pasado, en su historia, en sus conocimientos, en sus proyecciones, en su desarrollo, en su desenvolvimiento, pero también creen que son parte fundamental del presente. Aquí entra el problema de la identidad, porque muchas de las nuevas reglas de la ciencia y la tecnología tienden a minar la identidad de los seres humanos. Como he dicho, muchos hombres y mujeres no están al servicio de la humanidad sino al servicio de la técnica. Yo creo que si no se toma en cuenta esta realidad, se pueden provocar colapsos, grandes desastres. Ya están ocurriendo desastres sociales, levantamientos, conflictos. Es inevitable que haya conflictos como producto de esta inconsecuencia.

La preocupación por el peligro de los desastres sociales, de los conflictos y la necesidad de prevenirlos me lleva a otra idea. En los últimos años, ha habido un debate muy profundo sobre el tema de la autonomía y sobre el tema de la autodeterminación de los pueblos. Los Gobiernos frecuentemente han reaccionado diciendo que esta lucha de los pueblos significa un atentado contra la *unidad nacional*, ignorando que hasta este momento la humanidad en su conjunto no ha tenido una única experiencia de autonomía. En ninguna parte del mundo contamos con un modelo ideal de autonomía. Yo creo que en la

155

inmensa mayoría de países del planeta no existe una verdadera unidad nacional. En el mejor de los casos lo que existe es unidad alrededor de intereses nacionales, unidad sectorial, consensos, alianzas, etcétera. Pero todo ello se da desde una realidad de profunda y rica diversidad. Sobre todo en aquellos rincones de la Tierra donde la urgencia más grande es crear nuevas reglas para garantizar la construcción de países multiétnicos, pluriculturales y multilingües y así garantizar la convivencia armónica entre sus pueblos. Las referencias de unidad nacional están por definirse en un contexto de diversidad. Algún día tiene que abordarse de nuevo el tema de la autodeterminación de los pueblos como países y dentro de sus propias fronteras, la autodeterminación interna. También este tema tiene que ver con los pueblos indígenas. Entender una nueva relación con nuestros pueblos nos ayudaría profundamente para crear nuevas relaciones en el mundo: plural, diverso, multiétnico y pluricultural. Aceptar que nuestra humanidad puede ser un hermoso jardín multicolor.

Hay un poder que consiste en la concentración en pocas manos de las riquezas que ha producido la humanidad. Es el poder de las minorías que han ejercido los mecanismos para poder despojar a los pueblos, para convertir a los hombres en objetos de trabajo y a las mujeres en objetos del doble trabajo y de la doble opresión. Existe el poder de las armas que se mantiene para guardar ese poder económico, político y social. Este tipo de poder enferma a quien lo posee. Ha enfermado a ambiciosos, a quienes no les importa nada, porque no les hace falta nada. Si los pueblos mayoritarios tuvieran conciencia de su propia realidad, de su propio valor, de su propia existencia como alternativa de su gran futuro; si todos los hombres y mujeres entendieran su dolor como un necesario parto, entendieran su papel en la sociedad; si la conciencia pudiera ser más alta; yo pienso que los pobres desafiarían a ese poder que los aplasta. Serían más activos, más exigentes; no serían simples víctimas ni espectadores. Impregnarían a sus hijos de nuevos ideales. Creo en la comunidad, creo en la colectividad, creo en la historia y la dignidad de los niños de la calle, creo en los ancianos. Creo en la grandeza de los niños, porque los niños deben crecer sanos. Los niños son como la hierba del campo, que puede ser contaminada o puede que genere inmunidad ante la contaminación. Yo deseo que los niños y las niñas nazcan y crezcan en una visión universal. Que respeten, que amen y que defiendan a una niña y a un niño indígena, negro, mestizo, blanco o amarillo; que piensen en las niñas y niños que sueñan con ser felices. Sólo deseo que para los niños y las niñas su frontera no termine allí en donde están, que su frontera sea más grande, que su frontera sea la humanidad entera. Para lograrlo, los adultos tenemos que creer y actuar de la misma manera.

Cuando conocí la India sentí intensamente la necesidad de tener ideales; la necesidad de luchar por la libertad, la dignidad y la justicia social; la necesidad de creer en los pueblos. La conciencia no debe tener fronteras, la ética debe crearse y construirse. Cuando íbamos a llegar a Maisot, en el norte de Tailandia, cerca de la frontera birmana, tuve un sueño muy hermoso. Después de ocho o nueve horas de viaje en carro, soñé que estaba llegando a un lugar que conocía. Había tres ancianos en la puerta. Y me dicen: "Rigoberta, pasa adelante". Me percaté de que los conocía, como si hubiera estado ahí desde hacía mucho tiempo. Una señora me dijo: "¿Te acuerdas de esta casa?". "No", le respondí. "Sí", me dijo. "Mírala bien, ¿te acuerdas? Es la misma casa donde pasaste hace algunos años atrás, pero sólo que faltaba ese árbol, el que está ahí enfrente, ese árbol no existía". Y cuando vi el árbol, era un árbol grande e inmenso, rejuveneciente de hojas verdes, verdes, como una bola muy grande. Entonces me dijo: "Ese árbol no estaba cuando tu vivías aquí, pero este lugar lo conoces". Inmediatamente reconocí el lugar y sentí que efectivamente había pasado por ahí. En cambio, era la primera vez que pisaba tierra asiática. Sentí como si, en alguna parte escondida de mi memoria, tuviese un recuerdo de ese lugar.

157

Como contraste, muchas veces el mundo que vivimos es un mundo que fragmenta, que divide, que destruye, que mete discordia y que termina en guerras. Pero normalmente los pueblos, los más humildes, siempre están al margen, nunca son los que deciden. Todos estamos llamados a contribuir para que los pueblos algún día sean plenos actores de su destino, que los indígenas algún día sean actores de su destino y de su cultura. El poder que sentimos que nos aplasta es el poder de comprar, vender y ganar. Es el poder de la intolerancia, la prepotencia; es el poder del silencio, la indiferencia y la insensibilidad. Pero creo profundamente que hay grandes valores, hechos y cosas que no se comprarán, ni se venderán, ni se ganarán. Y entre esos valores está la memoria de los pueblos, está la vida.

Porque la conciencia no es un decreto sino un proceso de entendimiento de identificación y de compromiso. Es algo que se cultiva. Como ya he dicho, hay un tiempo para sembrar, un tiempo para crecer y un tiempo para cosechar. Desafortunadamente, muchas veces se violenta esa relación natural, se violenta ese tiempo para cosechar por lo que se precipita todo. En una mata de cebolla, vemos las jugosas cabezas de cebolla y uno dice: "Esto tal vez creció en dos meses". Pero en realidad se tardó cinco o seis meses en crecer. Lo peor es que la gran mayoría de los consumidores ni siquiera preguntan sobre lo que consumen y mucho menos del tiempo que tuvo para crecer. Al hablar del poder, reconozco que los pueblos no tienen las armas con que el sistema amenaza a diario, no tienen el control sobre los cuantiosos recursos económicos, no tienen las leyes, no tienen todo eso, pero tienen otros profundos valores que la humanidad terminará por reconocer. Yo tengo esa convicción. Vendrán los nuevos tiempos. En ellos se verá el paciente poder de los pueblos. Pues así como los problemas no llegaron por decreto, sino mediante un proceso complejo, profundo y difícil, ese mismo largo proceso puede provocar una revalorización de nuestras culturas, una revalorización de lo perdido, una nueva dimensión de la vida para todos.

Este proceso de recuperación del poder se relaciona de manera muy estrecha con la cuestión de la identidad. Hay signos de identidad que son visibles. Un indígena se reconoce por su rostro, se conoce por su pensamiento. Un indígena se reconoce por las huellas que deja, un indígena se reconoce por la humildad de su alma. No importa qué traje lleve encima, el rostro indígena no se borra. La gente sólo me ve el rostro y piensa inmediatamente que soy una inmigrada o una ilegal. En mis largos años cruzando fronteras de un lado a otro, en un determinado momento tenía que trabajar en la ONU. Tenía que sacar quizá una docena de elegantes credenciales para poder explicar mi rostro indígena. Yo siempre me visto con los tejidos multicolores de nuestra Guatemala. Pero no era eso lo que contaba, sino lo que contaba era mi cara. Podía cambiarme todo lo demás, menos mi cara. En Guatemala, los militares detectaban a la gente según su grupo étnico a través de los trajes. En un determinado momento, ser ixil[38] o ser quiché en un área mam[39] significaba un profundo riesgo. Entonces había que despojarse del traje quiché o del traje ixil y disfrazarse. Nuestros idiomas y nuestro trajes se convertían en un alto riesgo. Tenían una doble función: en algunos momentos había que usarlos para defender la vida; en otros, había que usarlos para esconderse. Igual que en las fronteras nuestro rostro de pobre, de ladino o de indígena se vuelve un alto riesgo para recibir malos tratos. Lo único que se convirtió en un gran misterio fue nuestro pensamiento, fue nuestra visión de la dimensión de la vida y ello es parte fundamental de nuestra identidad.

Ser indígena es como si fueras automáticamente un sospechoso. Lo llevamos en el fondo del alma cuando estamos ante una autoridad. Yo lo he sentido como si fuera un gran pecado y una gran dificultad y como si uno se preparara a enfrentar situaciones duras, sólo por el hecho de ser indígena.

159

---

38. Etnia mayance.
39. Etnia mayance que da nombre a la región.

La identidad de nuestros pueblos se fundamenta en una tradición, en una cultura milenaria, en una visión de la vida, en una filosofía propia. Es distinto mirar un pájaro en televisión que mirar un pajarito como una gota en la inmensidad de la naturaleza y saber dónde está su nido, ver cómo alimenta a sus pichones con una gran inteligencia y sabiduría natural, distinguir su mensaje cuando llora y cuando canta. Mucha gente sólo evalúa lo que llevamos encima, pero no se da cuenta de la guerra que ha habido, de la incomprensión, de los conflictos que han existido entre la cultura indígena y las otras culturas. Ninguna cultura es más grande que otra. Simplemente cada cultura está impregnada de su propia grandeza, así como la grandeza de los pueblos que la poseen.

En Guatemala vemos una realidad que da mucha tristeza. A partir de que en París se da una moda, por ejemplo, la chumpa típica, un traje multicolor que es usado con elegancia, entonces en Guatemala los ladinos también la adoptan aunque no con el mismo aprecio. Allí se ve la inseguridad del ladino, su necesidad de copiar o de seguir estereotipos para afianzarse y vivir sin propios valores. Su falta de educación sobre sus valores propios. La etnia ladina en muchos momentos es extranjera en su propio país. Esto mismo ocurre con la mayoría de los intelectuales. No se sintieron seguros de sus volcanes, de sus ríos; no se sintieron seguros de sus pueblos en este hermoso continente multicultural, de las valiosas cosas que existen aquí. Siempre buscaron afuera una fuente de referencia. Muchos de ellos se trasladaron allá para tratar de inspirarse. Estaban, en muchos momentos, con un pie en América y otro en París. Esto también ha afectado y ha generado un atraso en el desarrollo cultural de nuestros pueblos. En cambio, ¿qué es lo que más les dio vida a los refugiados guatemaltecos en el sur de México? Ellos cargaron con el sagrado valor de la colectividad, el sistema milenario de cómo elegir a sus dirigentes. Cargaron con las profundas raíces que los hizo nacer. Cargaron con las enseñanzas y la sabiduría de sus ancianos. Esto les permitió adaptarse en México y generar su sistema de organizaciones comunitarias. Creo en la comunidad como una alternativa de desarrollo y no simplemente como un recuerdo del pasado. No es un mito, no es algo estéril. No es lo que algunos idealizan sin realismo. Es algo dinámico y presente en la memoria de nuestros pueblos. La identidad no es sólo la nostalgia de comer tamales. La identidad es integral y debe recoger los distintos aspectos de la cultura. Comprender a los indígenas, hoy, finalizando este siglo, seguramente ayudará a comprender el mundo en que vivimos. Es verdaderamente importante que la gente tenga modestia, sea humilde ante estos temas. A nosotros ya nos estudiaron a lo largo de muchos años. Yo conozco a individuos que pretenden decir la última palabra sobre la verdad de un indígena. Hay gente que hizo carrera y profesión sobre los pueblos indígenas. Y nosotros generamos defensas frente a quienes actúan como parásitos, que creen que tienen que vivir del estudio de otros seres humanos. Sin hacer un mínimo esfuerzo para que ellos se autodefinan frente a la sociedad, frente a la historia, frente al dolor humano. Es hermoso conocer cualquier cultura del planeta, pero indigna cuando algunos individuos irresponsables pretenden meterla en un frasco y quieren venderla de nuevo para hacer lucro con la dignidad humana.

El mundo, para mí, no es sólo Chimel, no sólo Uspantán, ni sólo las fincas agroexportadoras que están igualitas que antes. A mí la vida me maravilla. Incluso en las fincas nunca he podido desprenderme de la sensación fresca del aire o de la hermosa sombra de un cafetal, la sensación del piquete de millones de zancudos. Y también me maravillan los pueblos, su orgullo discreto. Nunca habría aprendido muchas cosas en tan poco tiempo si no hubiese tenido las bases en el CUC. Esa consigna de "cabeza clara, corazón solidario y puño combativo de los trabajadores del campo" fue siempre tan mística y tan profunda en mi vida... Me formó los principios. Creo que la gente que vive sobre la Tierra debe poseer sus principios y a los principios no se debe renunciar. Nadie es ejemplar; porque el ser humano, justamente, evoluciona; justamente, es ambicioso; justamente, es protagonista independientemente de su origen cultural. Pero también justamente el ser humano fabrica su cultura y fabrica su educación, construye puentes y labra su propio camino. Si el mundo lo que educa es el *ego* y el protagonismo frente a la integridad, seguramente dañará a todos.

El mundo de Guatemala y de Chimel algo tiene que enseñar. No por nada los abuelos mayas, en 1981, se juntaron en los cerros de Quetzaltenango a rezar para que de nuevo lloviera, para que cayera de nuevo la lluvia. Porque la lluvia es imprescindible para nuestra propia existencia. Si no cae la lluvia no podremos vivir, no habrá agua, no crecerá el maíz, no tendremos comida. El símbolo de la lluvia es que el agua es la única que hace fertilizar. Es como hacer el amor. Si no se hace el amor no nacerá un hijo, no nacerá un retoño. Por eso fue tan impresionante que los abuelos mayas volvieran a rezar juntos para que cayera la lluvia y creciera de nuevo la semilla que reposa allí sobre la tierra. Que florezca y que sea buena semilla y que fertilice de nuevo la memoria de las culturas milenarias. Que nazcan nuestros hijos, que crezcan sanos para que tengan larga vida. Que los tiempos cambien, que termine la confusión y la inseguridad. Los *ajq'iij* siguen siendo los conocedores del tiempo y los conocedores de la riqueza espiritual, material y cultural de nuestra gente. Los *ajq'iij* son los mayores, hombre o mujer; son del Sol. Son poseedores del patrimonio intelectual de los indígenas que, si bien ha sido usurpado en diferentes tiempos, está allí. Está en los ancianos, está en los *k'amal b'e*, en los *ajq'iij*, está en la comunidad, está en la esencia de la vida de un niño que conoce el mundo. Hay leyes que deben marcar el equilibrio y ese equilibrio todavía no se da. Los mayas no hemos tenido el acceso amplio y exacto a los avances tecnológicos y científicos para adaptarlos a nuestra cultura, y no nuestra cultura a ellos. Muchos piensan que somos pasivos, que no sabemos lo que queremos, que somos alzados, que somos desconfiados, pero lo que no saben es que estamos imponiendo nuestro propio ritmo.

La educación en nuestra cosmovisión le da otro sentido a la fama y la fortuna. No es la del maestrito que llega y sustituye la sabiduría del que nació antes que él. Los mayores y los ancianos son producto de toda una experiencia, toda una vida. Los puntos de referencia de nuestra educación son otros. La educación comienza por respetar los procesos naturales, como toda flor que nace sobre la Tierra. Siempre mi abuelo decía: "Hijos, todos tenemos un momento para ser niños, un momento para ser jóvenes, un momento para ser adolescentes, un momento para ser adultos y un momento para ser ancianos". Hay tiempo para morir y volver a nacer. Cada una de esas edades tiene una etapa. Cada una de esas etapas de nuestra vida nos hace protagonistas de algo. Yo creo que es lo mismo en la vida cotidiana.

Nosotros siempre nos consideramos como una mazorca. Si a la mazorca le falta un grano, siempre se notará una ausencia, un espacio vacío, porque ese grano ocupa un lugar especial. Somos, a la vez, individuos y actores sociales. El actor social no puede confundir su papel con su importancia y su grandeza sólo por los títulos que posee, sino más bien por la sencillez, la humildad frente a los acontecimientos de una sociedad entera. Cuando se debe entender una herida en esa hermosa tierra quiché, la siento como una herida en el corazón de la humanidad, porque también el quiché es un grano en la mazorca de la humanidad. El mundo perdió esa sensibilidad y por eso ha permitido impunidad y por eso ha permitido miles de muertos y por eso ha permitido que la vida sea tan despreciada en ese corazón del quiché. Porque la humanidad no lo siente como su propia herida. Es lo mismo que Brasil o que El Salvador. No sentimos la herida de los kurdos como nuestra herida. Ocurre lo mismo con la tragedia de otros pueblos. La humanidad tiene que retomar esa sensibilidad para evitar guerras y conflictos. La cosmovisión indígena debe ser una aportación al pensamiento sagrado de la humanidad.

No siendo romántica ni idealista, reconozco que ninguna sociedad es perfecta. Entiendo la cultura como la evolución de los conocimientos y el permanente descubrimiento de la riqueza de la vida. Nuestra actitud debería ser siempre la de enriquecer la vida del planeta, la vida de los animales, la vida del agua, de nuestros ríos, de nuestros mares; pero también la vida de los hombres y las mujeres y la vida de nuestras generaciones futuras, de nuestras niñas, de nuestros niños.

Nuestra gente tiene tecnología propia, tiene su propia noción del desarrollo. Conoce las estaciones de la lluvia, conoce los ritmos de la Tierra y los ritmos del clima; también conoce la perfección o imperfección de la semilla y sabe qué es lo que tiene que hacerse y qué no. Sabe cuándo se baña la abuelita para empezar a sembrar. Una madre conoce profundamente los gestos y las señales de vida de su criatura. Ese conocimiento tiene que fundirse con un avance progresista y científico. Pero no se puede pensar que un río debe tener una noción y un ritmo de acuerdo a la noción y al deseo de los seres humanos. Cuando se hace eso, ese río resulta verdaderamente contaminado y ya no tiene la transparencia de antes o simplemente ese río se habrá secado para siempre, no volverá a existir nunca, porque se le impuso la voluntad de los seres humanos. Yo veo los procesos de nuestros pueblos como procesos naturales. La honestidad y la paciencia de la gente del campo son largas. Su lucha ha sido eterna, permanente. Sus aspiraciones de progreso han sido sueños lejanos pero deseados, como grandes ideales. Es bueno crear un ideal. Mi esposo dice: "Qué bueno que te enseñen dónde está la estrella o que te ayuden a descubrir dónde está la estrella. Ahora sólo falta que te enseñen cómo llegar a ella. Cómo alcanzar la estrella para ver si ésa es la que buscabas". Nadie puede vivir sólo con utopías. Nadie puede vivir sólo soñando.

Uno camina por las carreteras de Sololá a Xela, esa carretera que une Cuatro Caminos con Los Encuentros. Uno encuentra allí los bultos de trigo, los bultos de maíz o los bultos de papas a la orilla de la carretera. Y, al lado, hay un machete. Han pasado allí varios días y noches esperando un camión que los recoja. Su paciencia es demasiado grande. ¡Pero también la honradez de la gente es tan grande, su transparencia es tan grande, su respeto es tan invaluable! Porque después de cinco o seis días ese machete no se ha desaparecido y esos costales de maíz y esos costales de frijol no se han perdido, a pesar de que la gente allí está hambrienta, pero al mismo tiempo es honrada. Ojalá que ese ejemplo continúe. ¡La gente tiene un sentido tan profundo de la palabra! Mi palabra significa dignidad. Significa confianza. Y esa confianza trasciende a la comunidad, trasciende a los comportamientos de la sociedad. En cambio, cada vez que nos acercamos más a la ciudad, encontraremos que se perdió la oveja, que se robaron las cabras, mataron a alguien para robarle unos aretes o se robaron los bienes que pertenecen al otro. Y cada vez el ser humano se descompone.

Me da escalofríos cuando hablo de los parásitos de la sociedad. La naturaleza también produce bichos destructores que nacen y beben de lo maravilloso del otro. Hay hombres, mujeres que contaminan su sociedad. Tal contaminación es fuente de conflicto y fuente de guerra y de grandes enfrentamientos. La medicina para sanear esta sociedad está en nuestros propios valores y en nuestras propias manos. A mí me sorprenden las guerras. Me duelen las guerras. Es todo un dolor, una pesadilla amanecer con un nuevo conflicto en cualquier región del mundo. Pero ese conflicto se incubó como se incubó un bicho para hacer un parásito. Las guerras no nacen porque a un loco se le ocurrió así nomás. Son el resultado de la incubación de problemas. La competencia —comprar, vender y ganar— no sólo es una epidemia de un círculo opulento, ambicioso, intransigente y prepotente que se quiere imponer en el mundo. También afecta a nuestras tierras, afecta a nuestras selvas, afecta a nuestra gente; genera oportunismo, genera corrupción, genera parásitos. Pienso en un terrateniente al cual le interesa tener dos vacas en una inmensa cantidad de tierra acaparada y que no sirve para nada más que para la satisfacción de tener allí sus dos vacas. Para tener esa tierra tuvo que matar a varios campesinos. Él es un parásito. Tal vez el remedio sea un nuevo enfoque educativo, nuevos instrumentos para educar. Tal vez sea fortalecer el sistema legal, imponer penas adecuadas a personas que cometen delitos de este tipo y no permitir la impunidad. Tal vez sea crear una cultura de paz. La paz como resultado de nuestros profundos valores y no como resultado de la guerra. Es aquí donde nuestra añejada civilización milenaria, que tuvo sus avances y sus retrocesos, tiene una aportación concreta que hacer.

En los quinientos años que han pasado sobre las espaldas de esa cultura se trató de aniquilarla y destrozarla. Se tuvo que defender. Si se hubiese permitido a esa civilización continuar con plenitud, volar como el quetzal vuela sin prisa, sin prisión, sin amenazas y sin grandes obstáculos y barreras, yo pienso que habría llegado a una nueva era de convivencia con las culturas del mundo. Estoy convencida de que la cultura maya, la cultura azteca, la cultura inca, la cultura aymara, las culturas milenarias están incrustadas en cada comunidad, en cada aldea, en cada cantón, en cada hijo, en cada rincón. Es cuestión de crear nuevos puentes, crear nuevas relaciones y estar abiertos para que contribuya *mayormente* a vislumbrar el futuro común que tanto nos preocupa. Borrar los estereotipos, tener derecho a la verdad. Siempre cuestiono que por qué se dice que los aztecas sacrificaban seres humanos a sus dioses y no se dice cuántos hijos de esta América Abia Yala[40] han sido sacrificados a lo largo de estos quinientos años al dios capital, al dios material.

Las grandes brechas entre ricos y pobres se empezaron a abrir hace miles de años, pero es innegable que se acentuaron hace quinientos años. La cultura multiétnica es una cultura joven que tiene que fundirse con esa cultura milenaria para que

---

40. Nombre indígena de América.

el hombre y la mujer americanos se sientan nacidos de alguien y de algo. Nadie puede vivir sobre la Tierra sin madre o sin padre. Las culturas antiguas son nuestras madres y nuestros padres. Nosotros debemos crecer a través de los años y a través de las propias experiencias. Pero nacimos de algo. El que reconoce hoy a su madre, seguro que conoce que alguna vez nació de alguien, que alguna vez fue chiquito, insignificante, pero de algo nació. Yo no soy una mujer idealizadora de mi identidad. Estoy simple y sencillamente orgullosa de haber nacido nieta de los mayas. Los mayas son mucho más grandes que una nieta, que una generación, que dos generaciones. Somos un puente nada más. Un puente por donde pasarán muchos ejemplos y experiencias. Luego vendrán los otros, los que sabrán aprovechar y asimilar lo que nosotros hayamos dejado y también cultivarán su propia experiencia para dar continuidad a ese proceso de desarrollo de nuestras culturas.

La identidad pasa por la comunidad, pasa por las veredas, pasa por las venas y pasa por el ser y pasa por el pensamiento. La identidad es el orgullo de mis raíces y la creación de lo nuevo. Cada día implica la posibilidad de renovarse, de reflorecer, de rejuvenecer. La identidad no se estudia en un cuarto oscuro. Es la otra sombra. Es como el nagual: la copia, la sombra que acompaña. Es el otro, es la otra que está al lado. Es también la protección. Es algo invisible del ser humano. Porque lo visible es lo encarnado, pero lo invisible es lo que está visiblemente encarnado. Pareciera un juego de palabras, pero esa sombra es el nagual. Puede ser un animal, puede ser una oveja, puede ser un venado o puede ser un coyote. Pero también puede ser un cerro o un árbol. Y puede ser solamente una sombra transportada por los vientos o recorriendo los caminos. Es importante entender que un cerro y un árbol viven más tiempo que un ser humano. Así es la identidad, vive más que uno. Esa otra parte es casi lo mismo que la identidad. Es lo que no se puede ver y tocar, sino ser vivido y construido. Nadie podría pensar en su identidad como algo solitario en el mundo. Todos nacimos de una madre, de un vientre. Y ese vientre pueden ser esas antiguas civilizaciones que cada día hemos ido olvidando o que, por ignorancia, no valoramos o ni siquiera conocemos y que el mundo moderno considera como atrasadas, como simples mitos y leyendas, como algo que ya no vale y como cosa desechable. Pero yo no desecho esto.

168

CAPÍTULO 6

EL TINTE MAYA

En el 80, cuando salimos del pueblo, cargaba conmigo un profundo dolor, una inmensa tristeza. Ya habían muerto mis padres y mi hermano Patrocinio también había muerto. Yo no sabía en dónde estaban mis otros hermanos: Nicolás, Víctor y Marta. Adivinaba, en cambio, que mi hermanita Anita y mi hermana Lucía podían haberse refugiado en la montaña. Lo que pasó efectivamente fue que mis hermanos Nicolás y Víctor, con sus hijos, huyeron por las montañas. Eran parte de lo que se llamó después Comunidades de Población en Resistencia (CPR). No podían sembrar sus frijoles, su maíz. Sólo comían raíces, hierbas, bejucos y lo que fuera. Por cuatro años estuvieron en las montañas sin casa, sin ropa y de un lado a otro. En este tiempo, mi cuñada María, la esposa de Víctor, fue secuestrada por el Ejército y fue decapitada. Su cadáver se encontró cerca de la casa donde vivían mis padres en Laj Chimel. Mi hermano Víctor anduvo solo por las montañas con sus tres hijos. Esos tres hijos, la mayor de los cuales se llama Regina, fueron creciendo. Unos años más tarde, Víctor fue capturado junto con sus hijos. Él había encontrado otra compañera. Se había vuelto a casar y también a ella la detuvieron. Hasta la fecha no sé nada de ella. Creo que tuvieron otro hijo llamado

Víctor pero aún no lo he encontrado. Mi hermano fue fusilado por el Ejército después de ser interrogado y torturado en la iglesia de Uspantán. Mi hermano se negó a aceptar una oferta del Ejército. Le ofrecían que se declarara jefe guerrillero y responsable de la guerrilla y de los enfrentamientos en la zona. Querían utilizarlo para hacer guerra psicológica en contra de la guerrilla. En cambio, le iban a dar no sólo la vida sino también gratificaciones. Querían que acusara de guerrilleros a hombres, mujeres, niños y ancianos, los miembros de las Comunidades de Población en Resistencia. Él se negó a hacerlo y, entonces, fue fusilado. Quedaron vivos Regina y otros dos hermanitos. Esta niña tendría unos siete años.

El fusilamiento fue público para que la gente se asustara. Regina y sus dos hermanitos también fueron capturados. Hasta que mi hermana Rosa Calam de Chivalán los encontró y se hizo cargo de ellos. Rosa es hija del primer matrimonio de mi padre. Cuando mi padre fue capturado para hacer el servicio militar forzado ya estaba casado, tenía tres hijos y, cuando regresó del servicio militar, su primera esposa ya se había casado de nuevo y así es como encontró a mi madre. Mi hermana Rosa se armó de mucha valentía, fue a rescatar a los niños del destacamento y los tuvo con ella.

Pero como ella es absolutamente pobre, no podía mantenerlos. Los niños ya estaban hinchados de desnutrición cuando los sacaron del destacamento. Estaban hinchados. Sólo vivieron algunos meses con mi hermana y ya no sobrevivieron. Nosotros creemos que, cuando los niños se asustan, aunque se les dé de comer ya no viven, se mueren de tristeza. Así les pasó a ellos.

Entonces mi hermana, para intentar salvar a los dos más pequeños, dejó que Regina se fuera a otras casas. Así fue que mi hermana la estuvo ofreciendo para ver si alguna familia se hacía cargo de la niña. En las últimas tres décadas, durante el conflicto armado interno, fue frecuente en Guatemala que un huérfano pudiera encontrar lugar en otra casa y pudiera ser asimilado por una nueva familia. Es un gran valor que tienen nuestras comunidades. En el seno de una familia, los huérfanos inmediatamente encuentran otro hogar. El único obstáculo es el hambre, es la miseria, ya que todas las familias ven morir a uno, dos o tres hijos de desnutrición y aquí los huérfanos corren la misma suerte. También así pasa con los ancianos, los discapacitados y con cualquier persona que no tiene posibilidades de cuidarse por sí misma. Y ante la guerra, a pesar del miedo, surgió un gran compromiso de nuestra gente de atender a la masiva cantidad de huérfanos que quedaron. Hay más de cien mil de ellos en el país. Entonces las familias ofrecen a un huérfano para ver si alguien de la comunidad puede darle una perspectiva de vida y de futuro. Del mismo modo, Regina estuvo de casa en casa en Uspantán. No se hallaba en ningún lugar. Mi hermana también trató de entregarla a las monjas del pueblo, pero las hermanas religiosas tampoco quisieron hacerse cargo de ella. Hasta que hace como tres años mi hermana rescató de nuevo a Regina y volvió a su casa y se quedó con ella. Yo no supe de su existencia hasta después de recibir el Premio Nobel. Encontré a Nicolás, encontré a mi hermana y después me contó que estaba con ella la hija sobreviviente de mi hermano Víctor. Cuando la conocí, le propuse que viniera a nuestra casa para ver si podía convivir con nosotros y ella dijo que sí. Es una niña de pocas palabras, humilde como su madre. Me dicen que por un tiempo ella vivió con un cierto trastorno: no reaccionaba, se le olvidaba todo, no hablaba con nadie. A diario guardaba mucha tristeza en su corazón. Lo único que ha hecho y ha querido es aprender. Como si se le hubieran secado las lágrimas. Seguro que tiene un corazón bien fuerte. Es una niña que tiene muchas cualidades y potencialidades. Durante el tiempo que la conocí nunca habló de sus padres. Cada vez que los recordábamos en la familia, ella sólo hacía un gesto de humildad.

También vive conmigo mi hermana Anita, la última de la familia, la *chi'i'p*, la más pequeña. Ella se alzó en armas en las montañas. Es otra parte del dolor que he vivido. Cuando salí de Guatemala la última vez, mis dos hermanas se habían ido a la

171

montaña. Habían tomado el camino de la lucha armada. Eran muy pequeñitas. Sentía mucho miedo sólo de pensar que les podía pasar algo. ¡Quién sabe cuántas niñas quedaron en tumbas guerrilleras! Y lo peor es que nunca sabremos en dónde quedaron esas tumbas. Esta realidad no la podía contar a nadie. Algo sabían los amigos más íntimos, y se volvió un permanente dolor en mi corazón. Anita, al fin, se refugió en México, ya estaba embarazada. Apenas logró llegar a Chiapas caminando muchos días y muchas noches. Allí nació la hija, mi tocaya, la pequeña Maya Rigoberta. Yo no supe de ella sino hasta después del Premio Nobel. Cuando regresé de Oslo (Noruega) después de haber recibido el premio, llamé a la casa y me dijeron que había una sorpresa, que mi hermanita con sus dos hijos y su esposo me esperaban en casa. No podía creerlo, sólo quería ser fuerte. ¡Tantos años, tantas tristezas! ¡Tantas cosas han pasado! ¡Cuántos recuerdos reposando! En estas circunstancias también las buenas noticias causan dolor. Yo pensé que sólo estaban de visita. Ellos no tenían ningún documento de identidad. Eran gente sin nombre y sin nación. Anduvieron como refugiados dispersos, sin reconocimiento oficial, sin identidad. Yo les aconsejé empezar a documentarse, porque todo el mundo podía hacerlo. Su temor a las autoridades era fuerte.

Porque yo había perdido el rastro de mi hermana chiquita, la más pequeña, la última hija de mi mamá. Tenía siempre la imagen de ella como una niña y, cuando la encontré, traía ya dos lindas nenas de la mano. En medio de la dureza de su experiencia, ¡había aprendido tantas cosas! Obviamente es una mujer política, con una visión amplia de las cosas, incluyendo un buen manejo del español. Había pasado más de diez años en los barrancos y en las montañas de Guatemala. Más de diez años de su vida bajo las altas montañas bajando y subiendo cerros. Nunca más tuvo una casa desde que arrancaron a nuestra madre, desde que quemaron nuestro ranchito en Laj Chimel. Yo, por mi parte, viví más de diez años de incertidumbre teniendo en mi mente la imagen, la figura de una niña. Siempre la guardé en mi corazón y nunca perdí la esperanza de volver a verla sana y feliz. Ella también anduvo de casa en casa por seis meses y después encontró amigos.

Mi familia fue totalmente desintegrada. Mi hermano Nicolás, poco tiempo después del fusilamiento de Víctor, fue capturado con su esposa y sus seis hijos. Estuvieron detenidos en la iglesia de Uspantán por siete meses más o menos. Eso fue en el 83. Los militares habían ocupado la iglesia y la habían convertido en un destacamento militar y centro de tortura. Hasta hace poco no lo desocuparon.

Nicolás fue trasladado a Santa Cruz del Quiché y fue torturado por seis meses. Vio morir a mucha gente en el cuartel militar del Quiché. Hubo un oficial del Ejército que desde que llegó a Santa Cruz del Quiché le dijo: "No te voy a dejar morir". A mi hermano lo habían trasladado en un helicóptero a Santa Cruz del Quiché. Desde que llegó, recibió muchos golpes. Fue torturado también psicológicamente. Todos los que venían con él fueron asesinados y él vio morir a varios de ellos en el cuartel del Quiché. Desde que llegó, el militar le dijo: "No te voy a matar, *cerote*, porque tengo una deuda con tu mamá. Te voy a hacer vivir unos días". No sabemos a qué deuda se refería. Después, el mismo militar le contó a mi hermano que se encontraba en Xejul cuando mamá fue torturada y asesinada.

Lo llevó a otra sección. Lo amenazaban con cuchillos todos los días, se paraban sobre sus pies, lo ponían sentado en el suelo y los militares brincaban sobre sus rodillas. Los torturaban en una celda muy pequeña. Él escuchaba los gritos de la gente que torturaban al lado de su celda. Todas las madrugadas, como a las cuatro de la mañana, sacaban los costales llenos de cadáveres; él nunca supo si los enterraban o los tiraban en algún barranco. Mi hermano se enteraba de todo lo que hacían con la gente antes de matarla. Quién sabe por qué. Tal vez era parte de su castigo. Así vivió seis meses en el cuartel del Quiché. Le habían dicho que le habían matado a todos sus hermanos. Pero otro día le llevaban las fotos de mi hermanita Lucía. Ella sigue siendo guerrillera, alzada en armas hasta la firma de la paz, y le decían que la tenían secuestrada. Después le dijeron que si aceptaba llegar al pueblo a decir todo lo que ellos querían lo dejaban vivo, soltaban a su hermana y a sus hijos. Que dijera a la gente del pueblo que los niños que habían sido capturados habían sido atendidos por el Ejército, que les habían dado comida y medicinas, que los militares eran buenos. Entonces regresó al pueblo. Le hicieron decir que él había visto que el Ejército hacía cosas buenas con la gente. Nunca contó lo que había vivido. Esto era para destruir psicológicamente a las Comunidades de Población en Resistencia y, según ellos, para debilitar a la guerrilla.

Cuando mi hermano llegó, la mayoría de sus hijitos estaban muy hinchados por la desnutrición. Les daban tortillas tiesas o descompuestas en la iglesia que fue su prisión. Después lo soltaron y mi hermano empezó a buscar, a peregrinar pidiendo posada. Ellos han sufrido mucho. Les quedaron huellas de todo lo que han vivido.

Mi hermano y su esposa agarraron a sus seis hijos y se fueron a las fincas. Pasaban de finca en finca aceptando cualquier trato inhumano. Pero tenían la fe y la esperanza de vivir. Tenían tanta fe en la vida de sus seis hijos. Podían morir varias veces, pero finalmente viven. Gracias al creador, gracias a la vida y gracias a la fuerza de nuestros abuelos es que ellos viven y son testigos de la crueldad de la guerra. Mi hermano es un hombre profundamente religioso, tal vez vivió porque rezaba día y noche. Rezaba por cada golpe que los otros recibían antes de morir.

Mi hermano nunca perdió su conciencia. Volvió a querer luchar por Chimel. A partir de entonces le hicieron la vida imposible. Le ponían multa por todo lo que hacía. Como se quedó sin nada, iba de casa en casa para limpiar la milpa de la gente. Así sobrevivieron él, su esposa y sus hijos. Ahora viven en Uspantán. Cuando los soltaron, les dijeron que ellos no estaban totalmente libres. Que en cualquier momento podían llegar a capturarlos de nuevo. Efectivamente, el Ejército llegaba muy seguido a asustarlos. Lo acusaban de estar sacando comida para la guerrilla y se lo llevaban al destacamento. Lo interrogaban durante horas. Ha sido una tortura permanente desde el 83. Más de una década de persecución. No bastaron algunos años de sufrimiento en las fincas para ser libres.

Cuando regresé a Guatemala la primera vez, el 18 de abril de 1988, los militares fueron a capturarlos, a él y a sus hijos. Los llevaron al destacamento. Les dijeron que habían capturado a la gran jefe de los guerrilleros, que era yo, y que iba a ser fusilada. Cuando salimos en libertad, dijeron que era porque yo había denunciado que todas las familias del pueblo tenían vínculo con la guerrilla. Que me habían soltado porque era una guerrillera traidora.

Así pasaron todos estos años. Cuando empezó a anunciarse mi candidatura al Premio Nobel, llegaban los militares casi cada quince días a la casa de ellos a intimidarlos. Cuando me otorgaron el Premio Nobel de la Paz, inventaron que él vendió maíz a la guerrilla y se lo llevaron preso otra vez. Cada vez que se lo llevaban, mi cuñada tenía que vender las pocas cosas que tenía para pagarles a los militares y a las autoridades. Sólo así lo soltaban. La corrupción entre militares y autoridades civiles era bastante fuerte. Tengo todos los documentos de esa persecución. Cada certificado de detención y cada certificado de libertad. Tengo el archivo de certificados que le han dado a mi hermano firmados por todos, aunque no siempre le dieron una constancia escrita. Pues le cobraban su propia intimidación. Hasta alcaldes, los llamados jueces de Paz y autoridades locales militares y civiles participaron en la intimidación. También algunas personas que eran judiciales, ex judiciales, algunos miembros de las PAC, comisionados militares e hijos de terratenientes. En este pequeño pueblo sólo triunfaba la impunidad. A diario se cruzaban víctimas con victimarios y la justicia siempre estaba del lado de los victimarios. Nadie de las víctimas se anima a decir la verdad, pero la verdad está ahí. Tal vez algún día hablarán, cuando ya no sea un grave riesgo decir la verdad, cuando terminemos con la impunidad.

Unos días antes de recibir el Premio Nobel, mi hermano arriesgó el todo por el todo y acudió a la capital de Guatemala. Volver a verlos fue, para mí, la alegría más grande. Fue el premio más grande que recibí. Yo sabía que estaban vivos, pero era necesario negar lo que sabía. Mi hermano se me acercó con mucho temor y con mucho miedo. Nos vimos y hablamos a escondidas, negando totalmente que era mi hermano. Hacíamos un gran esfuerzo por esconder nuestras lágrimas para que nadie descubriera que nos unía algo más. Sólo los compañeros del CUC, sólo las compañeras de CONAVIGUA, sólo Rosalina Tuyuc sabían que era mi hermano. Yo aprendí a llorar sola, para no desanimar a nadie. No podía quedarse conmigo por el clima de terror que había. Podía correr demasiados riesgos. Sólo hasta después de que recibimos el Premio Nobel, mi hermano, sus hijos y la gente del pueblo pudieron tener más tranquilidad. Pero los hostigamientos en su contra continuaron. Siguió recibiendo intimidaciones. Yo misma, antes de venir a establecerme en Guatemala, dudé mucho hacerlo. Porque la represión se mantenía muy alta. Las graves y profundas violaciones a los derechos humanos son todavía nuestra realidad cotidiana. ¡Pensar que son tantos los muertos que ha visto cada centímetro y cada metro de la tierra guatemalteca! ¡Y pensar que son tantos los cementerios clandestinos que están esparcidos en distintos rincones de nuestra tierra! ¡Y también pensar que son tantas viudas y son tantos los huérfanos que viven aquí! Está claro que, si no cambia la situación en su esencia, va a ser muy difícil que los fantasmas de la muerte, los fantasmas de la oscuridad puedan salir de las ciudades, de los pueblos y de las veredas de Guatemala. Siempre recordamos a Mirna Mack. Fue una persona de gran ejemplo de ética profesional, una mujer valiente, ¡de tanto profesionalismo y tanta sabiduría científica! La primera mujer que se atrevió a investigar la tragedia de los desplazados internos, las viudas, los huérfanos de las Comunidades de Población en Resistencia. Fue asesinada con veintisiete puñaladas. La investigación, los testigos, algunos

Los vecinos de Cuarto Pueblo, en Ixcán, departamento de El Quiché, tamizan la tierra en busca de los restos mortales de miembros de su comunidad asesinados en marzo de 1982 durante operaciones de insurgencia del Ejército guatemalteco.

Los *pintos*, militares así llamados porque usaban telas miméticas y se embadurnaban el rostro de negro, fueron los ejecutores del genocidio durante la guerra de Contrainsurgencia, principalmente en los años ochenta. La fotografía se tomó en junio de 1987, durante un desfile militar el Día de las Fuerzas Armadas.

Febrero de 1987. Asentamiento en Saraxoch para ex miembros de la guerrilla, levantado por el Gobierno guatemalteco como parte de su programa de amnistía.

Ex miembros de la guerrilla con la ropa que les han dado en la base militar de Cobán, donde se disponen a recibir adoctrinamiento para instalarse en los asentamientos construidos por el Gobierno.

Bautizo del primer niño nacido en el asentamiento de San Pedro Yepocapa, creado por la Asociación de Campesinos por la Tierra. Este movimiento, que agrupa a unas cien mil personas, utiliza tácticas no violentas para promover asentamientos comunales para campesinos sin tierra.

Un helicóptero de la Fuerza Aérea de Guatemala sobrevuela en junio de 1987 el área de Uspantán, en El Quiché.

Incorporación a la base militar de Huehuetenango en agosto de 1987.
Muchos de los nuevos reclutas son jóvenes indios de El Quiché.

Patrulla de Autodefensa Civil (PAC) a la entrada del municipio de Tres Cruces, en las montañas de Cuchumatán, en agosto de 1987. Fue la etapa de militarización del campo.

Imagen de una deidad maya en Santiago Atitlán, Chichicastenango. Aunque el catolicismo ha sido la religión dominante desde la conquista española, las creencias mayas siguen teniendo un fuerte arraigo y, en las últimas décadas, los protestantes evangélicos han llegado a ser casi un tercio de la población.

Rigoberta Menchú durante una reunión con los indígenas de América del Norte, en Guatemala, el 12 de octubre de 1991.

Con ocasión de la conmemoración del Quinto Centenario de 1992,
Rigoberta Menchú desempeñó una importante labor como portavoz
del pensamiento indígena.

Celebrando en la ciudad de Guatemala, el 17 de octubre de 1992, el
Premio Nobel de la Paz.

El 15 de diciembre de 1992, durante su discurso de aceptación del Premio Nobel de la Paz.

Monseñor Samuel Ruiz, obispo de San Cristóbal de las Casas (Chiapas, México), protector y maestro de Rigoberta Menchú en su primera salida al exilio. La instantánea fue tomada en diciembre de 1993.

Familiares y amigos rodean el cuerpo de Juana Jacinta Felipe, de treinta y nueve años, caída el 5 de octubre de 1995 junto con otras diez personas durante la matanza de Xamán, en Chisec, departamento de Alta Verapaz.

Quetzaltenango, 1996. Miembros de la guerrilla.

asesinos confesos han dejado claro que el asesinato de Mirna
Mack Chang se ejecutó por órdenes superiores de altos man-
dos militares, pero hasta hoy la justicia ha fracasado. Recordamos con tristeza a Dinora Pérez; recordamos con tristeza a
don Jorge Carpio Nicolle, periodista y político que siempre
jugó su papel en la edificación de un país democrático. Hacía   177
oposición legal y no pudo evitar la muerte. Poco tiempo vivió
don Jorge Carpio Nicolle después de que su primo Ramiro de
León Carpio había asumido la Presidencia. Tampoco esto fue
suficiente para que triunfara la justicia.

Lo más terrible es que en Guatemala se sabe quién mata.
Los únicos que no lo saben son los jueces. Ellos, por cuestiones
legales, siempre los declaran inocentes o dicen que no lo saben,
pero todo el pueblo sabe quién mata, y eso se comenta y se
vuelven leyendas y se vuelven conflictos permanentes. Así es la
historia de la impunidad. Valoro profundamente a la gente que
lucha por cambiar esta situación, estoy segura de que cada día
algo cambia pero siempre en un proceso lento y complejo. Rindo homenaje a los jueces y magistrados que a diario se arriesgan
para cambiar ese régimen de impunidad. Rindo homenaje a los
hombres y mujeres que hacen honor a la ética profesional.

Para algunos sigo siendo la india, la mujer abusiva, la sub-
versiva, la que nació en cuna humilde y la que no tiene conocimientos. Sigo siendo la doméstica, la sirvienta, como dicen
algunos mestizos de la capital. Hay tanta envidia porque una
mujer indígena protagoniza pequeños espacios de liderazgo en
el país. Cada vez que tengo que hacer algo en Guatemala, tengo
que cubrirme las espaldas de los que tienen el poder en sus
manos. Hubo y hay tanto hostigamiento a mi persona que espe-
ré muchos años para regresar. Cada vez que volvía a Guatemala,
recibía una carta de amenaza. Siempre que llegaba recibía intimidaciones. Pero eso ya me suena casi como la tortilla de todos
los días. Lo que sí es duro es aceptar que algunos medios de
comunicación usan sus recursos para tratar de desprestigiar mi
papel. Tengo que temer no sólo a la muerte sino a la posibilidad

del hostigamiento político por parte de los sectores que jamás podrán soportar la presencia destacada de una indígena en política. Les cuesta compartir conmigo el mismo escenario, pero yo no tengo la culpa, ni tengo ganas de hacerme a un lado. No los dejaré solos. Nuevas generaciones tendrán que nacer y nuevas generaciones tendrán otra mentalidad y otra manera de convivir en nuestro país, para que indígenas y no indígenas podamos destacar en la historia y jugar un papel en beneficio de nuestra sociedad. En las poquísimas ocasiones que recibo una tarjeta de invitación para un acto oficial de los gobernantes, dice que debo llevar traje oscuro. O se equivocaron de puerta o se olvidaron que yo soy multicolor y estoy muy orgullosa de serlo.

Pero volviendo a mi hermano Nicolás, cuando yo todavía vivía en México, un día se le ocurrió ir a verme. Llevaba consigo un puñito de achiote, un poquito de chile y un poquito de pepitoria, un poquito de pepita de chilacayote. Iba pensando: "Mi hermana es muy respetada, dicen, por lo mexicanos". Iba vestido como campesino, con su sombrerón, su morralito y todo eso. Llegó al aeropuerto de la ciudad de México y entonces le dijeron: "A ver, sus papeles". Y se lo llevaron a una sala aparte. Le preguntaron:

—¿Quién eres tú?

—Soy Nicolás —dijo él.

—¿Y qué vienes a hacer aquí?

—A pasear.

—Pero ¿por qué vienes aquí?

—A pasear.

—¿Cuánto dinero traes? Demuestra tu cuenta bancaria.

—No tengo cuenta bancaria.

Entonces le revisaron sus papeles y de nuevo le dijeron:

—Pero es que tú no puedes estar en México. No puedes estar aquí. ¿Y qué traes ahí?

—Achiote, un poco de pepitoria y un poco de chile.

—¿Y qué es el achiote?

—Pues lo pueden ver.

Y lo vieron. Y entonces le dijeron:

—Bueno. Es muy sospechoso esto del achiote.

Y lo pasaron a otro lugar. Y entonces lo mismo.

—¿Cómo te llamas?

—Nicolás.

—¿Y qué traes allí?

—Achiote, pepitoria, chile y pepita.

—¿Y para quién?

—Para mi hermana.

—¿Para qué sirve?

—Para comer.

Entonces le preguntaron que de dónde venía. Y él les dijo:

—Vengo del Quiché. Vengo de Uspantán.

(Muy orgulloso él como para decir: "Vengo de Chimel".)

Entonces le insistieron:

—No. Es que tú no puedes pasar. ¿Tienes dinero?

—No —respondió—. Pero mi hermana se encargará de mí cuando llegue.

En fin, lo pasaron a las oficinas del jefe. Y lo mismo.

—Bueno, ¿y qué has hecho?

—Nada —dijo él—. Sólo vengo a México a pasear y vengo a ver a mi hermana.

—¿Y quién es tu hermana?

—Rigoberta.

—Pero Rigoberta qué.

—Rigoberta Menchú Tum.

Se quedaron sorprendidos. Se le quedaron mirando.

—No —dudaron—. Tú te estás haciendo pasar por hermano de doña Rigoberta Menchú.

—Bueno. Ustedes lo sabrán, si creen que les estoy mintiendo. Pero crean en mi palabra.

Y entonces le devolvieron de nuevo su achiote, sus cosas que traía y después le dijeron:

—¿Por qué no dijo antes que era hermano de la señora Menchú? No, hombre. Si a doña Rigoberta la queremos mucho.

—Pues eso me habían dicho y yo pensé que ustedes me querían a mí también. Eso me habían dicho. Creía yo... que nos querían mucho.

Menos mal que le tocaron agentes migratorios que me conocían, porque seguramente hay otros que no me conocen ni de nombre. Lo habrían devuelto a Guatemala sin haberse fijado siquiera en su nombre. Mi hermano me dijo que se había guardado mi nombre hasta el final. Dijo que si lo hubieran regresado, no habría dicho quién era hasta en la puerta del avión de regreso. De todos modos, desafiar fronteras es muy duro y muy triste. Así es el mundo que impone la fama. No cuentan los demás, no cuentan los seres queridos. Yo sé que cuando preguntaron por su cuenta bancaria le dio risa, porque él nunca creyó en los bancos. Para él los bancos sólo se dedican a robar tierras o bienes de la gente. Un campesino que pide un préstamo en un banco tiene que hipotecar todo lo que tiene, cuando no puede pagar los intereses le quitan todo. Sé que los míos no serán recibidos de la misma manera, porque no tendrán los mismos diplomas que yo. Lo que no sabe mi hermano es que a diario me pasa a mí igual. La fama de un premio Nobel como yo sólo cuenta en algunos lugares.

Una vez veníamos de Ginebra, luego de una sesión en las Naciones Unidas. Tomamos una línea aérea para los Estados Unidos. Fuimos revisados en el aeropuerto de Ámsterdam y fuimos registrados como si fuéramos delincuentes peligrosos. Nos interrogaron, nos preguntaron si no había algo en la bolsa que tuviera forma de cuchillo, que si no cargábamos armas, que si no cargábamos una bomba, que si no teníamos cualquier cosa y nos hicieron una interrogación completa en el aeropuerto de Ámsterdam antes de abordar el avión. Les respondimos muy pacientemente todo y les respondimos todas sus preguntas, hasta las que daban risa, pero eran autoridades y había que respetarlos. Finalmente llegamos a Minneapolis y nos fue a recibir un delegado de la línea aérea que nos transportaba. Porque íbamos a un foro del Instituto Nobel de la Paz en esa ciudad.

Llegamos a migración y la funcionaria sólo se nos quedó viendo. No sé si dudó o si no nos reconoció, si antes de levantarse se había peleado con alguien o tenía dolores en algún lado, o simple y sencillamente la cara indígena le sorprendió a la funcionaria. Entonces le dijo a mi asistente, que era norteamericana, que pasara. A mí, en cambio, me retuvo. Mi asistente respondió: "No, yo no paso porque vengo con la señora Menchú". La funcionaria insistió, ya le estaban saliendo algunas palabrotas de mal educada.

Entonces yo intervine:

—Pues no es usted la que tiene que decidir si pasa o no, ¿verdad?

Y entonces comenzó a revisar mi pasaporte con minuciosidad. Lo investigó en la computadora y finalmente miraba la visa extendida desde México y lo recontrachequeaba por fregar. Después dijo:

—¿Me puede responder unas preguntas?

Yo le respondí:

—Señora, con mucho gusto, pero ya le llené el formulario.

La señora se puso muy prepotente, como si tuviera todo el poder de los Estados Unidos en sus manos. Entonces me llevó con otro funcionario, le entregó los papeles como si yo fuera una gran sospechosa o como si hubiera cometido una falta. Éste sólo me miró vestida de indígena y, sin haber leído ni visto mi pasaporte, me empezó a dar un trato intimidatorio. A veces puedo fingir que estoy intimidada. Pero sinceramente nunca me dejé desde los primeros años, y más cuando mis callos se van endureciendo. Tuve que desafiar, así, de esta manera, a las autoridades *gringas*, a las autoridades suizas, a las autoridades italianas, a las autoridades mexicanas, a todas las fronteras del mundo me les enfrenté con mucha energía. Yo dije siempre que no tenía nada que ocultar, siempre y cuando no haya cometido una falta que les diera la razón. Yo vi —porque me gusta observar esas cosas, pues aprende uno— que el señor era verdaderamente insolente. Entonces le dije:

—Señor, disculpe, pero le respondo las preguntas que considero que debo responder. Lo que considero que no debo responder no se lo respondo.

Entonces se puso peor, porque creía que yo había pasado sobre su autoridad. Me amenazó con quitarme la visa.

—Bueno —le dije—, si a usted se le antoja quitarme la visa, no se preocupe. También me puedo tomar el avión a otro lugar y no tendría problema. Si por algún motivo debo vivir en algún país del mundo, téngalo por seguro que no será en los Estados Unidos.

Entonces me siguió preguntando y cuando me di cuenta de que era un verdadero interrogatorio —me preguntaba sobre el por qué vivía en México, qué comía, quiénes eran mis amigos, si había sido alguna vez afiliada a un partido político de oposición, si había sido esto, si había sido lo otro— le reclamé:

—Mire, señor, disculpe, pero yo tengo derecho a un abogado por el tipo de interrogatorio que usted me está haciendo. ¡Lo siento! Usted me está tratando como delincuente o prisionera. Yo tengo derecho a un defensor de oficio.

El tipo hizo una gran cantidad de berrinches hasta pasarme con otro oficial, que era su jefe. En tanto, los señores de protocolo de la línea aérea estaban afligidos. No sabían qué hacer. Ellos habían tratado de razonar con el funcionario, le habían dicho:

—Es que nos han recomendado a la señora y por eso es que nos comprometimos a acompañarla.

Pero el abusivo no oía. Era insolente y prepotente. Pues vino el jefe y me dijo:

—¿Quién es usted?

Y yo le contesté:

—¿Y usted quién es?

Me respondió:

—Usted sabe que está hablando con las autoridades y las autoridades pueden hacer con usted lo que quieran.

Y yo le rebatí:

—Sí, tiene en sus manos hacer conmigo lo que quiera, pero antes de que haga conmigo lo que quiera, yo necesito un abogado y por lo tanto no voy a hablar con usted, si no es a través de un abogado.

—No —me dijo—. Aquí no tiene derecho de abogado ni de nada.

183

Y empezó a hacer sus preguntas y entonces ahí es donde me salió el tinte maya, como también me sale siempre el tinte mujer. Le dije al señor:

—Mire, en primer lugar no tengo la mínima obligación de responder a las preguntas que usted me hace, no acepto responder a ninguna pregunta que no sea normal en una frontera. Las interrogaciones que me están haciendo sólo se responden en un juzgado o frente a un abogado defensor y de mi confianza, por lo que yo no le voy a responder. Segundo, quiero saber cuáles son las razones por las que me tienen aquí desde hace más de una hora y por qué. Porque me encanta encontrar gente que abusa de su autoridad. Y esto, para mí, es abuso de autoridad. Y yo condeno plenamente el abuso de autoridad. No tengo problemas en recibir las lecciones de usted; si usted quiere, tengo todo el tiempo del mundo, porque lo estoy aprendiendo muy bien y le aseguro que será una gota más de mis experiencias.

Entonces él me aclaró:

—Es que normalmente hay gente que entra a los Estados Unidos con visas falsas.

—Bueno, ¿qué quiere decir con eso? ¿Cree que mi visa es falsa?

—No, es que usted sabe que hay corrupción en todas partes y hay algunas embajadas norteamericanas que podrían extender visas por conveniencia y podrían haberle dado una visa no correcta.

—Si hay corrupción en su Gobierno —le contesté—, eso no me incumbe. No es mi problema. Eso les incumbe a los norteamericanos y a su Gobierno. Y si duda de sus autoridades en México o en cualquiera de sus embajadas, eso tampoco es mi problema. Yo vengo aquí con mis documentos con conformidad a la ley, como respeto las leyes de todas las fronteras.

Él, para tratar de justificarse, añadió:

—Es que aquí en la computadora aparecen unas claves que dicen algo. Usted tiene algún récord antes del 92. Si usted no quiere que la meta en una clave especial, entonces respete.

Yo le dije:

—Si usted tiene algo de mi archivo, qué bueno. Me ayudará a escribir un buen libro.

Había una gran carga de intimidación en sus palabras.

—Bueno —cerré la discusión—. Métame en cualquier lado de la computadora pero déjeme salir, porque estoy cansada de oírlo. Simplemente no tolero la prepotencia y el racismo de gente como usted. Tampoco es mi culpa que usted haya sido educado de esta manera.

Y, en fin, fue una hora y media de soportar a un funcionario. Cuando al fin salí, pensé en lo hermoso que parecía el Premio Nobel. Significaba honor, significaba alfombras de bienvenida, significaba cortesías, significaba muchas otras cosas. A la pregunta numerosa de los periodistas, de los generosos admiradores y admiradoras de si el Premio Nobel de la Paz había cambiado mi vida, yo, en algún momento, había respondido: "Bueno, naturalmente cambia la vida porque se abre una puerta grande por la que tengo la dicha de entrar".

Efectivamente, ha cambiado mi vida. Pero por otra parte pensaba que no cambiaría tanto, porque simple y sencillamente la cara de pobre y la cara de india, la cara de mujer india que cargo parecía difícil cambiarla y entonces ésa me la cargué conmigo toda la vida. El Premio Nobel de la Paz es vitalicio, pero también son vitalicias mis convicciones y la cuna donde nací. Por lo que el Premio Nobel de la Paz tendrá que hacer su propia historia conmigo.

Esa idea la sentía maravillosamente fundamentada en el momento en que salimos del aeropuerto, porque dije: "Quizás el Premio Nobel de la Paz cambió mucho de mi vida. Pero esto es una prueba, un primer testimonio que me pasa después del premio, por lo que afortunadamente mi cara de india, mi cara de mujer, la cuna maya no me la puedo quitar de encima". Al mismo tiempo me daba mucha tristeza, pues si eso me pasaba a mí con todo y Premio Nobel, con todo y que he mandado mensajes al presidente de los Estados Unidos, y esos mensajes han recorrido el mundo, si eso me pasaba a mí, qué no podría pasar con los 185.000 guatemaltecos ilegales en los Estados Unidos. A ellos se les ha negado un mínimo derecho de trabajar y se les ha negado una ley que los proteja. Qué no pasaría con ellos, qué no pasaría con los emigrados, qué no pasaría con nuestra gente que son varios millones en los Estados Unidos, y cuánta gente, en mi lugar, no habría sido deportada inmediatamente. Y que un funcionario de octava categoría no se molestó en escucharle una sola palabra. Para una gente que no tiene mi experiencia, pasar por tres, cuatro o cinco autoridades que te intimidan y te interrogan ha de tener el efecto de matarla del susto. Se muere de miedo y más cuando esta gente sabe que nadie va a defender sus derechos. Nadie los va a escuchar y mucho menos que le den la razón. En mi caso, pues yo hacía una conferencia de prensa y todo el mundo se solidarizaba conmigo, hasta era un momento de gratificación, hasta era mi orgullo como ciudadana común. Pero para la gente que no tiene ningún amparo en las fronteras, las cosas se iban a poner muy duras. Como si ser pobre en este fin de siglo fuera un delito, un delito universal, porque se vuelve un delito universal en la medida que uno tendrá las trabas y las leyes que desafiar en cualquier frontera del mundo. Guardo en mi memoria tantas anécdotas de trece años recorriendo fronteras. Soy una ciudadana muy privilegiada. Sé que en cada frontera hay hombres y mujeres sensibles, humanos, educados y buenos, pero también abunda gente que no tiene esas cualidades y valores. No todo es malo; ¡recuerdo a tantos amigos y amigas que conozco en cada aeropuerto, en cada frontera que he cruzado! ¡Guardo en mi corazón el recuerdo a tanta gente que recibirá mi gratitud por medio de este libro...!

Este fin de siglo ha puesto en relieve la extrema marginación de algunas categorías de seres humanos. Me parece que un ejemplo exasperado de estos conflictos se ha dado con la guerra en la ex Yugoslavia, en donde la mayor violencia la han sufrido las mujeres. La mujer siempre fue violentada, en toda la historia de las guerras. La esencia de una madre, lo más profundo de una mujer siempre fue utilizado como arma de guerra, en todas partes y todas las épocas. No hubo ninguna guerra en donde no se violó a la mujer. En este caso, de nuevo, en esa aberración llamada *limpieza étnica* en la ex Yugoslavia, no sólo es horroroso, no sólo es condenable, no sólo es la repetición de los errores que cometió la humanidad hace cincuenta años con el fascismo y los nazis, no sólo eso, sino que toda esa crueldad vuelve a ocurrir en una época en donde todo el mundo pregona desarrollo, donde todo el mundo pregona progreso, donde todo el mundo pregona modernidad. A mí me ha conmovido profundamente cuando me he dado cuenta de que este método se aplica a las mujeres. Forzar a la mujer para que de sus entrañas salga el fruto de una violencia es muy doloroso. Si las mujeres del mundo fuéramos consecuentes y estuviéramos unidas y estuviéramos organizadas, romperíamos el silencio de las fronteras con nuestro repudio y haríamos de la causa de esas mujeres nuestras banderas de lucha imborrables en la memoria. En nuestra memoria como género, como generadora de vida y creadora de esperanza. Esas mujeres no pueden y no deben pasar desapercibidas para nosotras.

Porque es como una maldición sobre la gente. La madre ya no será aceptada en su religión musulmana, porque fue violada por un extraño. ¿Qué esperan esos hijos al nacer? Parecen como sacrificios humanos al finalizar el siglo XX. Una violación de una madre musulmana es igual que sacrificar a un ser humano al dios guerra, al dios capital, al dios poder. Tiene que ver con la repartición de bienes hoy, tiene que ver con la ambición de unos cuantos, tiene que ver con la enajenación de los hombres y las mujeres y tiene que ver con la prepotencia militar. Yo, mujer musulmana, mujer víctima de esta situación, ¿cómo podría sentirlo? ¿Cómo aguantaría mi propia piel? Es lo que tiene que pensar el mundo. Ponerse en su lugar. A mí me ha extrañado mucho que algunos se hayan tomado el derecho de darle una orden a esa madre sobre lo que tiene que hacer. Sobre todo, la polémica que se desató, y que todos conocemos, sobre si las madres tienen o no opciones de practicar el aborto del fruto engendrado por la violencia. A pesar de que grandes líderes mundiales han dicho que ese aborto sería un pecado, yo respeto profundamente la decisión de esas madres. Me atrevo a decir que nunca coincidí con esos líderes cuando discutían y pedían a esas mujeres que no abortaran. Yo siempre respeto mucho a los grandes líderes de la humanidad. Pero esta vez me dio escalofríos. Se contradijo con mi propia ética. Su mensaje se contradijo con mi propia experiencia de víctima. Sólo una mujer violada sabe el significado de esa crueldad y es ella quien tiene la autoridad absoluta para determinar la mejor manera de enfrentarlo.

Cuando llegaron los españoles hace quinientos años violaron a nuestras abuelas, a nuestras madres, justamente para crear un mestizaje. Violencia y crueldad que hasta la fecha seguimos viviendo. Usar un método abominable para crear un mestizaje, para crear un niño que no sabría después cuál era su identidad, con la cabeza al otro lado del mar y el pie en este lado. Es lo que ocurrió en nuestra América. En realidad el problema no está en admirar otras culturas, el problema está en la imposición de una cultura sobre otra. El mestizaje en América nunca fue producto de un proceso de entendimiento dentro de la sociedad. Tampoco esto significa que el mestizaje sea una maldición indeseable o que el mestizaje sea malo: es la convivencia de culturas, y nuestras culturas tienen que aprender a convivir.

En cambio, hay intelectuales como José Carlos Mariátegui que desafiaron las reglas mismas que impone la sociedad.

Esas reglas que pretenden la desvalorización de sus propias raíces, de su propia realidad. Ésas son las personas que hacen historia. Porque son parte de nuestra identidad como continente. Su pensamiento ha trascendido en los pueblos y en sus luchas. El pasado no puede quedarse en un pasado de leyendas. Debe ser fuente y sostén, debe ser pilar también de un presente y de un futuro. Todo lo bueno que se ha producido en el continente, incluso los análisis que muchas veces hemos visto como superficiales, como no muy adecuados en una época, hay que retomarlos y revivirlos. Tenemos que fundir nuestras dos culturas. Nuestras culturas milenarias hay que fundirlas con las culturas jóvenes. No se trata de decir que uno es más perfecto que el otro. El problema es que a veces se impone uno para tratar de erradicar al otro. Yo pienso que no debemos erradicar nada ni a nadie, sino más bien tejer una perspectiva de convivencia intercultural. Éste es el momento para que se empiece a fundir esa concepción milenaria de nuestros pueblos con las culturas que han sido producto de la colonización. Entonces la vida de los pueblos será una cultura rica. La potencia de la identidad del continente americano radica en ese privilegio de tener raíces milenarias y, al mismo tiempo, una cultura joven.

Las crisis que vive una sociedad también son parte de su historia. Es ahí en donde hace camino. Es ahí donde se forja una cultura. La historia no se puede modificar, no se puede cambiar, no puede retroceder. Pero tampoco puede ser un refugio de lamentaciones para no cambiar el futuro. El futuro puede forjarse de otra manera. El futuro lo podemos mejorar. Lo caminado fue lo caminado. Creo que fue un error cuando se empezaba a hablar del Quinto Centenario como trinchera de combate. Mucha de nuestra gente quería volver a hacer lo que era el inca, el maya hace quinientos años. Eso es mentira. ¡Cómo vamos a volver a ser iguales! Incluso en la ley del tiempo de los indígenas siempre se entiende que el tiempo es largo y ancho y tiene sus signos. Y cada signo es diferente. Puede ser un signo de tiempo en una generación de liderazgos, puede ser un signo de tiempo en todo un periodo muy grande, pero eso es un signo de tiempo y no se puede ir contra ello. Pero, por el otro lado, se enaltece a los vencedores en lugar de aceptar que siempre hay algo que corregir.

Mucha gente piensa que los indígenas hemos sido espectadores de estos quinientos años, pues dicen que somos los vencidos. Efectivamente, ha atravesado por nosotros el racismo, la discriminación, la marginación, la opresión. Somos el pueblo que podría testificar con más precisión las consecuencias de una colonización, las consecuencias de las cadenas de una explotación viva, las consecuencias de una discriminación humillante, absoluta, y somos un poco más precisos y visibles en este sentido. Pero es bueno recordar que los pueblos indígenas hemos forjado las grandes ciudades con nuestras manos. Hemos levantado las obras más grandes con nuestro sudor. Hemos calculado nuestros pasos, hemos impuesto nuestro ritmo al edificar. También hemos contribuido a forjar la rica diversidad de nuestros pueblos en América. Tanto, que nadie podría diferenciar hasta dónde llega lo indígena y hasta dónde no llega lo indígena. Porque la cultura tampoco es pura. Es una dinámica. Es algo dialéctico. Es algo que camina, que evoluciona. No puede decir uno esto es puro y esto no es puro, porque la pureza en esto nadie podría determinarla. Yo pienso que nuestros pueblos nunca fueron espectadores ajenos, pasivos. Todos los avances nos pertenecen porque hemos contribuido a ellos, aun dentro de la más completa y compleja diversidad étnica y cultural. Yo creo que la absolutización de las cosas es dañina. La absolutización genera sectarismo, intolerancia, aislamiento, radicalismo. Durante todo el proceso de conmemoración del Quinto Centenario vimos varias actitudes en este sentido. Desde hermanos que creen que la pureza de las culturas mayas, inca, azteca debe seguir existiendo; otros hermanos que proclaman un signo de tiempo favorable para la hegemonía de las culturas milenarias, hasta los que creemos que el destino de la humanidad es intercultural. Es la unidad dentro de la diversidad.

Yo creo que el rescate de profundos valores milenarios ya no sólo es el interés de pueblos indígenas. Este concepto lo encontré más en los *ajq'iij* —sacerdotes mayas—. Los sacerdotes mayas no se ocuparon en decir que si los abuelos eran mejores o peores, o que si uno era más puro o menos puro, que si los ladinos debían ser más puros o menos puros, o si los ladinos deben ser indígenas. También nos enseñaron que la guerra destruye la dignidad indígena, destruye la unidad. Por ejemplo, si estás afiliado aquí, entonces eres un indígena puro. Si no eres de mi grupo entonces no eres puro. Los *ajq'iij* no se perdieron en esos diferentes tópicos. Los *ajq'iij* eran muy sencillos. Decían: "Ha llegado la hora de que caiga la lluvia, que la lluvia haga retoñar la semilla, nuestra semilla que está reposando sobre la Tierra y que florezca nuestra cultura. Que la discordia se aleje de nosotros". Dijeron que era la hora de la lluvia. La hora de la claridad. Iniciaba la claridad de nuestros caminos. La claridad nos iba a identificar y nos íbamos a volver a reconocer en nuestros rostros, se iban a reconstruir nuestros pensamientos. Se llenó un ciclo, se llenó un periodo. Y ahora estamos en otro.

Esto se relaciona mucho con el tema del medio ambiente, pues parece ser uno de los argumentos centrales del nuevo periodo. Lo más positivo que aportó la Conferencia Mundial de Río de Janeiro sobre el medio ambiente fue que generó debates que vinieron desde las comunidades indígenas hasta los salones de casas elegantes. Intelectuales, políticos y Gobiernos discutieron sobre el medio ambiente. Yo estuve en un sinfín de conferencias convocadas por organizaciones y grupos de mujeres. También en una gran cantidad de conferencias de jóvenes. La juventud como que renovó su lucha y su conciencia a partir del debate sobre el entorno ambiental. Cada vez se ha ido cimentando un proceso de concienciación y, si hay conciencia de un problema, también hay acción y, si la acción es propositiva, entonces hay solución. A veces se convierte en moda, pues la costumbre del mundo es comprar, vender y ganar; es la moda. Este impacto a veces es negativo. Pero aparte de eso, yo pienso que los últimos años han sido muy fructíferos para la concienciación sobre nuestro entorno. Antes lo sabíamos a través del abuelo y lo sabíamos a través de la mamá. Se transmitía de generación en generación y sin más podía haber un mínimo debate en la comunidad. Este tiempo como que nos obligó a dar un salto cuantitativo y cualitativo en todo el mundo, donde nosotros los indígenas también daremos una contribución. Salimos al mundo a decir: "Señores, hay que romper el silencio porque nosotros queremos hablar de lo nuestro, queremos a nuestra madre Tierra, queremos la vida". Yo pienso que hay una gran perspectiva en esta situación. Sólo que a veces olvidamos que muchos de los frutos vendrán cuando hayamos tomado tiempo para sembrar, y habrá tiempo para cosechar. Muchos de nosotros no veremos las reacciones de la humanidad en un tiempo cercano. Tal vez mucho de lo que se esté haciendo ahora sean nada más las reivindicaciones de las semillas vivas. Esas semillas vivas tendrán que reengendrarse y tendrán que florecer de nuevo.

HEREDERA DE UN PUEBLO MILENARIO

Existe una interminable discusión sobre la diferencia entre pueblos indígenas, minorías étnicas y sectores vulnerables. Desde hace casi dos décadas, las Naciones Unidas comenzaron a abordar el tema. Creo que existe una profunda diferencia entre lo que son los pueblos indígenas, las minorías como tales y los sectores vulnerables. Cuando hablamos de minorías étnicas, estamos hablando de un concepto muy amplio. Empezando por la diversidad religiosa y cultural que puede existir en los países asiáticos, en los países africanos y también en los países del este de Europa. Se trata de pueblos que, en realidad, tienen origen distinto y otras características que los pueblos indígenas. Naturalmente, hay que escuchar y conocer a estos pueblos para responder a sus demandas. Pero muchos Gobiernos creen que polemizar o tergiversar la discusión sobre la cuestión indígena y mezclarla con el tema de las minorías étnicas es una manera de atrasar los avances legislativos en los derechos de los pueblos indígenas, en las Naciones Unidas o en las instancias regionales gubernamentales, como la Unión Europea o en la misma Organización de los Estados Americanos. De esa manera, evitan el avance del reconocimiento y respeto de los derechos de los pueblos indígenas, así como los derechos de las minorías.

En América, hemos entendido por pueblos indígenas a aquellos que Cristóbal Colón confundió con los habitantes de la India hace más de quinientos años. También son indígenas aquellos pueblos donde se acentuó la colonización de una manera precisa o aquéllos donde la colonización no ha terminado. Por ejemplo, los hermanos del Pacífico viven todavía la colonización, por lo que podríamos considerarlos como pueblos originarios o pueblos indígenas. Aquí, en este gran continente nuestro, no se necesita mucho estudio para saber quién es indígena y cómo es un pueblo indígena.

Pienso que el derecho de las minorías va mucho más allá de una reivindicación coyuntural, económica o política. Tiene un aspecto de reivindicación religiosa. Tiene características propias que han ido creando algunos rasgos de su identidad también. Pero para abordar el tema de las minorías hay que tomar en cuenta un conjunto de valoraciones sobre realidades muy concretas. Se necesita tener la capacidad de reconocer que es un tema amplio, serio, profundo y complejo. No se trata de una simple definición académica. En los últimos tiempos, las minorías crecen porque la sociedad capitalista en que vivimos es una sociedad que fragmenta la unidad a nivel nacional. La sociedad es cada vez más marginadora. Entonces llega un momento en que ya no sólo tiene contenido étnico-religioso sino de resistencia y de sobrevivencia frente a una sociedad excluyente. Me refiero a que en muchas partes del mundo se incrementa la proliferación de nuevas corrientes religiosas, ideológicas y políticas para tratar de dividir a grandes poblaciones en pequeñas sectas y pequeñas castas. Convierten a la población en un arma de diversidad que se enfrenta al proceso natural de relaciones armoniosas entre diversidad y la unidad nacional. Es una realidad que conocemos muy de cerca en América, en donde se experimentan nuevas corrientes religiosas que se imponen el objetivo preciso de fragmentar a la sociedad, de dividirla entre sí. Las minorías en el poder implementan toda una serie de mecanismos de represión institucionalizada para lograr el dominio sobre la mayoría.

Cuando hablamos de minorías en Guatemala tendríamos que ubicar justamente quiénes son los sectores minoritarios. Ya no sólo podemos hablar de minorías que para unos ya son comunes, es decir, los sectores vulnerables: los niños de la calle, los discapacitados, los ciegos y sordomudos, los lisiados de guerra, las viudas, las víctimas, los más pobres entre los más pobres, las sectas religiosas, los afectados por el síndrome de inmunodeficiencia adquirida (sida) y otros. Estas minorías pertenecen a los distintos grupos étnicos. Podrían ser minorías en relación a una población mayoritaria afectada por la guerra, por los profundos problemas económicos, políticos, culturales y sociales.

Cuando hablamos de pueblos indígenas, no estamos hablando de la fragmentación de la sociedad. Estamos hablando de las culturas milenarias que nacieron como parte de las grandes civilizaciones que dieron origen a nuestra humanidad y hoy, finalizando el siglo XX, son parte integral de la esencia de Guatemala. La diversidad étnica y cultural es la naturaleza de Guatemala. Los sectores más vulnerables que forman parte de las minorías tienen muchas luchas comunes con los pueblos indígenas. Son incomprendidos, son marginados, son subestimados, son reprimidos. Tienen un acercamiento mucho más válido que cualquier otro sector, porque la discriminación que viven los pueblos indígenas también la viven los sectores vulnerables o las minorías, porque el desprecio que viven los pueblos indígenas también lo viven todos los sectores marginados en la sociedad, y el anhelo de conseguir un nuevo orden legal también es una demanda de los sectores discriminados. Pienso que las luchas son comunes. Las mujeres, los indígenas y las minorías en el mundo deberíamos estar absolutamente próximos en la lucha por intereses comunes. Deberíamos ser actores que abrazamos esas luchas porque vivimos las mismas consecuencias del racismo, la discriminación, la explotación y la tergiversación de nuestra propia realidad.

Yo me niego a hablar del tema de los pueblos indígenas dentro del marco de las minorías étnicas. Hay una gran diferencia entre una minoría y un pueblo originario o milenario que tiene una cultura antigua, que tiene una cosmovisión, que tiene una filosofía de la vida, que se radica en la historia. Una minoría religiosa puede tener una filosofía de creencia pero no necesariamente posee la raíz de un pueblo milenario y de una cultura milenaria. Sobre todo cuando en buena medida las minorías son producto de los profundos problemas que atraviesa la humanidad. Los mayas somos parte de las grandes civilizaciones antiguas del planeta. Somos parte de las primeras naciones. No somos una minoría étnica o religiosa. En buena medida es el sistema capitalista quien produce a las minorías. Cada vez surgen más minorías sobre la Tierra, pero muchas de ellas no tienen raíces históricas. Muchas veces es una manera común de resistir, de defenderse, de sobrevivir juntos, de luchar juntos por un ideal común. Los problemas han ido lejos y los humanos necesitamos trazar metas para alcanzar nuestros ideales. Sería injusto no hablar aquí de los emigrados, por ejemplo, que constituyen una minoría con derechos específicos. Los pueblos originarios tienen otras leyes y otras normas que les permiten su existencia. Conscientes de que no son la misma cosa, los pueblos originarios y las minorías deben luchar juntos, sobre todo en este fin de siglo marcado por una crisis económica que favorece el repunte de actitudes y organizaciones racistas y neofascistas.

Una de las peculiaridades que distinguen a los pueblos indígenas de las minorías étnicas es la elaboración de un pensamiento respecto de la Tierra. Una minoría étnica puede estar concentrada en áreas urbanas o en cualquier lugar sin necesariamente ser miembro de un colectivo o una comunidad como tal, mientras un pueblo antiguo construye su pensamiento en relación con el universo: la Tierra, el mar, el cielo, el cosmos. Necesita una comunidad para su existencia y es la comunidad quien garantiza la continuidad de la transmisión de su pensamiento a sus generaciones. La madre Tierra no es simplemente una expresión simbólica. Es fuente. Es raíz. Es origen de nuestra cultura y nuestra existencia. El ser humano necesita de la Tierra y la Tierra necesita del ser humano. La convivencia equilibrada sobre la Tierra es lo que se ha ido minando. Según los testimonios de nuestros ancianos, las antiguas civilizaciones, las primeras naciones poseían esos valores. En todos los aspectos de la vida debe existir siempre un equilibrio y una de las fuentes más importantes del equilibrio es la comunidad.

Es justamente lo que se ha perdido hoy. Las personas sobre la Tierra ya no se acuerdan de que la Tierra es su madre. La mayoría de los humanos ya sólo piensan en su cuerpo y no piensan en su alma. Ya no se acuerdan de que se deben a la comunidad. Ya no se recuerdan de que la Tierra es la fuente de tantas energías y de tanta riqueza. Entonces se ha dado un distanciamiento. Somos seres humanos prepotentes que creemos no necesitar de la Tierra. Se piensa que no se necesita de los demás y solamente de los propios talentos. O simple y sencillamente nos olvidamos de que la Tierra existe y no nos acordamos de que la Tierra es un patrimonio colectivo. La comunidad no tiene que ser necesariamente una aldea o un pueblo grande, pues la comunidad nace entre un grupo de gente que se necesita mutuamente para vivir. Entonces yo creo que esto puede generar un debate muy importante. Si hay desequilibrio, es natural que se produzcan consecuencias tan graves como la existencia del individualismo, las guerras, la crueldad, la intolerancia, el racismo, la ignorancia. Todas las guerras tienen una causa: los desequilibrios y desajustes que vive nuestra humanidad. Actualmente, la tierra tiene un sentido exclusivamente material. En nuestra América, en Guatemala en particular, la tierra tiene un sentido lucrativo para quienes la han acaparado. Han despojado de ella a sus pueblos. El desalojo y la intimidación hicieron que la tierra quedara en pocas manos y que la tierra entonces se explotara sólo en sentido comercial. En Guatemala hay dos tipos de relación con la Tierra: la de quienes la monopolizan con fines puramente materiales y la de quienes vemos en ella a nuestra madre, al origen de la vida y la fuente de nuestro pensamiento.

Nuestros abuelos fueron muy sabios al descubrir hace muchos años que también la Tierra corría un grave riesgo con los experimentos químicos. Lo que estábamos haciendo era producir una alteración del orden natural que, de alguna manera, tendría que ser dolorosa para las generaciones venideras. Se necesitan acuerdos que trasciendan más allá de los gobernantes, más allá de las potencias. Se necesitan acuerdos y soluciones que sean aplicables con urgencia y sean viables para salvar la Tierra de la destrucción. Un compromiso concreto para que la Tierra sea salvada de la ambición del hombre y de la mujer. Que, entonces, se ponga al servicio del ritmo natural de nuestra humanidad. No sólo los indígenas nacieron de la Tierra. Toda la humanidad tuvo origen en la Tierra. Nació de ella. A medida que la humanidad se subordina a sus propios avances, también atenta contra la integridad del conocimiento de la Tierra. También olvida por completo la seguridad de sus generaciones. La mayoría de los científicos no indígenas conocen la dimensión de los problemas y riesgos que padece la Tierra, pero no lo dicen con energía; por eso la gente no se preocupa y no lucha por recuperar el equilibrio.

La cosmovisión de los indígenas se fundamenta en su relación con la madre Tierra y la madre Naturaleza. En cambio, la mayoría de la población mundial vive sin preocupaciones, sin saber cuál es su fuente de vida, olvida a sus generaciones del futuro. Más bien, vive contaminando y vive tratando de lesionar más y más a la Tierra. Algún día esa Tierra va a reclamar a la humanidad ese desprecio y esa destrucción. Cuando esto ocurra nos daremos cuenta de que la Tierra es brava, es enérgica y es vengadora.

Para nosotros, la Tierra también tiene un sentido económico. Por supuesto que estamos interesados en el sentido económico de la Tierra para el bienestar de la vida. Nos ha dado nuestro maíz, nos ha dado nuestro frijol. De ella hemos vivido. Nos ha dado todos sus frutos al servicio de nuestra existencia. En la medida que nosotros vivimos en un mundo llamado contemporáneo en que nadie puede escaparse de la influencia de las corrientes de pensamiento y las políticas globales con que se gobierna a la humanidad, los indígenas también necesitamos de los beneficios materiales de la Tierra. Nunca hemos renunciado a una vida digna a través de la riqueza que produce la Tierra. Nuestra gente lo único que reclama es tener la posibilidad de implementar sus propios conocimientos para gozar dignamente de los beneficios de la Tierra. Los humanos somos los únicos responsables del destino de las cuantiosas riquezas que produce. En Guatemala hay un gran anhelo de superación y de desarrollo, de mejor aprovechamiento de los bienes que produce la Tierra. Para nosotros, está claro que, para garantizar el respeto a la Tierra y el medio ambiente, no necesariamente hay que quitar a la gente y dejar que los monos se paseen libremente por el campo.

199

La idea principal es que el equilibrio depende de los mismos seres humanos. Somos nosotros los que tenemos la responsabilidad porque tenemos la conciencia. Ha sucedido, en cambio, que durante el proceso de *desarrollo* ha habido un desprecio muy grande a los orígenes de la humanidad, en donde efectivamente tenían un significado muy alto la comunidad y la colectividad. Vemos este fin de siglo como un fin de siglo muy frustrante, de incertidumbre para el futuro, incluso amenazador. Se han resquebrajado las relaciones hombre-mujer. Se ha desquiciado la formación de los niños. Se ha perdido el respeto a los ancianos. La relación en el núcleo familiar ha ido deteriorándose hasta el punto en que, en muchos países, el distanciamiento entre hombres y mujeres ya no sólo es una proclama, sino que toma características de enfrentamiento. Llega a causar profundas separaciones en la sociedad, como si el hombre y la mujer no hubiesen sido creados para compartir muchas cosas. No estoy diciendo que las luchas de las mujeres no hayan sido válidas, pero sí que hay grandes deterioros y contradicciones.

Igual cosa sucede con niños y ancianos. Al niño se le inculca un proceso acelerado de deformación con la publicidad que pasa por los ojos y entra por los oídos. Mucho de lo que el niño empieza a imitar es lo que está en su ambiente, lo que está en su entorno. Y como el ambiente es viciado, violento y hostil, lo prioritario para un niño es imitar ese ambiente contaminado. Los efectos dañinos son incalculables. Los niños ocupan el último lugar en la vida de los adultos. En muchos lugares, los niños no tienen un pequeño lugar ni siquiera para hacer un acto de presencia. Yo pienso que los niños de las últimas décadas van a enfrentar muchas dificultades no sólo en esa infancia que les tocó, sino también en la juventud. Sólo deseo que sean inmensamente fuertes.

Por su parte, los ancianos, lejos de ser imagen de sabiduría, de *Biblia* que camina por la vida o de poseedores de experiencia y valores, hoy son ancianos rechazados, prisioneros o recluidos en asilos. Sus hijos corrieron detrás de un destino que va a toda prisa por los senderos de la ambición y los dejaron como si fueran pajaritos que abandonan su nido y nunca más volverán a regresar. Esto ha sido el progreso para el Occidente: empezar a desechar, como un producto que ya no se vende, a la gente anciana.

Éste es el desequilibrio que yo observo en el plano internacional. Pero si vemos un poco más allá, el desequilibrio afecta a todos los órdenes de la vida. Está dominando a la ética. Hay mucha gente que no tiene ya amor a la profesión, amor a la carrera que pensó como su función principal en la sociedad y esto deteriora a la comunidad en general. Cuántos hombres y mujeres profesionales que cuando dejamos las aulas universitarias juramos servir a la clase social dominada, a la gente más desfavorecida y necesitada y, al cabo de algunos años, ya ni siquiera hacemos honor a la ética profesional. Lo mismo pasa con el poder. El poder es un mito y al mismo tiempo es una realidad. Los gobernantes son una minoría de personas que dictan todo, las normas y su aplicación. En los pueblos antiguos, el dirigente no era el corrupto, el mañoso o el que aprendió a dar zancadillas, a ser maleado desde temprana edad o solamente por ser ricachón; no era el envidioso y el sectario, sino era la gente más respetada por el resto de la comunidad. El dirigente o *k'amal b'e* es el que más se destaca por su servicio a la comunidad. Los dirigentes eran las personas más honorables, los de buena conducta. En estos tiempos, más bien las inmensas mayorías somos espectadores, no actores del curso de la humanidad.

201

Si se habla de desequilibrio o de equilibrio es muy necesario abordar estos valores en conjunción con conceptos de paz como democracia, como sociedad y gobierno. Siempre me impresionó profundamente cómo las Naciones Unidas abordan el tema. Cuando se hacen las votaciones, hay un diplomático que apacha el botón del no, hay otro que apacha el del sí y otro más que apacha el de la abstención, y otro que sale fuera de la sala por dos minutos. Para que se llegue a todo esto debe pasar un mes o hasta meses de negociaciones, sin absolutamente una mínima información a los millones de habitantes de las naciones por las que se vota. Si fuera sólo rezar un padrenuestro en nombre de la humanidad, creo que sería mucho más ético, sería moral, sería digno. Incluso sería un bien espiritual de cada quien. Es bueno detenerse un minuto y hacer una súplica por los demás. Pero esto no es rezar un padrenuestro en nombre de la humanidad, sino significa grandes compromisos políticos, militares, económicos y sociales. Porque a mí me tocó, en estos últimos once o doce años, aplanar, así, literalmente, aplanar los corredores de Naciones Unidas y atravesar todas sus puertas. Cuando se negociaba el caso guatemalteco, era un caso minúsculo, absolutamente minúsculo. Nuestra tarea fundamental era poner en primer plano la existencia de Guatemala, la existencia de Centroamérica, la existencia de nuestro continente. De todas maneras les daba igual si venía de uno o de otro lugar, si era quiché, aimara, mapuche, apache o garífuna. De todos modos nos llamábamos Tercer Mundo y los de ese mundo parecían cometer los mismos pecados.

Nosotros no hablábamos de todos los problemas de Guatemala, sino del problema del derecho a la vida, el derecho a la libertad de organizaciones y la libertad de expresión. La cuestión de la tierra arrasada pasó como si no hubiese pasado nada en los corredores de las Naciones Unidas. Los primeros que llegábamos a esos corredores sentíamos que nos comía el alma, sentíamos que nos intimidaba y sentíamos que nuestro ser humano era tan minúsculo frente a grandes monstruos de manejos políticos. Cada día había algo más extraño que descubrir, que aprender o que comentar. Entonces nosotros tratábamos de hablar uno por uno con varios diplomáticos y funcionarios. Todos los Gobiernos tenían la misma reacción. Pedíamos a un diplomático una cita y el diplomático tardaba tres días, una semana para dártela. Y eran tres días o una semana en que teníamos que recordarle cinco veces por día que teníamos una cita con él. Corría y se escapaba por una puerta distinta. Y se iba y se venía. Finalmente te daba una cita en la que se sentaba y te decía: "¿Qué quieres?", con el reloj en mano y mirando, con distracción, a los demás que pasaban. Parecía que siempre tenía asuntos más importantes que hacer. Y quizá en cinco minutos daba la mano a otros cinco colegas o diplomáticos que pasaban. Y se iba, mientras te decía: "No te preocupes. Esto va bien. Mi Gobierno está comprometido". Pero, por lo general, uno sabía que eran palabras vacías, uno sabía que carecían de compromiso. No con el pueblo de Guatemala o con nosotros, sino carecían de compromiso con la defensa real de los derechos humanos. Yo siempre decía: "¡Ay, mi madre, qué suerte la mía!". No para desmayar, sino para reafirmar la necesidad de seguir adelante. Desde allí empecé a comprender que la ética se había desaparecido de la agenda de muchas personas que toman decisiones. Mi amiga Marta decía: "La buena educación no choca con los principios". Si no comparto los principios de vida de alguien, eso no me da el derecho de faltarle el respeto. Hay una base de educación que tenemos que tener por encima de cualquier diferencia.

Así fue, año con año. Y yo recuerdo que los argumentos eran los mismos. Los funcionarios decían: "Bueno, se mejoró la situación porque yo tengo reportes del Gobierno de Guatemala de que los muertos, este año, no han sido tan numerosos como lo fueron el año pasado. Han demostrado buena voluntad". Las vidas cada vez se convierten en un juego de números, de datos estadísticos. Nunca se sabía hasta qué número impresionaba a un alto funcionario y daba la impresión de que los Gobiernos se tapaban con la misma cobija. Y era así, año tras año. Los funcionarios aparentaban ser muy grandes, creídos, gente de posesión. Papeles y papeles que pasaban de mano en mano. Las fotocopiadoras estaban más ocupadas que los diplomáticos. Había filas de gente con tanta prisa para alcanzar el beneficio de una fotocopiadora y, si no llegaban a tiempo, ello podía causar una lamentable diferencia en el voto de alguien. Unos iban y venían sin conocerse entre sí. Los veteranos igualmente estaban saturados de quehacer, porque conocían los laberintos y todos andábamos buscando descubrir los secretos de esos corredores. Casi los mismos argumentos, las mismas palabras se oían año con año en un lugar frío, frío, como si la frialdad de la nieve se metiera en el cuerpo de los funcionarios y de los diplomáticos para atender el tema de los derechos humanos.

Es cierto, nosotros éramos los que molestábamos porque éramos los únicos que, desafiando a la policía, desafiando todo, entrábamos en los corredores de la ONU. ¿Pues quiénes éramos? Nadie. Sin más títulos que haber nacido en Guatemala. Pero no sólo éramos nosotros. Aparecían salvadoreños, colombianos, birmanos, timorenses, afganos, tamiles; aparecían los kurdos y aparecían gentes de todo el mundo con testimonios espeluznantes: la violación de sus hijos, la destrucción de sus tierras, sus patrimonios, sus bienes. Aparecían una gran cantidad de testigos que habían vivido en carne propia el salvajismo y la crudeza de grandes, graves y sistemáticas violaciones a sus derechos humanos. Los organismos humanitarios no gubernamentales hacían un inagotable esfuerzo por dar la palabra a las víctimas, para sensibilizar a los delegados gubernamentales. Nunca alcanzaron los pocos minutos con que contaban. Todos los que teníamos una causa común sumábamos una gran cantidad haciendo lo mismo en los corredores. Éramos nosotros quienes nos teníamos que dar apoyo moral y consuelo, porque poseíamos un lenguaje común, una historia común. Si a alguien le iba bien, todos nos sentíamos fortalecidos, animados, y aumentaban nuestras esperanzas sobre nuestros casos particulares. Algunas organizaciones no gubernamentales andaban más perdidas que otras, pero como dice el dicho: "De todo hay en la viña del Señor".

La sesión duraba de dos meses y medio a tres meses. Siempre se hablaba de derechos humanos. La contradicción estaba en que el tema eran los derechos humanos, pero al mismo tiempo ahí muchos no estaban dispuestos a oír absolutamente una historia de derechos humanos, mucho menos a respetar los sentimientos de las víctimas. Porque la mayoría de los que estaban en los corredores eran víctimas, nacidos de una experiencia muy viva, muy fuerte, muy dolorosa. Mucha de la gente había sido perseguida. Y siempre la sensación al final era muy dolorosa. En algunos casos tuvimos suerte. Porque no fue por convicción sino más bien por accidente. No se fijaron tanto en un papel y tuvimos la suerte de que nuestros casos pasaran en una resolución de las Naciones Unidas y se volvieron casos especiales. Pero más que buscar una condena a los violadores de derechos humanos, era el compromiso que sentíamos de frenar la violencia, de no sacrificar más vidas.

La mayor parte de veces los pueblos no fueron escuchados. El dramático caso de Colombia, el caso de Perú, el caso de Haití, el caso de Birmania, de Kurdistán, sólo para mencionar algunos. Cada vez que se estudiaba la resolución de Guatemala, se estudiaba cada coma, cada punto, y se miraba con lupa cada palabra para no ofender al Estado, para no ofender al Gobierno de Guatemala. Durante algunos años los gobernantes eran militares y durante otros los gobernantes eran manejados por ellos. El minúsculo caso de Guatemala para muchos sectores de la comunidad internacional, en realidad, nunca fue un problema serio. Nosotros estábamos conscientes de que unos años más tarde veríamos muchas otras cosas en Guatemala: refugiados, desplazados internos, población en resistencia, la población que huyó hacia las montañas. Veríamos una inmensa cantidad de niños huérfanos y viudas. Veríamos también refugiados y exiliados. Veríamos desapariciones forzadas, torturas y cementerios clandestinos. Pero había que revisar, coma por coma, punto por punto. Había que estar esperando casi como en un velorio. Era como velar. Había que esperar todo un parto. Era como un parto que saliera una resolución sobre Guatemala. Porque te dicen que todavía no está claro, que la cancillería está estudiando, que a lo mejor hay una última negociación. Hasta que se votaba el tema. Entonces parecía algo fuerte y también nosotros nos maravillábamos de nuestro trabajo.

Es decir, nos contentábamos de nuestro trabajo. Porque un embajador que tiene diez años o quince años de estar en Ginebra o en Nueva York está especializado en revisar comas y puntos de un texto de resolución, pero lo que había triunfado era la ética y la moral que nos acompañaban. Era nuestro pueblo y era nuestra vida. Era la ilusión de que, algún día, eso contribuiría mínimamente a que no se olvidara la historia, que no triunfara la impunidad. No porque creyéramos que una resolución de Naciones Unidas sería acatada por los militares o por los políticos guatemaltecos o que entonces ahorraría la muerte a algunos compatriotas. Eso nunca lo creí. Llega un momento en que uno aprende, como si fuera una gran escuela, a leer el mundo, a leer las instancias, a leer los organismos: lo que dicen y lo que no dicen. Empieza a aprender pero también empieza a adivinar. Cada cosa tenía un mensaje. Si el fulano tomó un café con el zutano o si el mengano comió un almuerzo con el perencejo. Cada vez que hablo de esto me acuerdo de las madres de Plaza de Mayo, me acuerdo de las madres de los carabineros de Chile, me acuerdo de las comadres de El Salvador, me acuerdo de los familiares de desaparecidos de Guatemala, tantas personas que podrían contar mejor la historia.

He aprendido que la lucha por los derechos humanos no va a ser la lucha de una o dos personas. En esto no se valen los mitos ni los ídolos. Hasta ahora ha parecido como si la lucha por los derechos humanos fuera la tarea de una persona, pero jamás se destaca a los pueblos a quienes se les violan sus derechos humanos. Y jamás se destaca a las víctimas. Nunca estas víctimas son tomadas en cuenta. Muchas veces se generan mitos. Algunas personas no hacen nada para defender una vida, pero son los que firman al final y se hacen héroes. Como por ejemplo, ver una guerra en la televisión, como si la guerra fuera una diversión. Lo mismo puede ocurrir también con el tema de los derechos humanos. La humanidad debe sentir un poquito de compromiso para rescatar esos valores. Yo creo en la sociedad civil, creo en los ciudadanos comunes. En esta experiencia, cuántas cosas buenas aprendí de Marta Gloria, de Raúl Molina, de Frank la Rue, de Rolando Castillo y de inolvidables amigos salvadoreños, kurdos, chilenos, timorenses, peruanos. El día en que los diferentes sectores sociales tomen en sus manos su destino y vigilen a sus gobernantes, vigilen a sus políticos, entonces devolverán a la humanidad su ritmo natural. Triunfará la ética y la moral pública. No el ritmo violento, chocante y desequilibrado de hoy. Tendrá que haber cambios. Y los cambios tendrán que venir de una nueva utopía. Buscar nuevos puntos de referencia para una sociedad ideal. La lucha por los derechos humanos es frustrante y exige un compromiso permanentes de los propios seres humanos.

Al principio de la Historia, unos animales comían a otros animales y crecía la naturaleza con un ritmo normal. Ahora son los hombres los que devoran a otros hombres. Pero quién sabe cuáles van a ser sus consecuencias. Cuando llegamos a Colombia, pregunté cuáles eran los sectores más vulnerables de la nación. Me respondieron que los sectores más vulnerables eran los que el Gobierno llamaba los sectores *desechables*. Yo sentí un escalofrío al saber que ahora hasta sectores desechables existen. Hasta la gente ya es desechable. Los sectores desechables son los niños de la calle. ¡El conflicto ha generado tantos huérfanos que han crecido en la calle! Ahora, viven en las grandes ciudades sin haber tenido la oportunidad de escoger un buen destino. Sin haber tenido acceso a nada, y se vuelven muchachos callejeros, gentes dominadas por las drogas, por la prostitución. Pero me asombra que sean clasificadas como desechables. Quiere decir que, como son desechables, hay que eliminarlos. ¿Qué quiere decir eso en términos del derecho a la vida? ¿Qué quiere decir eso en términos de derechos humanos en general? ¿Cómo explican la aplicación de esta clasificación en la práctica?

Crear nuevos ritmos, nuevas formas resulta una tarea gigantesca, una tarea de cada ser humano sobre la Tierra. Repito: yo creo en la participación de la gente, en la participación de los diferentes sectores de la sociedad. Creo en los pueblos. Si las instituciones defensoras de derechos humanos, si las grandes instituciones y pequeñas instituciones abrazaran con todas las fuerzas y con toda la convicción la lucha contra la impunidad, la lucha contra la corrupción, la lucha contra el acaparamiento, la lucha contra la brecha tremendamente ancha entre el Norte y el Sur, la lucha contra la brecha tremendamente ancha en el interior de cada uno de nuestros países entre ricos y pobres, entre gobernantes y pueblos, y en donde la democracia tiene cinco, diez o veinte conceptos distintos; si la sociedad hiciera una lucha y siquiera devolviera contenido al hecho de que una herida en el Quiché es un atentado contra la humanidad; entonces la humanidad volvería a cobrar pleno sentido de sí.

Este concepto resulta difícil de aplicar en una sociedad en donde el niño crece con una televisión llena de sangre, llena de muerte, de bombardeos; y si no mira esto, mira la novela, llena de intrigas, llena de engaños, llena de mentiras, llena de discordia, llena de codicia, llena de prepotencia. Todo eso forma a una persona, y la persona lo acarrea por dentro durante toda la vida. Y llega hasta el momento en que aquel niño se convierte en un funcionario que tiene que apachar un botón para decidir muchas cosas sobre la humanidad. Decidirá a partir de esa escuela, de esa formación que recibió, que no es el ideal humano que tenemos. Ojalá que los adultos tengamos más conciencia del daño que hacemos a nuestros propios hijos cuando no les damos una educación más integral o cuando no les inculcamos una visión más amplia de los problemas mundiales. Y sobre todo si no les enseñamos a honrar la ética y la moral pública.

Mucha gente pensará que esto es una exageración, pero no es así. Yo he tenido que vivir una existencia trágica, y contarla en un libro, para que la gente abriera los ojos sobre los indígenas de Guatemala. Mi madre fue secuestrada, torturada, violada y asesinada. Al leer mi testimonio, algunos pudieron haberlo sentido pensando en su propia madre. Mi padre y mi hermanito fueron quemados vivos. Tuvo que pasar todo eso para que alguna gente tomara conciencia. Pero ¿por qué tenemos que vivir trágicamente para entender las consecuencias negativas de la guerra o de la crueldad de otro? Todos mis pasos de exilio se quedaron grabados en mi memoria, tal vez porque nací de una tierra humilde.

De la misma manera nos ha faltado hablar de los discapacitados y el desprecio que soportan. La frustración que sentirá una madre, en este final de siglo, al dar a luz a un hijo que sabe que de por vida no va a tener la posibilidad de mirar. La impotencia que sentirán otros sectores que no tienen derecho a expresarse, por ejemplo los emigrados cuya vida será puro trabajo sin ninguna posibilidad de aspirar al derecho a la cultura, al derecho a la propiedad intelectual, al derecho a ser actor realmente del mundo en que viven. La impotencia que sentimos frente a los grandes poderes del mundo. La absoluta impotencia que yo siento frente a la tragedia de Ruanda, de la ex Yugoslavia, donde se han violado madres, se han violado niños, se han hecho barbaridades con la misma vida humana. ¡Tanta hambre que se vive en el mundo, cuando la madre Naturaleza ha producido tanta riqueza! Sobre todo la impotencia que se siente cuando uno conoce personalmente a una de las víctimas. Te cuentan las historias más terribles y surge la eterna pregunta sin respuesta: ¿por qué el mundo tiene que ser así?

La misma impotencia que sentimos frente a la discriminación, al racismo, frente a la indiferencia, frente al desprecio por nuestro propio rostro. Tu cara puede ser muy maya, muy inca, muy azteca, poseedora de cultura milenaria y fuente de orgullo para ti; sin embargo, esa cara que tienes, como ya lo he contado, es un riesgo cuando se trata de cruzar las fronteras. Si existe esto en la humanidad, ¿cómo vamos a entender a la Naturaleza? ¿Cómo vamos a proteger a los animales? ¿Cómo vamos a sentir la energía de la Tierra, la Tierra que nos ha dado la vida, la Tierra que nos cobija y nos tiene; cómo la vamos a entender; cómo vamos a entender un río y sentir sus caricias y tratar de respetarlo si ni siquiera somos capaces de respetar a otro ser humano?

Eso lo comprobé en Brasil, durante la Conferencia Mundial sobre el Medio Ambiente. De entradita encontré que vendían playeras en donde estaban pintadas la cara de un tigre, un león, un loro. Luego vendían bolsas de plástico, también con caras de animales. Recorrí ese lugar para entender cuál era la noción del mundo de la Tierra, de las plantas, de la Naturaleza. No encontré más que su versión comercial. Era una feria en donde los comerciantes hacían dinero a costa del medio ambiente. Todo el mundo usurpaba las mismas palabras de los indígenas y hasta filmaban películas para vender mejor. Prostituían, en el mercado, las palabras del indígena.

Los pueblos originarios hemos dado una contribución al pensamiento humano por lo que corresponde a la defensa de la madre Naturaleza. De allí lo han tomado muchas corrientes ambientalistas. Me alegró profundamente que la concepción de la vida de nuestros pueblos tuviera una divulgación de largo alcance a nivel mundial. Desde 1989 hasta la fecha, el mundo quiso volver a retomar las palabras de los indígenas. Eso es un orgullo para nosotros. Pero así como han trascendido positivamente, también han trascendido en el área comercial. Se editaron libros voluminosos para tratar de usurpar nuestro pensamiento. Parecían obras de magia hechas por cabezas ilustradas, autores absolutos del pensamiento indígena. Ya no se decía: "Éste es el pensamiento de los yanomamis, éste es el pensamiento de los mayas, los aztecas, los aymarás; éste es el pensamiento de los pueblos originarios del Pacífico, los mahoríes; éste es el pensamiento de culturas milenarias y por eso lo respetamos y lo tomamos y hacemos nuestro para divulgarlo", sino simple y sencillamente eran los brillantes cerebros que nacieron y que descubrieron que es necesario el equilibrio. Cuando leo un poema que habla de la Naturaleza y encuentro que lo escrito era un dicho jopi, o también era un dicho de los navajos, y que, sin embargo, el poeta no declara la procedencia, sino que pareciera obra suya, entonces ya lo pongo en tela de juicio. Porque me doy cuenta que está usurpando un derecho de los pueblos a la propiedad intelectual. Mi esperanza es que nuestros hijos juzgarán mejor, porque tendrán más acceso que nosotros.

No me gusta decir esto, pero a veces hay que decir las cosas muy claras para entenderse y para saber también generar amigos. Porque mis amigos y amigas de verdad tienen que saber cómo pienso. Nuestra costumbre es que la palabra tiene un valor muy grande. Hay que rescatar ese valor de la palabra. La palabra no sólo como verbo sino la palabra como pensamiento, como compromiso, como sentimiento, como responsabilidad, como franqueza. Son valores que uno recibe desde la infancia. Cada vez que hablo de esto, regreso a la época en que, de niña, aprendía la cultura de mis mayores. La paradoja es que para poder hablar de ello tuve que abandonar mi pequeño pueblo y separarme físicamente de mi gran comunidad.

Tuve la dicha de salir a Chiapas y encontrar a gente como don Samuel Ruiz, maravillosa persona. Don Samuel me compró trajes tzeltales. Yo hubiera querido realmente, cada día, estirar el pescuezo para mirar a Guatemala. Ese recuerdo fue como la recuperación. Allí me recuperé de toda la desesperación que traía. Me recuperé de la incapacidad que sentía de enfrentar lo que habíamos vivido en Guatemala. Rescaté todo. Chiapas me devolvió de nuevo el sentido de la vida y el sentido del trabajo. Tuve la dicha de recorrer con monseñor varias zonas donde él predicaba la palabra de Dios. Acompañando a monseñor encontré de nuevo las pistas para valorar el trabajo cristiano y el trabajo campesino de mi padre. Así fue como volví a Guatemala con mucha, mucha alegría a principios del 81. A los pocos días del regreso, tuve la oportunidad de volver al Comité de Unidad Campesina (CUC). Trabajé todo 1981 en las tareas del CUC. Parecía muy lejano el día en que había salido huyendo de Guatemala. Por primera vez me corté el pelo y por primera vez me quité el traje. Tuve que usar un vestido ladino feo. Para uno era como sentirse desnuda. La verdad es que si yo no hubiera ido a Chiapas, habría ido lejos del continente.

Recuerdo que, apenas salida de Guatemala, me tocó en Tehuantepec una reunión de obispos y de los laicos. Yo caí como algo extraño, como si venía a saber de dónde. Entonces todos los obispos me querían llevar, los obispos de Brasil, Perú y Venezuela. Cuando supe que don Samuel era de Chiapas y era del Sur, decidí: "Yo me voy allí pase lo que pase". Así caí en la casa de monseñor. Pero estaba perdida. No habían pasado ni seis meses que ya sentía una gran ilusión de volver a Guatemala. De repente se me hizo realidad el retorno y regresé. La Lupita del Sur tenía que buscar otra nueva identidad en Guatemala. Porque mucha gente conocía a mi padre. Me percaté de que papá estaba vivo en la lucha campesina, estaba vivo en la memoria de mucha gente humilde. Los compañeros gritaban su nombre. Hablaban de Vicente Menchú, Baltazar Vi. María Anaya estaba viva en las luchas campesinas. También Regina Pol y muchos otros estaban vivos. Era como venerar a esos muertos que yo conocí en vida. A partir de mi retorno a Guatemala quería tener principios en la vida y quería tener principios de lucha. Quería tener algo de la inspiración que estos grandes líderes tenían. Creo que he sido consecuente con ello

211

hasta la fecha y espero que los mártires y sus principios estén siempre en mi memoria.

He consolidado esa convicción con la fe de que no es un actor el que existe sobre la Tierra sino que los actores somos muchos. Lo digo para devolverles a Mateo López Calvo y a María Anaya, o devolverle a Juan Tum o a Vicente Menchú esa esperanza y para convertirlos en ideales, en referencias de lucha por la justicia. Los llevo en el corazón desde que salí de Guatemala. Están conmigo en todas partes. Ellos nos protegen ante todo tipo de injusticia.

Debo decir que los primeros cuatro o cinco años desde que aconteció la muerte de mis padres nunca fueron de esperanza. Al contrario, fueron de mucho dolor, de resignación casi. La esperanza me nació mucho más adelante, cuando comprendí que había conocido tanta gente con mucha ilusión de vivir con muchos talentos y con tanto deseo de cambio y con tanta convicción de que la justicia es para todos. Entonces me di cuenta de que mi parte era demasiado pequeña y demasiado privilegiada.

Pero lo que me sostuvo, en el fondo, fue la sólida cultura indígena que había recibido de mis padres. Nuestra cultura ha sido incomprendida por muchos años. Las culturas milenarias no pueden ser sintetizadas o analizadas en poco tiempo. Hay que nacer en ellas para ser parte plena de ellas. No se pueden imitar o copiar. Son muchos los elementos y los factores que entran en juego. Hay que tener la dicha de nacer maya, de nacer inca, de nacer azteca para poder ser parte de esa realidad. Una cosa es ser actor y otra es ser observador de una cultura. Los hermanos mayas hemos sido muy celosos de guardar la memoria de nuestros antepasados. Estamos cada vez más conscientes de que hay grandes amenazas que pueden afectar nuestra visión del mundo. Como ya lo he repetido, sentimos el apego hacia la madre Tierra como fuente de nuestra vida, como fuente de nuestra cultura, como la única fuente de nuestra historia. Pero para abordar ese tema en nuestros países todavía se derrama mucha sangre. Nadie está dispuesto a resolver a fondo los problemas, a pesar de todos los riesgos, los peligros que enfrenta nuestra cultura. Como cada cultura, sufre grandes pérdidas.

Un gran hermano indígena, Flod Westeman, un día me dijo: "Mire, Rigoberta, el día en que los hombres y las mujeres vuelvan a su madre y descubran a su madre, tendrán una energía distinta para la proyección de la humanidad". Creo que nuestra gente nunca vio al Universo sólo como una fuente de riquezas. Nunca sustituyó la mano creadora, la mano tierna por manos destructoras. Es distinto respetar a los animales, a los bichos de la madre Naturaleza como unos seres que deben compartir con los hombres y las mujeres, también el derecho a existir. No es una concepción romántica ni mucho menos una definición vacía. Cada vez que hablamos de nuestra madre Tierra, de nuestra madre Naturaleza, todo es memoria. Toda una cultura poseedora de los más sagrados valores de la humanidad. Los pueblos indígenas, en buena medida, guardamos el sagrado derecho de la colectividad, el sagrado derecho de la comunidad como fuente de equilibrio. Es necesario observar el equilibrio de los derechos individuales y los derechos colectivos, y también el equilibrio de las obligaciones individuales y las obligaciones colectivas. Yo recuerdo que papá siempre mencionaba esto con sencillas palabras. Estoy segura de que nuestra gente ha perdido grandes valores de nuestros abuelos, pero nunca será comparable con lo que han perdido otras culturas.

A la comunidad había que respetarla, pero también había que exigir el respeto a la familia y hacia cada uno de sus miembros, porque había un punto de equilibrio. No todo es colectivismo ni todo es individualismo. El problema está en la necedad materialista de los hombres. Encuentro en mi infancia un ejemplo de cómo interpretamos nosotros la vida. Nuestros juguetes fueron conocer un *zaraguate* desde temprana edad y aprender que el canto del *zaraguate* nos anuncia la lluvia. Nada más volver los ojos al cielo y mirar que hay una nube también nos confirma el canto de un *zaraguate*. Entonces ya sabemos si nos espera una tormenta, una lluvia con sol o una llovizna. Nuestro tacto, nuestra existencia misma está demasiado cercana todavía a esa misteriosa naturaleza a quien consideramos también como madre del *zaraguate* y escuela para aprender. Cuando hay una lluvia con sol, creemos que han nacido muchos venados. Nuestra gran ilusión es ver un venadito en cualquier lado del pantano. También el conocimiento del tiempo.

Cuando se hacía la siembra, parecían brujos los mapaches, los coches de monte[41], los pájaros que escarban semillas. Parecían adivinos. Cuando se empezaba a talar para limpiar, cuando se empezaba a labrar la tierra para hacer la siembra del maíz aparecían de repente. Era una fiesta de animales. Había un comportamiento maravilloso y distinto. Todos nosotros nos íbamos a cuidar esas semillas, a enfrentarnos con todos los animales que venían hambrientos y nos disputábamos la siembra. Igual hacíamos nosotros cuando se nos terminaba el maíz o la comida y teníamos que recorrer la montaña para buscar flores, hierbas, bejucos y diferentes raíces para comer.

Los mapaches, los armadillos, las taltuzas[42] tenían programada su comida. Sabían los meses en que no tenían posibilidad de comer maíz, ayotes o chilacayote junto con nosotros. Pues comerían otra cosa. Tenían programado su abastecimiento. Nuestra vida estaba combinada con los tiempos. El tiempo se vuelve nuestro: el tiempo de los animales, el tiempo de la vida. Para cada cosa existe un tiempo preciso. Cuando hay escasez de comida, de agua, de trabajo; cuando se termina lo que más abunda, sentimos miedo y nos damos cuenta de que nuestra

---

41. *Tayasu pecati:* cerdo salvaje.

42. *"Heterogeomys hispidus.* Roedor que, cavando largos túneles en la tierra, come las raíces de los sembrados en campos de cultivo, causando a veces fuertes daños a los agricultores" (Armas).

grandeza como humanos tiene límites. Mamá siempre dijo: "El tiempo es ancho y largo. Es tan largo y tan ancho que nosotros apenas somos un pequeño signo. Pasaron nuestros abuelos, pisaron estas veredas, estos caminos, usaron la sombra de estos árboles, comieron sus frutos. Y nosotros caminaremos por ese camino y seguramente lo dejaremos igualito para que mañana los nietos pasen aquí". Desde muy pequeños sabemos que pasamos por el mundo muy rápido, en muy corto tiempo. Nada es totalmente nuestro, pero todo nos pertenece.

El mundo no tiene noción de lo pequeña que es su propia existencia: un pequeñísimo punto del tiempo, que es largo y ancho. Casi todos los humanos, desde los diez años, empiezan a sentirse dueños absolutos de esta humanidad y de esta naturaleza, por lo que hacen con ella lo que quieren. No tienen noción de continuidad, no tienen noción de nietos, de biznietos; no tienen noción de que la vida florece igual que el resto de la Naturaleza. Eso lo puede analizar un antropólogo, pero quién sabe si lo puede hacer suyo, que sea parte de su vida. Tal vez nunca lo podrá fundir en su propia vida. Uno quisiera hacerlo, pero no es como una receta de cocina. Está incrustada en la sangre, en la memoria, en el Universo. Los pueblos indígenas, a pesar de todo tipo de destrucción y todo tipo de condiciones desfavorables, a pesar de todo esto, viven. Y viven con mucho deseo de florecer. Esta manera de pensar y de vivir nos da la permanente oportunidad de recuperar lo perdido; si se pierde algo hay que recuperarlo, hay que rescatarlo puesto que no es nuestro.

Los idiomas mayas son idiomas verdaderamente ricos. Su referencia no es al mito sino a la misma Naturaleza. Yo he querido transcribir algunos pensamientos del español al quiché y encuentro una sintaxis distinta, una noción distinta. Puntos de referencia muy diferentes. Nuestro idioma también es un patrimonio. Es nuestro universo. Hay que protegerlo, defenderlo, desarrollarlo. Nuestros idiomas son pedazos de cerebro de nuestras culturas. El que entienda nuestro idioma podrá gozar de él para su propia educación, para repensar una gran cantidad de cosas. La cosmovisión indígena no es una cuestión sencilla sino que está fundida en una vida cotidiana y está fundida en una memoria milenaria. Toda cultura milenaria es una cultura sabia porque ha tenido que encontrarse con la integridad de la vida. Por eso es imposible aceptar que las culturas jóvenes pretendan sustituir, destrozar o apagar a las culturas milenarias. Estas culturas milenarias por algo viven y por algo han soportado el paso del tiempo y de la historia.

Hasta los caminos nos enseñan. Un camino viejo es un camino que queda siempre. Resume mucha historia de quienes pasaron allí. Aunque se convierta en una vereda, siempre es un camino viejo. Las distintas etapas de nuestra humanidad también nos atraviesan de una manera intensa. En mis pocos años de vida lo siento profundamente. Eso no quiere decir destruir la historia. Los pueblos garantizan de generación en generación la transmisión de ese mundo. La cosmovisión indígena no sólo es adornar y apreciar a la Naturaleza. Algún día los hombres y las mujeres se percatarán de que no pueden comprar el aire ni venderlo, ni pueden comprar la vida ni venderla, ni pueden comprar muchas cosas ni venderlas.

La concepción indígena es como una madre viva. No es un ser inerte al que se le puede destruir. Todo aquel que viola sus leyes, sus principios, tiene que atenerse a sus consecuencias, porque reacciona como un ser vivo. Eso está en las leyes de la misma mentalidad y en los consejos de nuestros abuelos. Decía mi abuelo que el día en que los hombres y las mujeres violen nuestro universo se encontrarán con signos y mensajes, y los mensajes iban a ser muy contundentes. Los mensajes iban a ser de mucho castigo.

Pero volvamos a las Naciones Unidas, el tema del principio de este capítulo. Año con año llegué a las Naciones Unidas, durante doce años. En los primeros tiempos, los Gobiernos negaban totalmente la existencia de los pueblos indígenas en sus países. Un día escuché con gran atención a un invitado guatemalteco, quien empezó el discurso diciendo que en Guatemala había un solo pueblo. Reconoció que había guatemaltecos que se sentían discriminados, pero explicó que era un problema psicológico de la sociedad. Según él, no había diferencias, no existían grupos étnicos, y así empezó a negar absolutamente todo lo que pasaba en Guatemala. En Guatemala nunca había habido racismo, nunca había habido discriminación y mucho menos violaciones a la libertad de expresión ni a la libertad de locomoción. Prácticamente dio una cátedra sobre la Constitución guatemalteca, todo era perfecto... ¡Y ésos eran los tiempos de la tierra arrasada! Yo nunca había estado cerca de un funcionario guatemalteco. Conocía sólo a los representantes del INTA que, según mi experiencia, eran ladrones que le ponían multa a los campesinos. Ésa era mi experiencia, la de los campesinos, por la cual sabemos que los jueces tienen la ley en sus manos y no hay que pararse en su camino, porque te la aplican, te castigan más que la represión. Teníamos mucho miedo a los jueces y, si había un problema, preferíamos resolverlo por las leyes de la comunidad y no acudir a las autoridades. Yo estaba acostumbrada también a los militares. Nosotros sabíamos que, si venían los *pintos*[43] y nos corrían, seguramente nuestras vidas corrían riesgo, sería un milagro vivir. Nunca vi a los militares con corbata. Eso de ver a un militar encorbatado y sin el Galil[44] en la mano me parecía extraño. Incluso no creía que fueran militares. Podrían ser otros seres humanos pero no militares. En la diplomacia, encuentras a un militar en tu camino y hasta le das una sonrisa o le das una mirada para decirle: "Buenas tardes, buenos días". Yo pensaba que podríamos ser dos seres humanos iguales, que no tienen nada de raro. Entendí el importante significado de desarmar a la sociedad. Sobre todo, empecé a entender la importancia de

217

43. Militares en uniforme de combate, llamados *pintos* porque usaban telas miméticas y se embadurnaban el rostro de negro. Fueron los responsables del genocidio en Guatemala durante la guerra de Contrainsurgencia, principalmente en los años ochenta.

44. Fusil ametrallador de origen israelí usado por el Ejército de Guatemala. Por metonimia, se le denominaba con la marca de fábrica.

desarmar a los militares por medio de la denuncia sin límites de los horrores que cometían. Lo más duro es cuando se toma la palabra por primera vez delante de un militar superior.

Así empecé a oír de la Constitución y debo confesar que yo no conocía la Constitución de Guatemala. Ni siquiera un artículo de la Constitución. Pero en las Naciones Unidas ¡se habla tanto de la ley, los derechos, las normas internacionales, la declaración universal, los pactos, los protocolos, etcétera...! Entonces, como que me nació una obligación de leer la Constitución de Guatemala. Pero no me nació leerla a la luz de los derechos del pueblo guatemalteco, sino me nació porque entendí que existían leyes que no tenían aplicación en la experiencia real. Me nacía una cólera tremenda, sentía mucha indignación, me nacía una convicción profunda. Si había normas internacionales que rigen el derecho y las obligaciones de un Gobierno para respetar a la gente, me ponía a pensar en cuántas veces habían violado esas normas. Creo que, si todos los habitantes de la Tierra tuvieran la ocasión que yo tuve de descubrir el terreno de las Naciones Unidas, efectivamente podríamos cambiar muchas cosas con las mismas normas que ya existen. Lo más valioso para mí es que lo hice sin tener un título. Yo jamás me gradué en leyes internacionales ni creo que lo haré. Yo jamás seré experta, porque el experto debe tener créditos académicos. Yo no corrí detrás de los créditos académicos. Yo corrí detrás de los diplomáticos y detrás de los funcionarios de la ONU.

Naciones Unidas debe ser el órgano más importante para resolver los problemas. La cuestión estriba en que las víctimas tienen dificultades para llegar allí. No todas las víctimas tendrán la suerte de desafiar a un policía para entrar o de acudir a su idioma natal para poder decir que no entiende lo que dice el señor que habla inglés pero, sobre todo, las víctimas no tienen ninguna protección después de contar o resolver su verdad. Los Gobiernos represivos toman nota de la identidad de los testigos. Es necesario hacer un replanteamiento del papel de las Naciones Unidas a través de un proceso en el que tendrán un papel trascendental y significativo las organizaciones no gubernamentales. Ellas pueden sugerir soluciones desde una posición desinteresada. No podemos cambiar la naturaleza de la ONU, pero sí podemos contribuir a que sea un instrumento enriquecido, eficiente al servicio de la humanidad.

La ONU era, para mí, como un símbolo de paz desarmado, si bien en el Consejo de Seguridad siempre se decidió el destino de las armas en todas las regiones del mundo. Los miembros del Consejo de Seguridad han sido un grupo reducido de países con derecho a veto y que tienen también derecho a la aplicación de las armas. Naciones Unidas, de alguna manera, autorizó los conflictos armados en muchas partes del mundo. Naciones Unidas ha ido deteriorándose y ha ido retrocediendo. Esos retrocesos vienen a significar que, bajo el nombre sagrado de la Declaración Universal de los Derechos Humanos, las Naciones Unidas se han puesto un casco azul y han ido al combate. Esto ha sido el punto más profundo de la crisis. Me parece muy triste pensar que, algunos países, con la aprobación de la ONU y bajo el nombre sagrado de la Declaración Universal, peleen entre sí. La Declaración Universal de los Derechos Humanos está vigente en la vida de las personas. Debe realizarse. Para que se realice con transparencia y plenitud, tendrán que pasar tiempos duros para muchas regiones, como los Balcanes, el Asia, para el centro de África y también para Centroamérica.

Por ejemplo, el papel de las Naciones Unidas para tratar de proteger los intereses norteamericanos en Nicaragua fue muy evidente. Sin embargo, Naciones Unidas ahora es realmente la autoridad máxima frente a los millones de habitantes del mundo que somos espectadores de sus decisiones. Tenemos que apelar a las Naciones Unidas. Tenemos que ser críticos en todos los círculos y tenemos que convocar a los signatarios para que jueguen el papel de retomar aquellos principios originarios. Yo sé que hay hombres y mujeres, que todavía viven hoy, que fueron forjadores de los primeros pasos de las Naciones Unidas. Ellos deberían usar su fuerza moral para apelar también

219

ante las Naciones Unidas. Me siento parte de las Naciones Unidas no sólo porque he recorrido sus corredores, sino porque he oído también el testimonio de miles de gentes que creemos en las Naciones Unidas como un órgano importante. También he sido parte de él en tanto que acepté ser embajadora de buena voluntad del Año Internacional de los Pueblos Indígenas. Además, aceptaré todos los trabajos que tengan que ver con la ONU. Eso no quiere decir que por una vinculación estrecha con las Naciones Unidas en el trabajo tenga que censurar mis opiniones y mis críticas. Debería de haber más gente que haga lo mismo para beneficiar la causa de los derechos humanos.

Hay que rendir homenaje al jefe Descage, que fue el primer indígena que llegó a la Sociedad de las Naciones en los años veinte. Creo que, en 1923, el hermano indígena pretendía ser escuchado por la Sociedad de las Naciones. No lo logró. Jamás fue escuchado. Pero era el primer jefe indio que buscaba la escala internacional para exponer sus temas. Y quizá el primero que daría pie a entender que hay organismos internacionales que algún día podrían defender los derechos de los pueblos indígenas. Luego, en los años setenta, se da el desafío de las primeras naciones de Estados Unidos y Canadá, de los navajos, de los sioux, de los jopis, los lacotas, que viajaron a Ginebra con sus pasaportes indígenas y desafiaron a las autoridades norteamericanas y a las autoridades suizas. Hay un pasaporte indígena entre los Estados Unidos y Canadá, pero que sirve exclusivamente para las primeras naciones que cruzan la frontera. Los hermanos lo usaron para salir de los Estados Unidos y para entrar a Ginebra. Llegaron a Ginebra con sus pasaportes, sus tambores, sus pitos, sus chirimías[45] y sus músicos. Llegaron y las autoridades no se dieron cuenta hasta cuando ya estaban en territorio suizo. Desde el aeropuerto, con sus tambores y todo, emprendieron una marcha. Su consigna era:

---

45. "Instrumento musical indígena de viento, de forma y voz similares a las del oboe" (Armas).

"Venimos respetuosamente y venimos en son de paz, y queremos ser recibidos en son de paz. Pero si no somos recibidos en son de paz, entraremos de todos modos. Entraremos a patadas".

Lo único que querían era llegar a lo que ellos siempre llamaron la *casa de vidrio*. Porque ahí se proclamaba su nombre y ahí se proclamaba el nombre de sus tierras, pero esa casa de vidrio no conocía un pedazo de la tierra de la que hablaba. Se referían a las autoridades norteamericanas y canadienses que tienen sus sedes, sus embajadas y sus misiones y que deciden por la tierra de ellos. Hicieron una marcha muy emotiva porque no tenían otras palabras más que oraciones, más que plegarias y más que músicas y más que el son del tambor. Y, efectivamente, entraron desafiando a las autoridades norteamericanas y a las autoridades de la Sociedad de las Naciones. Los policías no los dejaban entrar. Los iban a capturar pero ellos insistían en que venían en son de paz y que querían ser recibidos en son de paz, y que venían con respeto y que exigían respeto. Pero que, si no era así, entraban como diera lugar. Entonces se produjo una negociación. Tuvo que salir un representante de la Sociedad de las Naciones para recibir sus plegarias y sus demandas. Su demanda era guardar un minuto de silencio y rezar en los asientos que ocupan los gobernantes que toman decisiones en su nombre.

Se sentaron ahí, rezaron un minuto y se salieron.

Ha habido personas que han dado mucho a los pueblos indígenas. Debo recordar el papel del señor Augusto Willemsen Díaz. Don Augusto ha escrito un informe extraordinario, conocido como el *Informe Martínez Cobo*. Son tres tomos inmensos, de muchas páginas, para detallar específicamente los derechos de los indígenas. Don Augusto es un guatemalteco mestizo, admirador de la cultura maya y experto universal en derechos humanos de los pueblos indígenas y minorías étnicas en particular. Personas como él influyeron para que las Naciones Unidas se sintieran presionadas y crearan el Grupo de Trabajo sobre Poblaciones Indígenas. Los indígenas llegaron a las

221

Naciones Unidas a mediados de los años setenta. Después de los larguísimos trámites burocráticos, el Consejo Internacional de Tratados Indios logró su reconocimiento como organismo no gubernamental con estatuto consultivo en 1976. A la fecha, hay once organizaciones indígenas que tienen este estatus consultivo de las Naciones Unidas, pero pasaron muchos años para lograrlo.

¡Fue un trabajo logrado con tanta paciencia! Pasábamos por los chequeos para entrar a la ONU, aunque no lleváramos mayor cosa. Tenían que revisar nuestras bolsas, pasarnos los aparatos encima para ver si no portábamos un cuchillo o un arma. No pasaba lo mismo con todos los que entraban a la ONU: sólo bastaba con que enseñaran sus credenciales. Nosotros teníamos que pasar por unas pruebas más específicas. Corteses y amables, saludábamos a los policías, les dábamos una sonrisa. Cada vez que he estado en la ONU nunca he escatimado esfuerzos para saludar a los trabajadores, a los guardias. Hablar con ellos. Preguntarles de dónde vienen, de qué país son. Nos hicimos amigos de ellos.

En fin, yo creo que en el año 82, cuando Naciones Unidas oficializa el tema de los pueblos indígenas, fuimos llegando más y más indígenas hasta el punto de que, en los años 1984 y 1985, las Naciones Unidas se percataron de que el Grupo de Trabajo se había vuelto una tribuna valedera. Allí tuvimos la oportunidad de expresarnos con lenguaje diplomático. También los indígenas empezamos a aprender a hacer la carrera diplomática para no ser expulsados. No decir las cosas como están, sino darles veinte vueltas. Empezamos a exponer con cortesía y con diplomacia los grandes y terribles problemas de nuestros pueblos en Guatemala. Fuimos los primeros en dar a conocer la existencia de las Patrullas de Autodefensa Civil, la ocupación de nuestras aldeas; fuimos los primeros en recordar y dejar constancia de la tierra arrasada, las masacres, la quema de nuestras casas, la quema de más de cuatrocientas aldeas destruidas; fuimos dejando constancia poco a poco, con diplomacia para no ofender al Estado ni a sus amigos, de cosas tan profundas como el deseo de los pueblos a vivir, el derecho a la tenencia de la tierra y el derecho a la participación política y el derecho a ser protagonistas del destino de Guatemala; fuimos abordando los temas de la diversidad hasta que la gente nos fue conociendo.

Había hermanos cuyo problema principal era rescatar los tratados firmados cien o cientos de años atrás; tratados que nunca se cumplieron, que se quedaron llenos de polvo en los archivos gubernamentales y en las comunidades indígenas. Hasta la fecha existen tratados que son válidos para muchas tierras. Esperábamos con mucha ansia el informe de don Alfonso Martínez, de Cuba, para enterarnos de la situación actual de estos tratados. Naciones Unidas, a mediados del 83, consideró importante iniciar una centralización de dichos documentos para que fueran la base de un convenio internacional futuro, que diera respuesta y cumplimiento a los tratados. Se llamó, el Centro de Documentación de Pueblos Indígenas (DOCIF) en la ONU. Depositamos nuestra esperanza en ello. Año con año, fuimos alimentando ese DOCIF. Muchos hermanos acarrearon desde las altas montañas de sus comunidades sus copias de los tratados e, incluso, originales de ellos para depositarlos en ese centro. Era una memoria de los indígenas en Ginebra. Todo lo entendimos desde un principio. Menos el riesgo.

Íbamos entregando nuestro patrimonio sin condiciones. Absolutamente ciegos y confiados. No lo entendimos hasta un amanecer de agosto del 89 cuando oímos que el Centro de Documentación se había incendiado y no quedaban más que cenizas. A lo largo de casi una década habíamos ido depositando todos los documentos que tenía nuestra gente. Teníamos la gran ilusión de que alguna vez existiera una declaración universal sobre los derechos de los pueblos indígenas porque, si alguna vez las Naciones Unidas declararan como legal la vida de los indígenas sobre la Tierra, les darían entonces un marco jurídico legal. Hasta ahora los indígenas somos ilegales ante las Constituciones creadas a nivel nacional; ilegales ante las instituciones y las normas internacionales porque no aparecemos como pueblos específicos en la Declaración Universal de los Derechos Humanos. Simplemente no existimos, no existen nuestros derechos. Naciones Unidas nos podría dar una certificación de legalidad, un reconocimiento. Fuimos abordando esos temas con bolivianos, peruanos, mexicanos y con otros de diversas regiones del mundo. Nunca vamos a olvidar a doña Erika Daes, griega, a don Miguel Alfonso Martínez, cubano, que fueron estudiando toda una vida para responder a nuestros sueños.

En todo caso, la inmensa mayoría de pueblos indígenas están en el continente americano. Los pueblos del Pacífico, de Australia, de Nueva Zelanda son hermanos que vivieron la colonización más recientemente y que también tienen una profunda raíz en sus culturas milenarias. Ahí se ve de forma muy clara la herencia milenaria de los pueblos. Hablamos de pueblos originales, de pueblos fundadores, de regiones de cultura.

El concepto de *indígena* fue de lo primero que se discutió. Se concluyó que era importante aceptar la denominación de indígena. Pasó algo increíble. Llegó la gran mayoría de nuestra gente. Vinieron desde los Andes, desde los cerros de Bolivia, desde las tierras de Perú. Vinieron cantidad de hermanos desde todos los rincones de Ecuador, de Brasil y de Chile. También venían de Centroamérica, porque en aquel entonces el tema misquito era un tema discutido a nivel mundial. Los Estados Unidos estaban manipulando ese argumento. Se postulaban como protectores de los misquitos. Sin embargo, los mismos Estados Unidos tenían que hacer mil cosas para tratar de marginar a los hermanos lakotas, los hermanos y hermanas de las primeras naciones. Todo eso creó divisiones entre nosotros. También sufrimos los efectos de la guerra fría pues, a pesar de que defendíamos intereses comunes, también teníamos que guardar nuestra identidad política e ideológica. Sería mentira decir que a los indígenas no nos atravesó la guerra fría igual que atravesó a todos los pueblos de este continente. Había mucha fragmentación entre los indígenas y sería mentir si no se reconoce que hasta la fecha continúa esa fragmentación.

Naciones Unidas tiene otra tribuna para minorías étnicas, la Subcomisión de Prevención de la Discriminación y Protección a las Minorías Étnicas. Son órganos de mayor nivel jerárquico. El Grupo de Trabajo de Poblaciones Indígenas tenía un nivel más bajo, porque había sólo cinco expertos, uno por continente en ese entonces, que eran electos a través de la Subcomisión de Prevención y Discriminaciones. Creo que fue el año de gracia para los pueblos indígenas en la tribuna internacional. Desafortunadamente, no lo entendimos, porque nos dividimos en distintas posiciones y distintos intereses. De todos modos, Naciones Unidas se dio cuenta, en el 84, de que el Grupo de Trabajo se volvía una tribuna poderosa, por lo que decidió cancelarlo en 1985, supuestamente por falta de fondos. Comenzamos entonces una lucha muy intensa. Las ONG se juntaron con nosotros. Los medioambientalistas también se añadieron en un determinado momento y entonces hicimos que Naciones Unidas reconsiderara su decisión. Dijimos que, financiada o no, no soltábamos esa tribuna. Así que el Grupo se quedó y continuó con el proyecto de Declaración Universal que hoy tenemos la esperanza de que pase a otros órganos superiores de la ONU y que entonces, algún día, por lo menos los indígenas tengan esos principios universales para poder existir sobre la Tierra y puedan exigir sus derechos.

El año 89 fue un año crucial: cae el muro de Berlín y surge el complejo tema de los pueblos indígenas y su diferencia con minorías étnicas. Resurgen una gran cantidad de grupos. Todas las minorías étnicas tienen sed de encontrar tribuna internacional. Se vuelve mucho más masivo y amplio el Grupo de Trabajo de Poblaciones Indígenas. Vienen gentes de todos lados: de Japón, de Tíbet, de la India, de Tailandia; vienen minorías de muchos otros lugares de África y Asia, de todos lados. Pero el problema más grande fue que, por primera vez, llegaron todas las minorías étnicas en el este de Europa. Además, se suman los medioambientalistas y, por si fuera poco, se introduce el tema del Quinto Centenario. A eso había que añadirle las luchas nacionalistas de otras partes.

Había Gobiernos que asistieron al Grupo de Trabajo. Sobre todo los Gobiernos que preveían una denuncia contra su país. También esto constituyó una riqueza. Habría sido peor una falta de diálogo, que cada quien hablara en foros distintos. Fue un proceso natural. Los Gobiernos asistían como observadores, pero al mismo tiempo estaban haciendo trabajo de corredores. Los Gobiernos se involucraron en buena medida. El Grupo de Trabajo fue un instrumento para ir construyendo algunas nuevas partes en las legislaciones. Permitió que los Gobiernos y los pueblos indígenas no se enfrascaran en una guerra total para descalificarse mutuamente, sino más bien se unieran a la búsqueda de un consenso de acercamiento, diálogo y, en algunos casos, alianzas. Finalmente se inicia un proceso de negociación y de diálogo con los representantes gubernamentales. Fue una lección muy válida. Debemos seguir valorándola y alimentándola. La nueva relación que planteamos con los Gobiernos tiene como base el diálogo, la negociación. Se necesita confianza entre los pueblos indígenas y los gobernantes. Hay que reglamentar esta relación. No sólo que los Gobiernos hagan sus leyes a espaldas de los pueblos indígenas sino que involucren a los interesados. Se ha avanzado mucho en esa relación. Las sesiones del Grupo de Trabajo es la única tribuna donde se puede escuchar a los indígenas y a los Gobiernos no indígenas.

Ahora viene una etapa sumamente difícil para nosotros los indígenas y es la confusión entre minorías étnicas y los pueblos indígenas. Empezando por el concepto étnico. Cada quien lo usa a su manera. Luego, el concepto de minorías, con el problema de si todas las minorías deberían ser etnias. Después el concepto de pueblos indígenas. A los humanos les gusta complicarse la vida. En el área de las minorías étnicas hay pueblos originarios. O sea, hay una connotación que no sólo es religiosa sino que podría ser la de culturas antiguas que forjaron su propia identidad, que generaron un carácter específico. Por ejemplo: hablar de indígenas en la India es una paradoja. Ellos son indios auténticos pero llamarlos indios o indígenas sólo es confundir el concepto. Ahí hay que hablar más bien de pueblos originarios que, dentro de la rica diversidad cultural india, tienen una especificidad. Si mezclamos los asuntos de los pueblos indígenas con grupos que ellos consideran minorías dentro de su territorio, entonces nos meteremos en un conflicto sin salida y sin perspectiva. La inmensa mayoría de países no está dispuesta a declarar respeto a las minorías. No está dispuesta a respetar a las minorías con derechos específicos. Otro ejemplo es la situación de los caren, los mon en Birmania y en Tailandia. Los caren, los mon, ni siquiera son mestizos. Tienen la misma identidad. Sólo que su cultura es tan profunda que hay pueblos que reivindican los valores que consideran como una identidad propia.

También vivimos una experiencia muy hermosa el año pasado en Tailandia, con los refugiados de Birmania. Al verlos yo dije: "¡Ésta es mi gente!". Tuve la sensación de estar con los mayas en el campamento de Quintana Roo, de Campeche o de Chiapas. Uno quisiera abrazar las causas de todos los pueblos y en todos los continentes, pero la conciencia de los propios límites lo obliga a cuidar y a defender su parcela, que son los pueblos indígenas de América. Estoy consciente también de que el reconocimiento de los pueblos indígenas puede provocar una serie de problemas para algunos Estados en algunos países. En España hay vascos, catalanes, gallegos, etcétera. En Irlanda hay una profunda división. Los Balcanes mantienen un equilibrio precario y también la India enfrenta problemas de este tipo. No digamos en los países africanos. El tema es vasto y preocupante. Y, sin embargo, la justicia del reconocimiento de los derechos de los pueblos indígenas tiene que ser universalmente aceptada.

Considero un privilegio haber participado en el Grupo de Trabajo sobre Poblaciones Indígenas de la ONU. El proyecto de Declaración Universal de los Derechos de los Pueblos Indígenas contempla que los Gobiernos algún día se vean obligados a cumplirla. Será un largo proceso. Sería más cómodo y más gratificante, para mí, defender sólo a mi aldea, Chimel. Espero que algún día haya una comunidad estable ahí. Lucharemos por mantener el ecosistema y por mantener un desarrollo integral en Chimel, crear las posibilidades de una vida digna para la gente. Aunque nunca más volviéramos a vivir solamente allí, ni yo ni mis hermanas, que mi hermano tenga su derecho a vivir ahí, aunque los nietos y los huérfanos de nuestra familia tal vez no puedan volver. Éste es un caso, apenas, de tantos en Guatemala. Hay gente que luchó toda una vida. Hay generaciones que lucharon por un pedacito de tierra y que nunca fueron dueñas de ese pedazo de tierra, pero el problema de la tierra es un problema general o continental.

La incomprensión para con los pueblos indígenas es producto también de la intolerancia, de la corrupción y de la ignorancia. Hay que flexibilizar la posición de algunos Gobiernos como Brasil. Yo he conocido a los funcionarios brasileños muy a fondo en Ginebra. Han tenido una actitud verdaderamente cerrada. Pero otros Gobiernos no son menos. Costa Rica todavía está pensando si los indígenas son o no ciudadanos. Es increíble y es duro pensar que en esta nación hayan convivido seres humanos que nunca fueron reconocidos como tales. Los hermanos indígenas de Norteamérica viven en reservas. Ellos han sido exterminados o son hostigados permanentemente.

La resistencia con la tierra es un rostro común de los indígenas en todo el continente. Tan sentido y tan real que ningún Gobierno se ha escapado de ello. Algunos indígenas han tenido mejores condiciones, porque quizás se firmaron tratados hace muchos años y los tratados siguen estando vigentes. Los hermanos canadienses y los hermanos norteamericanos tienen tratados, pero no se han cumplido. Sin embargo, existe una esperanza de que se cumplan y que se hagan valer como se debe. En nuestro caso, no ha habido tratados. Simplemente hay un reinicio de trámite de la tierra. Nunca la tierra estuvo en manos de la gente, según las leyes no indígenas. Incluso ahora, las tierras que han sido peleadas por sus dueños de generación en generación, el Gobierno está tratando de venderlas. El problema de la tierra es profundo y son pocos los Gobiernos que están haciendo legislaciones nacionales para la tierra.

México se declara como pluricultural y multiétnico. Eso da una posibilidad de que los hermanos generen un proceso distinto. En México hay un proceso diferente, sobre todo en Chiapas. Actualmente hay un desenvolvimiento nuevo, que inicia y que no hay que perder de vista. Si México sabe sacar adelante este proceso, si encuentra una verdadera y profunda solución política a ese conflicto armado, sería un gran ejemplo para el continente por los acuerdos que se han ido generando, por el debate, la discusión y los cambios legislativos que se están trabajando.

También en Brasil se generó una iniciativa que era la demarcación de las tierras indígenas. Pero después, de un Gobierno a otro, las cosas fueron retrocediendo. La costa atlántica nicaragüense sigue siendo interesante porque allí se está hablando de la autonomía dentro de la unidad nacional. Incluso se está hablando de la experiencia de los Gobiernos autónomos. En Guatemala, mi tierra, hay grandes avances que irán dando sus frutos. Hemos trabajado incesantemente para contribuir a la construcción de una nación multiétnica, multilingüe y pluricultural, convencidos de que nuestro único futuro es intercultural. Son progresos que tenemos que defender. Hay que reconocer muchos avances en muchos lugares. Pero los avances no han implicado un cambio significativo en la manera que los gobernantes tienen para atender las necesidades de los pueblos y sus reivindicaciones sentidas y justas. Guatemala es el epicentro de América y nuestros logros brillarán como luz de esperanza para un continente y para los pueblos indígenas donde quiera que estén.

CAPÍTULO 8

Las víctimas no eligen

Las víctimas, de cualquier forma, no tienen opción. No podemos elegir. No podemos decir: "Yo escojo esto para mí, yo debo pagar este precio". No se puede elegir hasta dónde llega nuestra capacidad de sufrir. Las víctimas no eligen, uno tiene que vivir lo que tiene que vivir y tiene que enfrentar lo que tiene que enfrentar. Un pedazo del dolor de uno no puede dejarlo para mañana, ni se puede repartir entre todos. Recuerdo que me quedé en Huehuetenango después de la muerte de mis padres, después de que no sabía nada de mis hermanos, después de que pensé que era la única sobreviviente de la familia. Eso me llevó a un estado de ánimo muy difícil. No lo conté en el libro *Me llamo Rigoberta Menchú* por vergüenza. No tuve el valor de contarlo. No aguanté compartir mi dolor porque mis heridas estaban abiertas.

Ya no quería saber nada de nada. No quería saber nada de la fe, nada de la vida, nada de rezar o no rezar. Esto me avergonzaba porque mis padres, mis abuelos, mi gente me enseñaron la fe, la esperanza. Ellos me hicieron fuerte. Y, en ese momento, me sentí un ser humano pero totalmente vacío. Veía el futuro como una inmensa oscuridad. Tenía mucho miedo de sólo pensar que no tendría nunca más la protección de mis padres. Nunca volvería a sentir el calor de las manos de mamá, nunca tendría la oportunidad de decirle tantas cosas que me habría gustado decirle. Cuando se pierde un hogar, se pierde un pedazo de vida.

En ese tiempo estaba en un convento. Las hermanas me invitaban a rezar, a pedirle a Dios y todo lo demás, pero yo, en el fondo, no creía ni quería creer en eso. No había hecho nada malo y era demasiada humilde como para merecer ese castigo. No puedo olvidar tanto cariño y apoyo que recibí de las hermanas religiosas de la Sagrada Familia. Sin ellas, no sé cómo habría enfrentado esa situación. Sólo un sueño me hizo revivir después de quince días. Tenía úlcera, depresión, tristeza y un montón de cosas más. Me sentía perdida.

Entonces, un día, soñé a mi papá. Era durante el día. Ni siquiera era de noche. Las monjas me cuidaban día y noche para que no hiciera ninguna locura, para que no hiciera algún acto indebido, para que no estuviera tan sola en la vida y también para que no me escapara. Aunque en ese entonces no tenía fuerzas para nada. No dormía por las noches. Tenía largas, largas noches. Nunca he vivido noches tan largas como ésas. Nunca pasaban. La pérdida era demasiado grande. Hasta la fecha, creo que nadie me devolverá la felicidad de mis padres.

Entonces me dormí un rato durante el día y soñé a mi padre. Estaba tan tranquilo y tan igual como si estuviera vivo. Ese sueño nunca se me olvidó. Fue una referencia en mi vida. Llegó y me dijo: "Hija, ¿qué estás haciendo?". Yo le respondí: "Papá, pero usted está muerto". "No, *mija*. Yo no estoy muerto". Me miró. Me tocó la frente y me dijo: "Pero... ¿qué estás haciendo? Tú no eres la hija que conozco. Eres otra gente. ¡Me duele tanto que hayas cambiado y que te hayas portado tan mal, como si no fueras mi hija!". Y se volteó mi papá y se fue. Yo me levanté y como que empecé a reflexionar de nuevo. Empecé a recordar a los compañeros del CUC que me habían perdido. Empecé a pensar en mi papá. Empecé a recordar sus cualidades, toda una vida de lucha, su valentía, su humildad, su entusiasmo de la vida. "Es cierto", pensé. "Si estuviera mi papá, ¿qué me diría?". Y comencé a reflexionar normalmente.

Esa tarde llegó la hermana superiora, la hermana Gertrudis, y me preguntó si quería comer algo. Le respondí que no, que sólo quería salir al campo, que sólo quería volver a sentir el contacto con las cosas. Lo recuerdo muy bien. Salí al campo y entonces inicié a tener interés por la realidad, por la vida, por los acontecimientos. Duró pocos días, porque me andaba buscando el Ejército. Estaban catcando muchas casas. Estaba controlado el convento. Aparecían en las esquinas gentes sospechosas. Entonces me dijo la hermana: "Es doloroso, pero tienes que irte".

Una madrugada, como dos o tres días antes de salir de Huehuetenango, soñé que estaba embarazada. Estaba llorando, pues en aquel entonces era una niña y sentía el embarazo tan pesado... Estaba perturbada. Estaba sola, estaba desesperada y estaba embarazada. Cuando me desperté, estaba llorando amargamente, sentía mucho miedo y no podía adivinar el significado de ese sueño. Se me quedó grabado en la mente. Cada vez que lo recuerdo, lo siento como si fuera ayer. Y me dije: "Pero qué loca soy". Por muchos años de mi vida no olvidé la desesperación que sentí esa madrugada. Luego, empecé una vida distinta.

Sin embargo, admito que no salí de la crisis por muchos años. Es más, la muerte de mis padres vivía siempre en mi memoria. Jamás aceptaré el asesinato de los míos como algo normal, y mucho menos que alguien me diga que es el costo de la justicia o que es el costo de la paz.

Salí del convento y me fui a otras casas. El convento y las hermanas religiosas eran mi apoyo, eran mi fortaleza. Parecía que el convento era el lugar ideal para mí. Toda la vida guardaré gratitud por haberlas conocido y haber aprendido de ellas. Me recomendaron a otro lugar. Fue cuando me llamaba Catalina. Fui a caer a otro convento en la capital guatemalteca. Eso

233

lo cuento en el primer libro. Después salí. Se lograron tramitar los papeles. Salí de Guatemala por avión. Me sacaron las hermanas.

Me acompañaba una de ellas, cuya misión era buscarme un lugar en México. Salí con pasaporte legal porque las hermanas trabajaron para tramitar mis papeles. Eso sí, iba disfrazada. Me había cortado el pelo y me habían puesto vestido de ladina. Lo que más hice fue meter un corte y un güipil en la maleta, temerosa de que eso también me denunciara. Me sentía desnuda, rara, con el pelo corto y rizado. Me sentía demasiado perseguida. Todavía guardo una fotografía de ese tiempo. Era la primera vez que subía a un avión.

Cuando subimos al aire sentí como que iba a empezar una nueva vida. Escribí un poema sobre ello, pero lo perdí. Se llamaba *La hija de Imu't. Imu't* es una planta que comemos mucho en el campo; es medicinal, cura el hígado, pero la comemos como hierba y sigue siendo mi favorita. Se llama hierba mora en español. Me di cuenta de que no tendría ninguna alternativa. Tampoco podía cerrar los ojos e imaginar el futuro. Sentí que era algo nuevo. Más nuevo que cualquier otra cosa que uno pueda vivir.

Nunca había visto un avión de cerca, mucho menos estar adentro. Cuando yo era niña recuerdo muy bien que sobre mi tierra pasaba de vez en cuando un avión lejos, lejos. Siempre me quedaba mirándolo, veía el aparato y la estela blanca en el cielo azul y me maravillaba. No podía explicarme la grandeza del conocimiento de las personas que hacen un avión o que manejan un avión. Cada vez que mi padre iba a la capital también me llevaba a un zoológico que quedaba cerca del aeropuerto y, muchas veces, durante horas, contemplábamos los aviones que llegaban y que salían. Nunca me imaginé en qué condiciones iba a tomar un avión.

La hermana que me acompañaba era la hermana Gladis. Ahora puede ser que esté viviendo en Europa. Es guatemalteca, de la orden de la Sagrada Familia. Cuando llegamos a la ciudad de México, fuimos a un convento. No recuerdo ahora cuál era. Nunca llegué a saberlo. Nosotras buscábamos a un sacerdote y a un obispo mexicanos, y nos dijeron que estaban en Tehuantepec. Tal vez estábamos buscando a monseñor Sergio Méndez Arseo, pero no recuerdo. Entonces la hermana me dijo que lo mejor sería que agarráramos camino para Tehuantepec y al día siguiente salimos.

Allí había una conferencia de obispos, sacerdotes y laicos de América Latina. Cuando llegamos, salió un señor moreno, sonriente y cariñoso y dijo: "¿Pero, hermana, qué hacen aquí?". Entonces yo me di cuenta de que conocía a la hermana Gladis.

Era Samuel Ruiz, el monseñor inmortal de Chiapas.

Reconoció mi traje, porque yo ya me había puesto mi corte. Me había amarrado la cabeza con un *perraje* pequeño para no enseñar mis colochos y mi pelo cortado. Monseñor me dijo: "Usted es de Guatemala". La hermana respondió por mí: "Sí, somos de Guatemala".

Los obispos me invitaron a hablar de lo que pasaba en Guatemala. Ellos tenían mucha información del dolor generalizado del pueblo de Guatemala. Entonces les hablé. Monseñor Sergio Méndez Arceo me contó que él conservaba la grabación de esa primera intervención que tuve en Tehuantepec. Me comentó: "¡Cuánto has crecido, mujer! Porque cuando yo escucho esa grabación me doy cuenta de que tu español estaba muy lejos de ser comprendido en su totalidad por nosotros". Me dijo, antes de su muerte, que me iba a dar una copia. Me habría gustado oírla porque no recuerdo lo que hablé ni cómo lo dije.

Cuando vi a los obispos y a toda esa gente, se me olvidó que no hablaba muy bien el español. Sólo quise comunicarles mi dolor. Todos se quedaron muy impresionados. Tanto que me querían llevar a sus países. Recuerdo muy bien al de Venezuela. Otro me dijo que venía del Perú. Había obispos de Ecuador, de Brasil, también. Que si quería, que me fuera con ellos. Pero yo no perdí de vista a monseñor Samuel Ruiz. Estuvimos como dos días en Tehuantepec y, cuando se terminó la conferencia, monseñor me llevó en su vehículo. Así fui a vivir a la comunidad de monseñor Samuel. Él decía: "Esta niña está muy mal". Era la diócesis de San Cristóbal de las Casas. Monseñor Samuel Ruiz me presentó a su hermana, doña Lucha. Ellos me dijeron: "Ésta es tu casa". Monseñor Samuel Ruiz es un milagro en mi vida y en la vida de mi gente. Será inmortal en los corazones de tantas víctimas, será inmortal en mi corazón.

El obispo me dijo que había sido una bendición que hubiera llegado a su casa, porque esa zona era de mi gente, pues es una zona maya. Entonces empecé a entender lo que es nuestro nombre originario. Allá en Guatemala nunca nos dijeron que éramos mayas. Nos sentíamos orgullosos de ser uspantecos, kichelenses o ixiles, pero nunca existió la conciencia de pertenecer a los mayas como pueblo. Yo ya estaba orgullosa de mi identidad, pero no había conocido una explicación elaborada o sistematizada de nuestra historia. Antes que nada, me vio un médico, quien me recetó una cura de sueño de quince días.

Cualquier ruido que escuchaba pensaba que eran balas, por mucho tiempo cargué el terror que llevaba en mi vivienda.

Yo no me sentía enferma. Tenía encima el peso de la represión. Seguía con ese sentimiento de absoluta desgracia. El doctor me hizo dormir horas y horas y horas. Dormía y me llevaban la comida. Yo protestaba, pues me daba pena, pero el obispo me decía: "No, aquí te vamos a atender como a una reina. Tú no vas a salir más que para ir al baño. Te duermes, te bañas cuando quieras. La comida y todo te lo traemos aquí".

Fue un trato muy especial. La hermana de monseñor, doña Lucha, se identificó conmigo como si fuera su hija. Le contaba durante horas, durante días, lo que había pasado con mis padres y terminábamos llorando de tristeza y de impotencia. Una excelente mujer. Una gran amiga.

Entonces yo dormí, dormí, dormí, hasta que me dio de alta el doctor. Me dijo: "Tú ya estás bien. Ya puedes trabajar".

Monseñor me había comprado muchos trajes de los hermanos de Chiapas, trajes de tzeltal y de bachajón. Me había comprado güipiles maravillosos, cortes bonitos. Me dijo: "Yo te quiero ver vestida muy alegre, tan vistosa como tu propia vida. Todo lo que has vivido se tiene que convertir en vida". Somos mujeres multicolores. Cuando usamos un traje negro, gris u oscuro nos ponemos muy tristes. En cambio, cuando me pongo mis trajes y mis güipiles surtidos de colores, me dan ánimo y me dan vida. Creo que los güipiles no sólo visten el cuerpo sino visten también el alma. Hicimos una gran amistad con monseñor.

237

Yo también lo llegué a llamar *tatic*[46], porque así le decían los tzeltales. Yo nunca llamé a monseñor por su nombre. Sólo le dije *tatic*. Entonces empecé a acompañarlo en sus giras pastorales vestida de tzeltal. La gente creía que hablaba su idioma, pero no era así. Entonces empecé a hablar el español. Trataba de comunicarme. Los niños, los tres hijos de doña Lucha, me corregían el español. Cada cosa que yo decía mal en español, ellos me corregían. Chiapas me devolvió la vida. ¡Chiapas... toda la vida! Chiapas también me concientizó de la necesidad de cambios. La miseria, el hambre y la injusticia en que vivía la gente me hacían recordar a Guatemala.

De nuevo volví a ser alegre. Yo siempre fui alegre, desde pequeña. Siempre fui chistosa, siempre fui factor de alegría en la casa. Estando en Chiapas conocí varios conventos religiosos, recibí un gran apoyo de los religiosos. Íbamos con ellos y con monseñor a las aldeas, a los pueblos. Monseñor a veces montaba a caballo. Me decía, te vamos a contratar un caballo. Yo nunca había montado un caballo en mi vida. Entonces le respondía: "No, yo prefiero caminar". Y monseñor caminaba con las monjas por muchas aldeas y pueblos. Quería reconocer allí a la comunidad que había dejado.

La gente era maravillosa. ¡Era tan alegre! Quería rescatar mi sentimiento de catequista. Mi padre era catequista y entonces

---

46. En los idiomas mayas, *tata* significa "señor" y, en el ámbito familiar, "padre".

yo sentía una obligación con él. Me rescaté allá y empecé a aprender muchas cosas. Había promotores de salud que se metían en las aldeas. La situación ya era difícil. Había persecución, había algunos asesinatos y desaparecidos. Había que tener mucho cuidado y así lo hicimos. Mi madre fue curandera, conocía las plantas, fue comadrona. Entonces yo quería rescatar lo que era también mi madre y aprendí muchas cosas. Por ejemplo, aprendí a poner inyecciones, una cosa simple que para mí era un gran descubrimiento.

Estuve en el hospital de Comitán con el doctor. Llegaba el obispo y me decía: "Tú tienes que aprender. ¿Por qué no aprendes a ser promotora de salud ya que te gusta? La gente humilde lo necesita. Si es así, te mando con un doctor para que le pierdas el miedo a una inyección y luego podrías aprender a hacer una venodisección". "¿Y eso qué es, *tatic?*". "Se corta un poco la piel, luego se sacan las venas, se cortan y se cosen de nuevo". Él me tomaba el pelo porque era muy chistoso; yo, en cambio, me moría de los nervios. El doctor se llama Gómez Alfaro y llegó a ser un gran amigo para mí. Y también un gran maestro.

Después le dije a monseñor: "Yo también quiero vender en la tienda". Su hermana tenía una tienda de arte indígena y así empecé a vender en la tienda de San Cristóbal de las Casas.

En eso se me venció la visa. Me habían dado un mes de visa en México y el tiempo se me pasó. Entonces comencé a vivir como ilegal. Yo les tenía terror a las autoridades. Monseñor me dijo: "Te llevo a la capital y vamos a arreglar tus papeles. Vamos a pedir una visa más duradera". Yo le contesté que tenía miedo de que me sacaran de México. Eso me hubiera dejado como huérfana, pues monseñor era la sustitución de mi papá. Su casa la sentía como mi nuevo hogar. Me daba confianza y esperanza. Me hizo tomar, de nuevo, contacto con la gente, me hizo pensar que valía la pena ser trabajadora social. Seis meses más tarde, monseñor me dijo: "Tú tienes que recibir un curso de capacitación de primeros auxilios en Comitán, con los hermanos maristas". Yo creo que saqué puntos muy altos en ese curso por la ansiedad de aprender. Los que no hemos tenido el tiempo normal para aprender, duplicamos nuestros sentidos para absorber lo nuevo. Porque no es el deseo de atesorar títulos ni números, sino el sentido de aprender el conocimiento. Fue un aprendizaje oral, porque aún tenía dificultades con los libros. ¡Tenía tantas ganas de aprender para servir mejor a la comunidad! Ni siquiera tenía idea de cuál comunidad debería de servir, pues todo seguía siendo extraño para mí.

Ahí inició todo. Después me dice monseñor: "¿Sabes qué? Dicen los hermanos religiosos en Guatemala que aparecieron dos niñas parecidas a tus hermanas". Yo sentí que me volvía la vida, pero tenía miedo de que eso no fuera verdad. "¿Cómo hago para saberlo?", le contesté. "Podemos ver la posibilidad de que vengan", me respondió. Yo rogué que hiciera todos los trámites. Que hiciera milagros si era posible. En efecto, los sacerdotes en Guatemala y algunos parientes habían encontrado a mis dos hermanitas Anita y Lucía.

Efraín Us Contreras, pariente de mis padres, las acompañó durante un buen tramo del camino, las fue a dejar cerca de la frontera. Poco después Efraín fue asesinado. Efraín Us era de Cholá y fue asesinado en el pueblo de Uspantán. Entonces ahí empezó mi sentimiento de volver a Guatemala. "Son mis hermanas y son mis hermanos", decía yo. "Debo volver a la tierra, debo volver". Tenía mucho amor por volver a Guatemala. Soñaba día y noche con volver a Guatemala. Tenía grandes deseos, grandes ilusiones.

Iba terminando el curso cuando monseñor logró sacar a mis dos hermanitas. El encuentro con ellas no lo sé describir. Yo creía que la niña más pequeña estaba muerta. En cambio, después de que murió mi mamá quedó perdida de casa en casa. Caminaba horas para ver si todavía vivían los caballos, las ovejas, los cochitos, las gallinas, y si vivían los animalitos de la casa. La relación con mis dos hermanitas me hizo también sentirme inútil por la actitud que había tomado. Me juzgué débil, pues tenía a una hermanita que, siendo más pequeña, había vivido lo peor, pero era alegre y valiente. Estuvimos quizá dos semanas en Chiapas y pasamos allí la Navidad de 1980. Mi hermanita tendría unos diez años, creo yo. La otra tendría sus trece. Eran muy pequeñas todavía. No crecieron mucho. Siempre fueron chaparritas.

Nos pusimos de acuerdo las tres y dijimos: "Esta Navidad nos vamos a poner una verdadera borrachera". Nos tomamos como tres botellas de ron en tan poco tiempo que yo perdí la noción de la realidad. Recuerdo que mis hermanas lloraban y yo les decía: "No lloren, no lloren". Nos quedamos en la casa de una amiga que se llama Lucha, como la hermana de monseñor. Estábamos en Comitán. Ahí pasamos la Navidad. Nuestra primera Navidad sin la familia, sin la casa, fuera de nuestro país, fuera de Chimel.

Yo me desperté como a las tres de la tarde al día siguiente. Como a las ocho de la noche del día anterior habíamos perdido absolutamente la noción de la vida y de todo. La *goma*[47] fue el tormento más terrible, porque nunca nos habíamos emborrachado. Es la única borrachera grande que yo he tenido en la vida. Monseñor Samuel Ruiz no se enteró, naturalmente. Dijimos entre nosotras que nunca le contaríamos, pues era un pecado venial.

Después de eso nos marchamos a la ciudad de México y estuvimos allí como unas dos semanas. Ya en México, conocimos a Alaíde Foppa, una gran compatriota intelectual. Una mujer de lucha y de conciencia. Era poetisa y escritora. A ella le han rendido grandes homenajes en ese país. Fuimos las últimas personas que ella entrevistó antes de su secuestro. Alaíde Foppa era una mujer muy elegante y sensible. Junto con ella conocimos a Bertha Navarro y fue la primera vez que nos filmaron. Hay una filmación de esa historia. Bertha dijo que nos iba a pasar en un programa de televisión. Yo me llamaba Lupita, una hermanita se llamaba Josefina y la otra se llamaba Angelina.

---

47. Resaca.

Nos hicieron hablar en un programa radial. Mis hermanas no hablaban mucho porque ellas no entendían el español, pero yo me defendía bastante bien. Sobre todo porque había estado con las hermanas de la Sagrada Familia y porque en Chiapas estuve seis meses en cursos de capacitación. Alaíde nos dio una comida que era como ella, muy elegante. Como dos días después se fue a Guatemala. Y allá fue secuestrada. Nunca más apareció. No entendíamos nada, pero se me quedó el recuerdo de esa mujer que tan pocas veces traté personalmente. Ya después, supe de su historia, la de sus hijos y de sus escritos. Es una de los intelectuales que también tienen una huella en nuestra historia, una huella en la memoria del pueblo de Guatemala.

Mis hermanas eran mis niñas terribles. No querían vivir en México. Cada instante recordaban a mamá, recordaban a papá, la casa y todo. Me hacían la vida imposible todos los días, porque lloraban y porque decían: "Nosotras tenemos que regresar". Además, se peleaban tanto que parecían gallinas encerradas en un cuartito. Tenía que venir a interrumpirlas. A veces tenía que pegarles a las dos, porque se agarraban y se peleaban; tal vez les hacían falta las nubes de Chimel, los campos, las montañas, la libertad. Tal vez les hacían falta las caricias y la ternura de mamá. Era tan difícil la situación que yo pensé que, tal vez volviendo con nuestra gente, podría gobernarlas mejor.

Ellas vivían nuestra tragedia de otro modo. Quizá se habían convertido en unas niñas más fuertes que yo. Había momentos en que nos estallaban los más grandes sentimientos. Nos poníamos muy tristes y parecía que fuéramos las más atropelladas sobre la Tierra. Lloraban, pero no tan resentidas con todos. Les venían sus tiempos de tristeza. Pero, como todo niño, tenían otra visión del momento. Yo era la que más sufría. Pensaba que me había quedado sola con ellas. No sabía qué hacer ni qué pasaría con nosotras. Cuánto tiempo podríamos vivir de casa en casa o de convento en convento. ¿Cuál podría ser nuestro destino? Ellas eran más tranquilas y más fuertes.

241

Incluso me regañaban a veces. Yo platicaba con otras gentes y a veces me ponía a llorar. Ellas me decían: "No hagas eso porque se ve muy feo. La gente no lo va a entender". "No queremos que piensen que somos unas niñas chillonas". Y me regañaban las dos. Se convirtieron en unas diablitas. Me querían tanto como yo a ellas. No podríamos vivir sin estar juntas. Pero yo no podía controlarlas. Nunca iba ser tan fuerte y tan tierna como mamá.

Al final, decidimos volver a Guatemala. Nos mandaron en avión a Chiapas. Habíamos vivido con las hermanas mercedarias, después con el hermano Vico, en un convento de seminaristas centroamericanos. Caímos allí, pero veníamos sólo con el fin de arreglar nuestros papeles y volver a Guatemala.

Las víctimas no escogen. Mis hermanitas y yo no teníamos ninguna posibilidad de escoger el futuro. No podíamos saber qué futuro nos esperaba. Yo no tuve ninguna posibilidad de elegir. Lo que hice fue dejarme acariciar por la misma vida o la misma suerte. Había un tiempo en que yo no pensaba en nada. No tenía ninguna emoción. Me sentía una niña. Cuando murieron mis padres yo me quedé con veinticinco quetzales[48], dos cortes, tres güipiles, un *perraje*, un par de caites. No tenía más bienes que estos. Si hubiera conocido el mundo capitalista me habría muerto de incertidumbre. Pero, gracias al creador, nunca faltó la solidaridad en nuestros caminos. Me nació, en los primeros años, como una inmensa ilusión de aprender. Yo misma me extrañaba. Dormía dos o tres horas. Era muy inquieta. ¡Necesitaba la respuesta a tantas preguntas! Trataba de ejercitar mi español, trataba de aprender a leer y escribir. Estaba muy atenta a lo que decía la gente. Mi oficio era oír, oír y oír. Sentía una inmensa capacidad de memoria. Parecía esponja: se me quedaban chistes, se me quedaban las bromas, se me quedaban las formas de cómo decir las cosas. Fui conociendo algo de los

---

48. El quetzal es la moneda nacional de Guatemala. La cantidad que menciona Rigoberta equivaldría, en esa época, a unos diez dólares.

nuevos conceptos que a diario fui encontrando. Si no encontraba el nombre en mi idioma, lo hallaba en español. Y al revés.

Fue entonces cuando regresé a Guatemala con mis hermanas. Regresamos al CUC, con los compañeros. Las tres hicimos la promesa de que volveríamos a retomar el trabajo de mi papá. Yo más que todo estaba dispuesta a volver a abrazar, a defender los principios y los ideales de mi padre. En Chiapas, nosotros habíamos recibido a las primeras familias refugiadas que llegaron. Sin documentos, sin ropa y sin nada, ¡caminaron tantas horas en las montañas! Habían perdido todo. Muchas señoras habían dejado perdidos a sus hijos menores en las montañas. Otros vieron la aldea ardiendo de fuego por los bombardeos y la masacre. Vieron quemar sus casas con sus seres queridos adentro. Recibimos a las primeras familias con monseñor Ruiz. Se crearon algunos centros para acoger a los refugiados. Las historias que contaban eran terribles. Cuando pensamos volver a Guatemala, creímos que seríamos muy útiles allí, a pesar de los riesgos. Yo pienso que así es el ser humano. A pesar de los peligros, vuelve a sus orígenes, a sus principios. Vuelve a correr los riesgos.

En esos pocos meses en nuestro país, pasaron muchos incidentes. Vino la represión. Cayeron muchos compañeros. Es muy difícil comunicar el dolor de sentir a gente tan cercana, que uno ha conocido, y que de repente uno ve en la morgue y sólo va ahí para reconocer su rostro. También había muchos desaparecidos. Cuando un compañero ya no volvía a la casa, había que mudarse porque no sabíamos si la misma suerte nos tocaba a nosotros. Había un Frente Democrático contra la Represión, que incluía a maestros, estudiantes, campesinos, sindicalistas; incluía a grandes personalidades. Uno a uno fueron saliendo al exilio. Incluso el ex rector de la Universidad de San Carlos, Raúl Molina, tuvo que abandonar el país. Casi todas las organizaciones populares perdían diariamente, uno a uno, a sus dirigentes. Otros pasaban a vivir en la clandestinidad. Ocultaban su identidad. Nadie preguntaba nada para proteger

243

nuestras propias vidas. Aprendimos a no decir nada de nosotros mismos, sólo guardábamos en nuestros corazones lo que habíamos vivido o lo que sabíamos. Si no regresaba algún compañero, todos corríamos riesgos; a lo mejor lo capturaron vivo, lo pueden torturar y nos puede denunciar. Todos teníamos mucho miedo a la tortura.

En medio de todo esto, cometimos un error. Estábamos haciendo una mudanza en un camión alquilado. Por un descuido, no amarramos las cajas. Al momento del traslado, se rompió una de las cajas y se desparramaron por el suelo todos los volantes de las distintas organizaciones populares y de oposición al régimen. El señor del camión se puso pálido, pálido cuando vio caer todo eso. Además, tuvimos que pasar tres retenes de militares disfrazados de policías. Si nos descubrían, nos hubiera costado la vida. Recuerdo los miedos tan fuertes que pasamos. Sentíamos el peligro de la muerte muy cerca de la propia piel. Claro que uno dice: "Yo quiero dar la vida por mi pueblo. Prefiero que me agarren muerto y no con vida". Pero, ya en el momento, es como que si uno dijera: "No, ahora no, ahora no puede ser. Tal vez más adelante". En fin, cometimos ese error por lo que ya no pudimos habitar esa casa. El dueño del camión hasta podía denunciarnos porque había recompensa por delatar a los opositores de la dictadura, a los opositores de los militares.

Los compañeros no tenían otra casa donde alojarnos y recibimos un castigo muy fuerte de los dirigentes, que no me voy a olvidar nunca. Nos mandaron a que cada uno buscara dónde vivir. Pero un campesino en la capital guatemalteca no es como un estudiante que podía haber ido a buscar a parientes y amigos. Un campesino está solo, sin nada, sin familia. Yo tenía a Chimel para recordarlo y nada más. Fue muy duro para mí. Empecé a recordar a los amigos de mi papá y encontré a una familia evangélica a quien le tuve que inventar toda una historia. Ellos no podían tenerme mucho tiempo en su casa porque eso tampoco era permitido, era riesgo para ellos. Teníamos que cumplir con ciertas reglas de disciplina. Sobre todo yo, que era la hija de don Vicente. Así fue como los compañeros del CUC me dijeron que ya estaba "muy quemada". Volver al campo era imposible, pues se había desatado la persecución, sobre todo con las Patrullas de Autodefensa Civil, con la militarización del campo. Habían sido asesinados muchos compañeros.

245

El Ejército estaba juntando campesinos en muchas partes del país para obligarlos a denunciar a cualquier extraño en la aldea. El Ejército ofrecía gratificación para todos los que denunciaran a un extraño ahí. Empezaban las primeras masacres. Con todos los peligros en la capital, y por una decisión muy profunda, mis hermanitas regresaron al Quiché. Se unieron a la guerrilla, se fueron como guerrilleras. Era muy triste para mí, pero me daba consuelo el hecho de no estar juntas. Por lo menos no nos podrían matar a las tres juntas. Mi hermana Anita antes de ir a la montaña me dijo: "Si estamos las tres juntas con una sola bala nos matan pero, si estamos separadas, pues tendrán que disparar muchas veces si quieren matarnos". No podía imaginar si ellas podrían aguantar la vida guerrillera y cómo serían sus condiciones de vida. Ellas contarán algún día cómo sobrevivieron. Los compañeros me dijeron: "Te vas de aquí". ¡Fue tan duro para mí! Me sentía culpable por dejar a mis hermanitas. Y ahora, de nuevo, me sentía sola y sin familia. Pero tuve que aceptar salir.

Nos fuimos por tierra. Atravesamos la República de Honduras y fui a refugiarme a Nicaragua. Dos personas viajaron conmigo. Uno hacía de chófer. El otro nos acompañaba. Pasamos todas las aduanas. No hubo problemas, aunque yo llevaba el pasaporte con mi nombre. Ellos decían: "Vamos aquí a Tegucigalpa". Eran comerciantes. Pasamos como comerciantes hasta llegar a Nicaragua. Allí fuimos revisados. Los sandinistas estaban tomando medidas muy estrictas. Pocos días después no tenía visa para vivir en Nicaragua. Entonces tuve que presentarme como refugiada en el Alto Comisionado de las Naciones

Unidas para los Refugiados (ACNUR). El Alto Comisionado me acogió y entonces me dio un pasaporte. En ese entonces en las Naciones Unidas existía un pasaporte formal, con datos de identidad y todo. Con el pasaporte de refugiada yo estuve viajando mucho tiempo hasta que la ONU lo canceló. Yo estaba en Miami. Fui detenida en Miami con pasaporte cancelado de las Naciones Unidas. Creo que fue más de un año después.

Cuando llegué a Nicaragua estaba la efervescencia de la solidaridad. Existía el Comité Nicaragüense de Solidaridad con los Pueblos. Ellos me organizaron una conferencia de prensa. Llegaron los medios de información nicaragüenses y extranjeros. A causa del tanto temor y de la cercanía del viaje tan trabajoso, a mí se me olvidó totalmente lo que tenía que decir. Fue la primera conferencia de prensa en mi vida. Al ver un montón de periodistas con cámaras y grabadoras sentí tanto miedo que ya no encontraba qué decir. Hasta tuve que usar mi identidad. Cuando me preguntaron cómo me llamaba, se me ocurrió responder: "Me llamo Catalina". Pero después me preguntaron el nombre de mi padre y yo se lo dije. En los periódicos del día siguiente se decía que la hija de Vicente Menchú se llamaba Catalina Menchú. Entonces tuve que aclarar que no me llamaba Catalina Menchú sino Rigoberta. En realidad, como ya dije antes, yo nunca me llamé Rigoberta sino hasta los diecinueve años. Yo he tenido estos nombres en la vida: Catalina, Lupita, Rigoberta y algunos otros. En ese entonces, casi que me daba lo mismo, pues mi nombre real, en mi casa, era otro.

Entonces me invitaron a los Estados Unidos. Esa vez salí como representante del Comité de Unidad Campesina, el CUC. Con la primera invitación a los Estados Unidos, empecé mi batalla de las visas. En Nicaragua empecé una peregrinación que se prolongó por diez o doce años de mi vida. Pedí las visas norteamericanas con mucha angustia porque es el símbolo más duro, para mí, de haber cruzado tantas fronteras. No es fácil para cualquier ciudadano pobre del mundo obtener la visa para entrar en los Estados Unidos, y con un pasaporte de refugiada es casi un milagro. Nunca fue fácil para ningún ciudadano del Sur entrar a los Estados Unidos y mucho menos para una refugiada. Tenía que pasar por una cantidad de interrogaciones, de chequeos, de muchas cosas, que a la larga eran una cantidad de intimidaciones y humillaciones. Entonces empezó el alboroto de la solidaridad, porque no me dejaban entrar a los Estados Unidos. Yo creo que ahí se inició el libro que nunca terminaré de escribir. Las dificultades, mi archivo en el Departamento de Estado que cargué conmigo por doce años. Hasta hace poco, en el 92, todavía existía, a pesar de que supuestamente no debería tener nada en el archivo del Departamento de Estado.

En Estados Unidos conocí a los hermanos indígenas. Yo pensé que no habían entendido mis palabras, pues yo era todavía muy reservada. Pero la gente nos recibió con mucho cariño y mucha amistad. Yo creo que el relato de la muerte de mis padres impresionaba a mucha gente que lo sentía como algo inaceptable bajo ningún punto de vista. Los informes sobre el terror que vivía el pueblo de Guatemala impactaban a todos los hermanos y hermanas. Estos hermanos indígenas, más tarde, en agosto, fueron los primeros que me hicieron la invitación para llegar a Ginebra.

Así, en agosto de 1982, fui a parar a la ONU. Éramos pocos los indígenas en los corredores de las Naciones Unidas. Parecíamos cuatro gatos raros y así nos trataban. Fuimos insignificantes para una cantidad de personas. En cambio, fuimos valiosos para la gente que tenía las mismas causas, que tenía la misma sensibilidad humana, que nos dio su casa, nos dio lo mejor de su vida. Porque yo recorrí el mundo, durante largos años, casa por casa, pueblo por pueblo, en distintos lugares, perdida en aeropuertos, perdida en estaciones de buses y de trenes siguiendo a la gente. Me invitaban a muchos lugares. La gente me fue conociendo poco a poco. Parecía una gota de agua sobre una roca. Después de gotear tanto en el mismo

247

lugar, dejé huellas. Dejé huellas en el corazón de muchas personas. Empecé a peregrinar por el mundo. Yo pienso que desde esa salida a Estados Unidos en mayo del 82 hasta finales del 91, tuve la dicha de conocer a una inmensa cantidad de gente, en la solidaridad, en las organizaciones de mujeres. Los primeros días me contentaba con que llegara un fotógrafo o un reportero a mis conferencias de prensa. Sin complejos, hablaba de Guatemala, de los indígenas, de mi historia, de la juventud, de la niñez, de libros y también de la situación de la gente.

Aprendí mucho escuchando a todos, dondequiera. No leí mucho, pero escuché a la gente que me contaba los problemas de los jóvenes, los problemas conyugales, la insensibilidad de las sociedades, la intolerancia de la gente. Escuchaba a las víctimas y a veces terminábamos llorando, no llorando por Guatemala, sino por tantas cosas que ellos también vivían.

Fue muy duro para mí descubrir la sociedad del desperdicio, desperdicio de comida y de objetos. Ir a un inmenso almacén y encontrar ahí las comidas de gatos y perros, en exceso, con precios increíbles. Uno piensa en la cantidad de proteína que tienen todos esos alimentos y en que nosotros nunca tuvimos comida de esa calidad.

Si en algún momento hablo de problemas específicos en un país o en otro, no es porque lo haya leído en un libro, sino porque la gente cuenta. La gente toma como punto de partida la historia de Guatemala y la vincula a su realidad y va contando su incertidumbre, sus anhelos, sus aspiraciones. La gente llora su dolor en todas partes del planeta.

Ahora bien, todo ese recorrido fue surgiendo espontáneamente. No hubo un diagnóstico para crear una línea que seguir, ni premeditación. Si nadie lo hizo antes fue porque no tuvo oportunidad. No se le dio el privilegio que yo tuve. Alguien tenía que recorrer esos caminos, aunque no se propusiera hacerlo. Tal vez si uno se lo propone, no llegaría muy lejos. Estas cosas son como las huellas del camino, como el olor de la tierra que se suelta después de la lluvia: surge él solo y él solo nace.

Estuvimos trabajando con muchos compañeros, pero muy pronto les entró la tristeza. Quise que hubiera compañeros y compañeras que conocieran los círculos de trabajo donde yo estaba. Siempre pensé en preparar sustitutos, porque uno no es dueño del conocimiento ni de la propia experiencia. Uno debe transmitir la experiencia a otras personas. Creo que es mejor enseñar cómo caminar por un viejo camino que construir uno nuevo, pues no todos podemos construir nuevos caminos. Ésta es una tarea colectiva, es una memoria colectiva que debemos preservar. Siempre insistí en que me mandaran nuevos cuadros, nuevos compañeros y compañeras para que anduvieran conmigo.

249

El problema fue que muy pronto les entraba la depresión por la mucha soledad. Sobre todo, creo yo que sentían muy dura la vida fuera de Guatemala. No se come tortilla, no se entiende el idioma, no hay amigos, no hay marimba. Llegaba un momento en que ya no podían cumplir la tarea en la ONU. En el año 84, yo pedí e insistí a los compañeros que se fueran nuevas gentes. Ellos decían: "Es más importante estar aquí. Aquí está nuestro pueblo y sólo aquí está nuestra misión". Fuimos un grupo de compañeros y compañeras para tratar de inculcarles que las Naciones Unidas es un foro de mucha importancia que no se debe abandonar. Se decide allí el destino de los pueblos. Por eso deberíamos de estar ahí presentes, aunque sólo fuéramos testigos morales. Nuestra presencia era un testimonio moral. Pero, al poco tiempo, la gente decía: "Yo quiero cambio, quiero volver a Guatemala, no puedo...". Y se cortó esa experiencia, de nuevo, en el 87. "Es más importante estar aquí y el pueblo nos necesita", decían los compañeros. Nunca entendieron la importancia de aprender nuevas cosas o saber algo más fuera de las fronteras. Pedí entonces que fuera otro grupo. Así se hizo. Poco tiempo después, a un par de compañeras les entró mucha soledad, mucha depresión. Hubo que cambiarlas porque una gente no debe estar contra su voluntad en un lugar. Debe estar allí porque eso le da sentido a su vida.

Debe estar allí por conciencia y no porque haya sido obligada. Siempre ocurrió eso. Y no sólo en los círculos de la lucha por la solidaridad. Son muchos los guatemaltecos que sienten una profunda soledad cada vez que salen fuera de su país, fuera de su comunidad, fuera de su gente o fuera de su tierra.

Esto se repitió más en el 92 y en el 93. Especialmente en el 93, cuando recorrimos veintiocho países del mundo en jornadas de trabajo intensivo. Y en cada país, una gran cantidad de eventos y de actividades. Además, están los imprevistos: de pronto debes asistir a un protocolo especial con presidentes, ministros, reyes, personalidades, *gentes importantes* en el que, aun cuando uno tenga doce años de entrenamiento para agarrar un tenedor o un cuchillo fino, todavía siente dificultad. Y después te vas a otro lado como es el contacto con los refugiados birmanos en Tailandia, o el contacto con nuestra gente indígena de Santa María del Este, Argentina, o de Chimborazo de Ecuador, o en un pueblo donde ahí se come de otra manera y se vive de otra manera o hay que sacar los zapatos de hule para meterse en el lodo, estar con la gente y vivir lo que ellos viven y cómo sienten la vida. Cuando uno está en una casa elegante uno siente mucha tensión, uno anda cuidando lo que hace y luego llega a otro mundo en donde viven los pobres, los marginados y lo que se siente es cansancio y es dolor de conciencia y es admiración por el valor de la gente. Todo eso en cada uno de los lugares. Yo sentía algo muy raro. Cuando tenía quince días con mi equipo de trabajo, sentía la necesidad de renovarlo para evitar que nos cansáramos todos juntos. Entonces volvía a México, dejaba el equipo y llevaba uno nuevo. La única persona que no cambiaba era yo, porque no podía. No tenía alternativa. Así han pasado los últimos años.

Al principio de ese periodo viví en Nicaragua, pero el máximo de tiempo que estuve en un país fue un mes. Mi maleta fue lo único que cargué. Me daba lo mismo volver a un lugar o no volver nunca. Yo siempre cargué la maleta. Sentía que era suficiente una maletita para cargar todo lo que necesitaba en la vida. Incluso ahí cargaba mis recuerdos mayas. Decidí volver a México porque allí estaba el centro más importante de relaciones con Guatemala. También en México se asentaron los miles de refugiados que salieron de Guatemala. En los primeros tiempos fue muy difícil que los refugiados pudieran encontrar un lugar donde vivir. Buena parte de lo que me hizo instalarme en México definitivamente, y no quedarme en Nicaragua, fue la existencia de las Comunidades de Población en Resistencia en las altas selvas de Guatemala.

En los años ochenta, empezaron a huir a las montañas familias enteras. No sabíamos mucho de ellos hasta 1983, que se supo con más cercanía que había una gran cantidad de gente en el Ixcán escondida en el monte. Eran sobrevivientes de masacres, eran niños; eran ancianos y mujeres en su mayoría. Casi todos eran mayas. Había muchos huérfanos y muchas viudas y viudos. Era la gente más pobre y más humilde de nuestro país. Se les habían terminado las pocas cosas que sacaron de la casa. Otros ni siquiera lograron sacar un comal, una olla o algo para sobrevivir. Estaban en condiciones de emergencia, no tenían conexión con la población normal de Guatemala. Esta población estaba perdiendo permanentemente muchos de sus miembros: muertos por paludismo, por infecciones, por desnutrición y por hambre. Además, en ese entonces, las ofensivas del Ejército eran duras. Los corrían de un lado a otro bajo las lluvias torrenciales. Algunos sembraron malangas[49], chipilines[50], camotes[51] y otros productos. El Ejército los cortaba permanentemente pues creía que la gente se entregaría por hambre. Los militares se metían en las montañas y aniquilaban a toda la población. Realizaban bombardeos permanentemente. Entonces, con toda esa historia, me fui a México con la

---

49. "Quequeshque. *Colocasia sculentum*. Planta ornamental hogareña" (Rubio).

50. "*Crotalaria guatemalensis*. Leguminosa de climas cálidos, cuyas hojas menudas sirven para dar sabor al arroz, al frijol y para hacer cierto tipo de tamalito. Se les atribuyen propiedades somníferas" (Rubio).

51. "*Ipomea batata*. Planta tuberosa" (Rubio). Es parecida a la patata.

Representación Internacional del Comité de Unidad Campesina RI-CUC. Trabajábamos también con la Coordinadora Cristiana de Solidaridad con Guatemala. Desde el 82 yo fui parte de lo que se llamó el CGUP, el Comité Guatemalteco de Unidad Patriota. Ese Comité era muy especial, era único, porque había como sesenta personalidades participantes. Todos afectados por un gran sufrimiento del pueblo de Guatemala. Todos ellos tenían títulos. Eran ex rectores, ex ministros, poetas, escritores, algunos periodistas, destacados líderes políticos, algún militar retirado y otras personalidades guatemaltecas con vocación democrática y patriótica. Destacados dirigentes del movimiento social y popular de Guatemala. Nuestro presidente era don Luis Cardoza y Aragón, un gran personaje que murió en el exilio. Don Luis, entrañable compatriota que vivió una larga vida transparente y ecuánime. Fuimos a parar a ese Comité dos guatemaltecos indígenas: Pablo Ceto y yo. Pablo Ceto, un ixil soñador de libertades, un gran luchador discreto, un hombre que nunca envejece tal vez por tanto dolor que ha vivido. No éramos grandes intelectuales ni personalidades. De todos ellos, muchos siguen en el exilio, otros han muerto y otros han vuelto para convertirse en funcionarios de los gobernantes guatemaltecos. Algunos volvieron para continuar la lucha por una Guatemala democrática, justa y libre. Continuaron su lucha para lograr el profundo respeto a los derechos humanos y las libertades fundamentales de nuestro pueblo. Volvieron al país y volvieron a integrar los partidos políticos y las distintas organizaciones de oposición de derechos humanos y del movimiento indígena.

Otro de mis grandes maestros fue Arturo Taracena. A él lo conocí en París. No teníamos una fuerte relación de trabajo en esos años. Lo que nos unió fue que él me convenció para dictar el libro *Me llamo Rigoberta Menchú y así me nació la conciencia*. Eso fue a principios del 82. Hicimos una gira por unos diez países europeos como en un plazo de dos meses. De modo que al finalizar la gira, empezamos a trabajar sobre el libro, en el 82.

Durante la gira, nos acompañaba un amigo que trabajó mucho en apoyo al CUC en la costa sur. Él era un religioso que nos apoyó muchísimo en Guatemala. Trabajó como diez años en Guatemala. Es Mario Coolen. Desde el momento que ya no pudo estar en el país, volvió a Holanda, de donde era originario, y desde aquel entonces tuvo una permanente vinculación con Guatemala, motivando y organizando la solidaridad europea. Durante la gira viajé con un compañero ladino, un obrero, el compañero Mazariegos. En esa gira más bien fui de oyente. Yo no sabía muchas cosas. Era el compañero obrero, líder sindical, quien hablaba de Guatemala. Fue una escuela muy grande para mí. Varias veces tomé la palabra y cada vez temblaba menos. Cuando se ha nacido en un país racista, uno no se autovalora, a todo lo tiene miedo o todo lo ve superior; uno siente que no puede usar su cabeza.

Posteriormente procedimos a hacer el libro. La grabación de mi testimonio duró alrededor de doce días. Después, existía en París un colectivo de solidaridad con Guatemala que ayudó a la transcripción. Allí conocí a Juan Mendoza, entrañable amigo hasta la fecha. El doctor Taracena participó bastante en ordenar el libro, junto con Elizabeth Burgos. Al final, también hicieron la selección de los capítulos juntos. Quiero decir con esto que Arturo Taracena tiene una parte significativa en el libro. Él es respetuoso, un hombre humilde y gran conocedor de las culturas milenarias, y nació en la misma tierra que yo. Después vino el texto ya ordenado. Yo, como por dos meses o más, dediqué tiempo para entenderlo. Es muy distinto lo que uno siente hablando que cuando ya está en papel. Reconozco que en esos años yo era muy tímida, aunque sigo siendo tímida, pero no tanto como antes, yo era inocente e ingenua. Simplemente no conocía las reglas comerciales cuando escribí esa memoria. Sólo daba gracias al creador por estar viva y no tenía ninguna idea de mis derechos de autor.

Tuve que acudir a compañeros, en la ciudad de México, donde vivía en ese entonces, para tratar de entender el texto.

253

Fue muy doloroso volver a vivir el contenido del libro. Censuré varias partes que me parecieron imprudentes. Quité las partes que se referían a la aldea, mucho detalle de mis hermanitos, mucho detalle de nombres. Por eso al libro le falta algo más de identidad que tengo la obligación de darle antes de que yo muera. Es la ilusión que tengo. Mi gran sueño es recuperar el libro *Me Llamo Rigoberta Menchú y así me nació la conciencia*, complementarlo. Devolverle a Guatemala y a las generaciones como parte de su memoria histórica. Quité los nombres de mis hermanos, los nombres de los vecinos, los nombres, sobre todo los nombres porque, aunque algunos de mis parientes se suponía que ya estaban muertos, siempre me quedaba la duda de que alguno estuviera vivo y que con revelar su nombre en un libro pudiera causarle la muerte. Ese libro es parte de la memoria de las víctimas, es nuestro derecho a la vida. También a mucha gente que quería honrar tuve que quitarla. Luego, guardé cuidadosamente algunos secretos de los abuelos. En esos años la mayoría de los antropólogos, sociólogos, escritores de historias indígenas, qué sé yo, sólo usaban a los indígenas cuando querían vender un libro. Para no caer en esa trampa guardé los secretos hasta donde pude y los seguiré guardando si es necesario. En el primer libro hablé de mi papá y le di un lugar honorable para la memoria de las luchas de los campesinos. Pero la historia de mi madre me parecía muy dolorosa abordarla. Hay partes que quedaron fuera. Hay otras que de antemano no las hablé, no las revelé, y algunas otras que revelé un poquito, pero sentí que no era el momento de decirlo, pues nadie me comprendería.

También falta en el libro la vida en el CUC. Porque yo aprendí allí a luchar como mujer y por la causa de las mujeres; aprendí a luchar por los valores, por los principios humanos más elementales. En esos años conocí a un número importante de personas, organizaciones que luchaban por los ideales de justicia, de democracia; luchaban por el respeto a los derechos humanos y por el pleno respeto a nuestra identidad.

Todas estas luchas y estas experiencias no están escritas y deberían estar en el primer libro. Será mi pequeña contribución al patrimonio educativo y cultural de las futuras generaciones. Había hablado algunos detalles de la vida del CUC. Al verlos en el papel me dio tanto miedo por la vida misma del CUC, la vida de los compañeros, la vida de los dirigentes. No pasó nada, pero, por otras razones, miles de miembros del CUC murieron durante las luchas sucesivas.

255

Entonces, me quedé con el sentimiento de que también debería hablar de ellos. Debí haber hablado de María Tiu, de María Anaya, de Regina Pol, de Mamá Maquín; debí haber hablado no sólo de Juana Tum, mi madre, sino también de Mateo López Calvo, de Gaspar Vi y de muchos otros grandes compañeros de los cuales aprendí a trabajar junto con mi padre. También murieron muchos de los amigos más queridos de mi padre. En fin, hay mucha identidad, mucha memoria de esa vida dolorosa que no pude abordar en el libro.

Yo agradezco al creador estar viva y espero que durante esta presencia todavía pueda compartir la historia completa de *Me llamo Rigoberta Menchú y así me nació la conciencia*, y tomar con mis manos ese importante patrimonio de mi pueblo Ixim Uleew[52], del pueblo de Guatemala, y ese importante patrimonio de los antepasados, porque no pertenece a nadie más que a ellos y a Guatemala. Y por eso algún día contaré a las nuevas generaciones la verdad.

Arturo Taracena sabía que eso era importante. Si yo le hubiera hecho caso y si hubiera sabido, como ahora sé, que los asesores también tienen un mérito y una calidad de opinión que reconocer y tomar en cuenta, tal vez el libro lo habríamos hecho mejor. Lo habríamos hecho de otra manera. La historia no se puede modificar. Lo que sí se puede modificar es la esquematización de la experiencia. Lo que se puede hacer es no volver a cometer los mismos errores, pero sobre todo que

---

52. "Tierra del maíz", sobrenombre afectuoso de Guatemala.

nuestros errores dejen huellas para que nuestros hijos no vuelvan a cometer las mismas equivocaciones.

Volvamos al CUC. Más que método, yo pienso que nosotros aprendimos a ser generosos con la vida y con la misma historia de nuestros pueblos. En el CUC aprendimos a luchar por ideales que para mucha gente pueden ser utopías, pero esas utopías tendrán un sentido en el futuro. Hemos sabido inculcar a los dirigentes valores muy profundos: la creencia en los valores humanos, en la vida, en la fe en la propia fuerza de los pueblos; aprendimos a ser humanos, a llorar la pena de un compañero o a una compañera, aprendimos a reír juntos. Desde un principio aprendimos a decir: "Cabeza clara, corazón solidario y puño combativo de los trabajadores del campo". Ésta, para mucha gente, podría ser cualquier consigna. Pero nuestra mística y nuestra práctica de lucha nos demostró que tener la cabeza clara no sólo es hacer honor al conocimiento en general, sino tener conciencia de las profundas causas de los problemas. La cabeza clara nos hizo demostrar que hay algo siempre nuevo que descubrir y no creer que la sabiduría de la gente tiene fronteras. Con la cabeza clara aprendí a generar iniciativas, a proponer soluciones; aprendí a confrontar mis ideas y a defender mi pensamiento.

Cuando hablamos de corazón solidario, queremos siempre cultivar nuestra esencia humana, respetar los sentimientos de los demás, hacer de nuestras vidas un ejemplo de humanidad. Sentir el dolor de otro como si fuera de uno y no abandonar a los amigos y amigas. Estar siempre en los tiempos duros y en los tiempos buenos. Nunca íbamos a dejar a un compañero muerto o solito. Si entendíamos a un indígena, seguro que trataríamos de entender a un pueblo. Entender al pueblo no sólo es una frase demagógica. Significa descubrir sus valores, escuchar su pensamiento y sus propuestas. Aprendemos a ser modestos también en reconocer los errores que cometimos, errores grandes y errores pequeños. Siempre combatimos el exceso de individualismo. Ante tantas acusaciones, calumnias y mentiras es necesario formar gente ecuánime y con ética.

Recuerdo muy bien el respeto a los ancianos en el CUC, el respeto de los jóvenes y las mujeres. Algo muy importante que he aprendido durante todo estos años es que las víctimas necesitan ser escuchadas y acompañadas. Es aquí donde las organizaciones no gubernamentales defensoras de los derechos humanos tienen una misión que cumplir. Son organizaciones que a lo largo de mucho tiempo se han dedicado a investigar, a recopilar testimonios, a tratar de encontrarse con las víctimas y a tratar de identificar a los países y a las regiones más conflictivas del planeta. En los últimos tiempos, en el mundo han aparecido enfermedades muy contagiosas, como el cólera, que afecta directamente a la población más pobre y más sufrida. Sobre todo en los países en donde la gente jamás vio un proyecto de agua potable, un centro de salud, lo mínimo para vivir. También apareció el síndrome de inmunodeficiencia adquirida (sida), que afecta no sólo a una gran cantidad de población, sino que puede generar comportamientos como la discriminación o el racismo. El sida se ha vuelto la representación del pecado mortal. La gente se muere cargando consigo un aislamiento absoluto, como si los otros pensaran que se trata de un castigo divino, sobre todo cuando la persona que padece es gente pobre.

Hay algunos organismos que empiezan a promover el tema de la relación respetuosa con los homosexuales. La defensa de cualquier tipo de minoría y la lucha contra toda discriminación es tarea de todos y sobre todo de las Naciones Unidas. El problema estriba en que el tratamiento de estos temas, por su novedad, puede llegar a opacar el enfoque de temas tradicionales, como son las dictaduras, la represión, la militarización y la impunidad en diferentes campos y en diferentes partes del mundo. Hay que realizar una batalla para dar a entender la totalidad de los derechos humanos. Las víctimas de nuevas enfermedades que la humanidad no pudo prevenir y las víctimas de la injusticia social no son menos importantes que las víctimas de la guerra y la impunidad. Muchas veces, cuando hablamos de derechos humanos sólo nos quedamos en lo particular. Me parece que las naciones del mundo nunca tuvieron la intención real de hablar de la globalidad de los derechos humanos, y esto influye en el trabajo de las ONG. Es decir, hacer uso de la Declaración Universal de los Derechos Humanos de manera integral. En muchos momentos la ONU no fue coherente con sus propios principios universales.

Las Naciones Unidas tendrían que impulsar una revisión total de su trabajo, impulsar una serie de reformas en el marco global de la propia Declaración Universal y garantizar su cumplimiento, para encontrar solución a los profundos problemas que enfrenta la humanidad. La desigualdad social no se produciría si las Naciones Unidas hubieran aplicado sus propias leyes, su propia Declaración Universal. Muchas veces el tema de los derechos humanos —sea los resultados del cólera, sea los resultados del sida, sea los resultados de políticas de represión en Cisjordania, en Marruecos, en la franja de Gaza, o sea sólo para condenar las graves y sistemáticas violaciones de los derechos humanos que cometen Gobiernos represivos— muchas veces se vuelve una trinchera para no abordar los temas globales de derechos económicos, sociales y políticos de los pueblos. En muchas ocasiones son juez y parte. En ese sentido, sigue siendo muy frustrante el trabajo de la ONU para las víctimas. Los que son verdugos en una esquina del mundo, en otra esquina son defensores de sus propias víctimas y son los únicos en aplicar sanciones.

Yo llegué a la ONU como invitada del Consejo Internacional de Tratados Indígenas en 1982. Fue después de mi gira por los Estados Unidos, donde conocí a los jefes indios. En particular, conocí un inolvidable amigo que está muerto, Bill Wahpepah. Él fue uno de los importantes maestros que me enseñaron a recorrer los corredores de las Naciones Unidas. Era un indígena de la nación kickapool que murió por discriminación en San Francisco. Le dio un infarto cardiaco y, como era pobre, era indígena y anciano, estuvo esperando tres horas en la sala de emergencia y nunca fue atendido. Como no lo atendieron, perdió la vida. En cualquier rincón del mundo, cientos de miles de gente indígena se muere por enfermedades curables. Cuando un indígena se muere en un lugar donde no hay doctor, ni un hospital o centro de salud, pues no es tanto nuestro dolor. Pero cuando se muere en una sala de emergencia, porque un doctor no indígena no compareció o porque el hospital no fue hecho para indígenas, nuestro dolor es eterno. Nuestro dolor es inmortal. Había sido un excelente maestro para mí. También en ese tiempo conocí a Bill Means de la nación ogtala y a Ingrid Washinawato. Me enteré del caso de Leonardo Peltier, que actualmente lleva diecisiete años en la cárcel y que está prisionero injustamente por la reivindicación de las tierras en Lakota, Minnesota.

Este hermano fue condenado a cadena perpetua, que quiere decir estar en la prisión toda su vida y dos vidas más. La Corte Federal de los Estados Unidos condenó a Leonardo por el equivalente de tres vidas seguidas. En 1973, los hermanos indígenas ocuparon las tierras de Sak and Fox, de la que habían sido despojados varios años atrás. En esta lucha de resistencia que duró setenta y tres días, intervino la Federal, murieron dos federales y un joven indígena. Sin ninguna investigación seria y sin pruebas, acusaron a Leonardo Peltier del hecho. Su delito era ser líder de estos pueblos. A pesar de tanto clamor de mucha gente del mundo para que se le otorgue clemencia, a pesar de que somos miles de gentes las que hemos unido nuestra voz para pedirle al presidente Clinton que le otorgue clemencia o por lo menos se revise el caso, que tenga derecho a la legítima defensa, hasta la fecha Leonardo está en prisión. Sus hombres y sus mujeres son de pocas palabras. Tienen una expresión ruda. Su rostro es toda una leyenda. Es toda una vida dura. Apenas les sale una sonrisa en un momento especial. Su rostro y su voz son la síntesis de su propia historia. Al oír lo que ellos han vivido y viven se siente mucha indignación. Yo me di cuenta de que nuestro dolor es común.

Todos estos hombres habían estado en la guerra de Vietnam. Muchos de ellos fueron reclutados por la fuerza. Posteriormente fueron también los iniciadores del American Indian Movement (AIM). Este movimiento libró varias luchas por su identidad, por sus derechos, luchas por sus tierras. Pero también enfrentó la represión a otro nivel: la esterilización de las mujeres, la contaminación de las aguas y la expulsión de las tierras, la cooptación de su gente y la introducción masiva de alcohol y drogas en sus comunidades para destruirlos. Ellos han resistido y por eso están vivos. Yo no hablaba el inglés y ellos apenas entendían el español, de todas maneras nos entendemos con traductores. A pesar de todo esto, y a pesar de los otros obstáculos, prevaleció nuestro ser indígena. Yo nunca había visto a un hombre con trenzas largas en mi vida. Y además, yo me preguntaba: "¿Por qué serán tan gordos y así de grandes, pero grandes?". Y luego, sus costumbres. En octubre de 1982 tuve el privilegio de participar en la Conferencia Especial del Movimiento Indio Americano y del Consejo Internacional de los Tratados Indios. Esto fue en la Universidad de San Francisco (California), donde se realizó el primer tribunal de los indígenas de Estados Unidos. Allí conocí su temascal, el llamado Sweat Lodge. Para ellos, entrar en el temascal es para la purificación, para rezar, para convivir con la pipa, para venerar la grandeza de la vida. Es para pedir fuerza y coraje para seguir adelante, que es una prueba de amistad. Hacer pasar por su temascal a un extranjero como yo significa hacerlo pasar por una prueba y representa el afianzamiento de un mínimo de confianza. Si entre las personas no existe confianza, la vida no está completa, pero también por la confianza los han traicionado muchas veces. Ellos aprendieron a no confiar fácilmente. Ellos aprendieron a invocar al creador para purificar su amistad. El Sweat Lodge es para rezar juntos, para llamar al bien, para llenar la vida, venerar a los antepasados; es para purificar las relaciones, es hacer una comunión.

Yo sentía que ellos eran grandes personas. Los reconocí como maestros por su mística tan profunda, por su lucha y su resistencia. Sólo que a diario los querían aislar. Yo me daba cuenta del valor de Guatemala en esto. Porque nosotros, en Guatemala, somos muchos, y los indígenas andamos por todos lados. Somos la mayoría y nadie se extraña de eso. Estamos en las grandes ciudades, estamos en los cerros, en las montañas y a diario perfeccionamos nuestras obras. En cambio, allí era como la reafirmación de la resistencia. Fue la primera vez que los dirigentes, los ancianos y ancianas, los jóvenes de las primeras naciones de Norteamérica escucharon la historia de nuestro pueblo en Guatemala. Lloraban muchos de ellos, sentían nuestro dolor como su propio dolor. Todo lo sentían como la realidad de su propia existencia.

Cuando me invitaron a Ginebra yo lo comuniqué a los compañeros del CUC para ver si me dejaban participar. En ese entonces yo no podía mover un dedo sin el consentimiento de los dirigentes. De esa manera fui a Ginebra totalmente perdida. No tenía ningún conocimiento del campo internacional. No tenía idea de lo que era eso. Los compañeros me dieron cien dólares para mi reserva, pues mi boleto lo había pagado el Consejo. Me dijeron que una amiga me iba a estar esperando en el aeropuerto. Supuestamente, todo estaba arreglado. Recuerdo que era a finales del mes julio.

Nadie me estaba esperando en el aeropuerto. Yo no sabía qué hacer, pues las autoridades suizas agarraron mis cosas y me las revisaron. Sacaron una por una mis cositas. Me miraban la cara, la estatura, los ojos y, como eran hombres grandotes, sólo sus ojos me daba miedo. No les entendía y sólo pedía a Dios que no fueran iguales a los *chafas*[53] de Guatemala. No sé cuánto tiempo estuve ahí. Trataban de interrogarme y no querían ni siquiera pronunciar el español. Así son los funcionarios suizos que yo conocí. No hablan otro idioma del mundo más que el francés. Yo estaba muy asustada. Al fin, me dejaron salir. No vi ni una cara conocida. Buscaba a Roxana Dumbar. Entonces fui

---

53. Apócope de *chafarote*, despectivo de militar.

a buscar un banco y cambié mis cien dólares, sin tener noción de dinero ni nada. Más tarde, entre risas, me dijeron que no me habrían alcanzado para nada. Buscaba gente que hablara español y no encontré a nadie que me pudiera ayudar. Me ha pasado en muchos lugares, tanto en Europa como en Estados Unidos. Los hermanos y hermanas latinos —o hispanos, como los llaman— se niegan hablar el español, aunque yo sé que lo hablan. Lo entienden pero no acceden a hablarlo. Tal vez tienen complejo de inferioridad o complejo de superioridad. Siempre pienso que uno no debe tener vergüenza de lo que es.

Entonces se me ocurrió algo. Yo creo que aunque uno estuviera en una inmensa selva, siempre encontraría algo para sobrevivir. Mi padre siempre dijo eso. En cualquier parte del mundo siempre hay un signo de vida. Se me ocurrió preguntar y preguntar. "¿Qué hago?", me decía. "Me voy a la Embajada de Nicaragua", pensé. Porque en ese entonces Nicaragua representaba, en la imaginación de uno, a los mejores amigos, gente que en un determinado momento podría darte un apoyo, cualquier cosa. Los llamábamos los *compas*, los revolucionarios, los que lucharon toda una vida para derrocar a la dictadura. Si estabas en un lugar del que no sabías nada, pensabas que encontrar a un nicaragüense sería tu salvación. Entonces me subí a un taxi y le pedí al señor que me llevara a la Embajada de Nicaragua. Hasta le tuve que deletrear el nombre. Gracias a Dios, embajada se dice casi igual en español, en inglés y en francés. Si no fuera así me habría llevado la fregada. Quién sabe qué otra sorpresa me ha preparado mi nagual.

Ya eran como las cuatro de la tarde y me dijeron que el embajador estaba ocupado. Yo dije que no importaba. Ya que estaba ahí, que me sacaran con mis maletas si podían. Había gente que hablaba español, así que yo tenía mucha fe en que no me pasaría nada. Estuve ahí hasta el final. Tuve que contarle a la secretaria toda mi vida y decirle que estaba perdida, que necesitaba alguna ayuda humanitaria de los *compas nicas*. Yo creo que, al principio, no me creía, pero con la cara que llevaba, creo que me creyeron. Aquí es muy normal recibir a cientos y miles de gentes que necesita una ayuda humanitaria de emergencia. En las instituciones se hacen los locos para evadir a las personas necesitadas, pero en Ginebra no es muy común, hasta es muy curioso. En ese entonces, el embajador era César Vera, un gordito agradable. Al final, él me atendió. Me dijo que no tenían dónde alojarme, porque la Embajada era chiquita. Me dijo que al menos me ofrecía su casa, que tampoco era grande, ya que la compartía con otros nicaragüenses. Yo le dije que no importaba. Yo podía estar en un rinconcito, en un corredor, y le juraba que no ocuparía mucho lugar. Y me fui con los *nicas*.

Ya en la casa del señor embajador, éste me preguntó si yo tenía amigos. Le respondí que en Suiza no, pero que en México conocía a don Luis Cardoza y Aragón. Me prestaron el teléfono y le pedí a don Luis que me ayudara. Le conté cómo estaba y él me respondió: "Mira, tienes mucha suerte, porque en mi casa está Julia Esquivel, una poetisa guatemalteca, y ella vive allá, en Neuchatel. Tal vez tenga una amiga que te recomiende, que te diga qué hacer". Más tarde hablé con Julia, quien me dijo: "Te vas a Neuchatel y buscas a unas monjas que te esperarán en la estación". No me perdí esta vez, pero la tortura para mí era que llevaba un tren sin rumbo, sin saber dónde bajar. La primera vez en mi vida que tomé un tren nunca visto, casi lloraba y tenía miedo de que chocara contra todo, especialmente cuando encontrábamos los cerros y los túneles, cuando cruzaba con otro tren. ¡Qué grandes los trenes de Europa! Yo nunca tuve dinero para pagarlo y siempre me acordé de la deuda, pero no tenía dónde echar mano. De todos modos llegué. Las hermanas me atendieron muy bien y me prestaron dinero. Quién sabe quién pagó después. Luego me hicieron regresar a Ginebra. Allí me presentaron a un señor que se llama Luis Necate —no se si así se escribe su apellido—. Yo no lo sabía, pero era una gran personalidad. Para mí toda la gente parecía igual. Todos me parecían importantes. Y por eso los traté con mucha reverencia.

El señor Necate me presentó a una señora, quien me llevó a una casa con doble llave y bien asegurada. Había espejos por todos lados, había muchos aparatos. Me dieron un apartamento grande. Una casa de tres pisos. La señora, que hablaba muy bien el español, me decía *mi momin*, no sé por qué. Me advirtió que no tocara un montón de cosas. Había aretes, había espejos, como si estuviera habitado por alguien el lugar. Ella me decía: "No vayas a tocar estas cosas, este cuarto; este jabón no lo vayas a tocar; sólo te puedes bañar en esta ducha; no vayas a mover esto". Yo siempre fui tranquila y respetuosa de las cosas. Ni modo: me quedé ahí. Después me fijé que había hombres armados ahí cerca. Era raro. Había una caseta donde había hombres armados. Yo miraba que hablaban por radio. Me empezó a regresar el miedo, sobre todo viniendo de Guatemala, como que trae uno el trauma de las autoridades. Y autoridad significa represión, significa maltrato y muertos. Si alguien tiene controlada la casa es porque es sospechoso. Vigilancia y hombres armados significa que ya te cacharon[54]. ¡Ya te cayeron! Llegó el otro domingo y me dijo la señora: "Tú vas a comer con nosotros". En su mansión, comimos con su familia. Yo le pregunté, señalándole la casa con hombres armados: "¿Y esa casa, es suya también?". "No", me dijo. "Es la residencia del señor embajador de los Estados Unidos". Me explicó que hacía un año que la hija de la dueña de la casa en la que yo vivía había fallecido en Nicaragua. Para la señora, era como una gran bendición que, justo al año de la muerte de su hija, una doctora cooperante, apareciera una centroamericana en su casa. Era como un mensaje de su hija. Sobre todo después, cuando le fui contando todo mi drama.

(Pese a que ahí no necesitaba nada, ni siquiera comida porque están llenas las refrigeradoras, cuando supe quién era mi vecino me asusté mucho y empecé a buscar otra casa. En esos años, para nosotros, los *gringos* eran todos de la CIA,

---

54. Cachar es anglicismo por "agarrar, aferrar, capturar".

peligrosos cómplices de lo que pasaba en Guatemala. Para nosotros, Estados Unidos era el símbolo más grande de la represión.)

Así fue como empecé a conocer a los funcionarios de Naciones Unidas. El Consejo Internacional de los Tratados Indios me había dado una credencial. Me ayudaron con la credencial pero nada más. Y empecé a conocer la ONU sin entender nada. Se había creado el Grupo de Trabajo sobre Poblaciones Indígenas en Naciones Unidas, y entonces circulábamos como cinco o seis pelones[55] indios en los corredores. Los funcionarios nos miraban con un gesto muy despectivo, como sospechoso, como si les levantáramos falsos testimonios. Creo que sentían vergüenza de nosotros. Otros funcionarios más bien tenían curiosidad de saber qué buscábamos en la ONU. Había pocos amigos no indígenas que hubieran hecho toda una lucha por defender los derechos indígenas. Si me hubieran dicho que allí estaban los Gobiernos de Estados Unidos o el de Guatemala, me habría asustado más. Los hermanos y hermanas del Consejo me enseñaron que la lucha indígena en la ONU tenía antecedentes en 1977: en Ginebra se había celebrado la Primera Conferencia de Organizaciones no Gubernamentales con la participación de los pueblos indígenas. Participaron más de quinientas personas para discutir sobre los problemas que enfrentaban los hermanos indígenas en Norteamérica.

Llegó otro fin de semana y conocí a un amigo francés, el señor Louis Joinet. También él fue mi maestro por muchos años en la ONU. Muchas cosas aprendí del papel de la ONU preguntándole a la gente. "¿Cómo se hace, señor?". "¿Cómo se hace aquí y cómo se hace allá?". Era como una niña que empieza a conocer el mundo y que nunca podrá cuantificar cuántos maestros encontró en el camino para poder caminar sola. Porque los conocimientos no llegan por sí mismos. El señor Louis Joinet me dijo un día: "¡Qué bueno que, por fin,

---

55. Pelón, guatemaltequismo que significa "un tipo cualquiera".

hay una maya aquí entre nosotros, por fin una guatemalteca! Es la primera vez que Guatemala se oye aquí, así que te invito a una recepción". Yo no entendía qué era una recepción pero acepté. Me fui con ellos. Sentía más confianza porque andaba siempre juntita a Roxana Dumbar.

266

Estando en la recepción, aparecieron tres señoras muy elegantes, bien arregladas, con muchas joyas, con unos trajes que les llegaban hasta abajo. Me preguntan: "¿Eres de Guatemala?". "Sí", les respondí. "Nosotros admiramos mucho a Guatemala". Yo les dije: "Yo me llamo Rigoberta Menchú". Lo único que aprendí a decir: "Me llamo Rigoberta Menchú Tum" . "¿Ah, sí? ¡Qué linda y qué maya!". Ellas tenían conocimientos bastante amplios sobre Guatemala y vi que eran buenas gentes. Vino el señor Joinet y le dije: "Mire, son unas señoras que dicen que conocen mi país". Y los presenté. Después de eso, el señor Joinet me comentó: "¿Por qué no invitamos a tus amigas para que vayamos a comer una pizza?".

Y nos fuimos a comer la pizza. Había mucha gente: la señora Odi Benítez, de Costa Rica; la señora Souza, de Panamá, con su esposo; el embajador de Vietnam; el señor Augusto Willemsem Díaz; el señor Joinet; un representante del Frente Farabundo Martí para la Liberación Nacional (FMLN), Ricardo Cordero; un representante de la OLP; un chileno de nombre Mario Ibarra, y las señoras que yo había conocido esa tarde. El señor Joinet dijo: "Festejemos la presencia de una maya quiché entre nosotros". Don Augusto y don Louis eran unos admiradores de primera de nuestra cultura maya.

Yo era muy atrevida. Nunca me quedé atrás, al contrario de lo que decía mi madre cuando era yo chiquita. Mi madre siempre decía: "Esta mi hija algún día se va a morir de hambre porque ni su comida sabe pedir". Yo era todo lo contrario de eso. Festejó don Louis y entonces yo tuve que decir: "Gracias a ustedes también, verdad, porque con su amistad y todo yo estoy aquí". Ésa era la esencia de mi discurso, aunque temblaba de miedo por ser la primera vez que hablaba.

Entonces una de mis nuevas amigas se levantó y habló en español: "Nosotras las putas estimamos mucho a Rigoberta". Yo pensé: "¡Dios mío, qué putas hacen las putas aquí!". Era la primera muestra de solidaridad que recibía de ese sector que también es muy maltratado. "Nosotras las putas estimamos mucho a Rigoberta", dijo. Yo me quedé fría. No sabía qué era eso. La señora Odi Benítez le dijo a la señora que tal vez no se decía así en español. Eso lo dijo muy seria y en voz baja. La otra le respondió: "Es que yo soy la presidenta de la Asociación de Putas Suizas y estamos aquí muy contentas, festejando con ustedes". Entonces entendí que o hablaba muy poco español o era una provocación.

Yo conocía la mentalidad de los que estaban allí. Sabía que varios eran latinoamericanos. No sabía lo que iban a pensar. El único que no entendió qué dijeron y por qué había caído un espeso silencio sobre la mesa era el representante de la OLP. Preguntaba: "¿Qué dijeron, qué dijeron?", pero nadie quería traducirlo. Las señoras se sintieron mal. Era un ambiente, en cierta medida, algo terrible, inadecuado. Entonces se levantaron y dijeron: "Bueno, ya nos vamos a ir. Mucho gusto. Rigoberta, ya sabes que tenemos un cuarto para ti. Te esperamos en la casa". Yo no pude estar más a la mesa. El ambiente no era para mí. Tuve miedo de mis enemigos. Pensé que el Gobierno de Guatemala era capaz de hacer muchas cosas para poder minar el espacio que tanto me había costado conseguir. En ese entonces, la hija del general Lucas era la embajadora de Guatemala en Ginebra. Al final, salí. Entonces me dice el amigo chileno: "Te acompaño a la puerta". Al salir, me comentó, en forma de broma: "¡Pero qué amigas tienes tú! No nos habías dicho cómo va el negocio". Yo me eché a llorar. Creo que no tenía realmente idea sobre la prostitución. Sólo me parecía que era malo o un pecado. Como he dicho, yo conocía la mentalidad latinoamericana sobre la situación de las prostitutas. Y en América nunca oí a alguien de ese sector reivindicarse con tanta valentía. Son rechazadas, discriminadas. Hablar de prostitutas es un gran error, sólo se dice en voz baja. Sé que el continente jamás va a reconocer que el tema de la prostitución también tiene que ver con una situación social; tiene que ver con la falta de respeto y oportunidades a las mujeres, con la crisis de la sociedad, y tiene que ver también con medidas crueles de los poderes para marginar a la gente. El trabajo de la prostitución podría entenderse como el de las trabajadoras de un área que tienen un oficio remunerado para su sobrevivencia. Yo no estoy diciendo que está bien o que está mal, sino que es un hecho que existe en nuestras sociedades y que tenemos que estudiar y encontrar una solución. Tenemos que respetar a las personas que viven esa terrible realidad.

Ese día era viernes. Pasé todo el fin de semana cavilando sobre mis problemas. Tenía como vecino al embajador norteamericano y yo le tenía mucho miedo. Luego, lo que me había pasado en el restaurante. Si hubiera tenido un colectivo para discutir, me habría ayudado mucho. En cambio, yo sola, le daba vueltas y vueltas al asunto. Así que lo primero que hice el lunes fue buscar al señor Joinet para pedirle disculpas y aclararle que en nuestra cultura, si hay algo que no está claro, siempre sentimos la obligación de explicarlo. El señor Joinet se comprometió a explicarles a todos los que estaban ahí lo que me había pasado. Aunque yo era muy desconfiada y casi todo el día estuve controlando los pasos de don Louis, de nada me servía, pues nunca llegaría a saber de qué hablaban. Nunca supe si lo que me había pasado realmente era importante o no, pero para mí era un episodio inolvidable.

Después me fui de esa casa. Encontré a unos amigos muy entrañables. Por diez años de mi vida, la casa de Pedro y Sally fue mi casa en Ginebra. Pedro es español y Sally es inglesa. Son una familia muy hermosa. Todos los guatemaltecos que fuimos a parar en algún momento a Suiza para hacer cualquier gestión hemos pasado por allí. A los amigos de la primera casa ya no los he vuelto a encontrar. Los busqué, pero me encontré con que habían donado esa residencia a un convento religioso.

Sólo sé que ellos me querían mucho y no pierdo las esperanzas de algún día volver a encontrarlos. Siempre los he recordado y los recordaré toda una vida.

Yo seguía asistiendo a la ONU y oía los discursos. Me encantaba oír el idioma. Casi todas las sesiones me las pasaba escuchando la riqueza del idioma y también las mañas que tiene. Porque ya sabía cuándo hablaban sinceramente y cuándo no. También aprendí a oír el inglés. En eso, gracias al señor Elde, de Noruega, y al señor Joinet, tuve una reunión con el Grupo de Trabajo. Les conté toda mi situación, la situación de Guatemala y la necesidad de que Guatemala estuviera presente ahí. Entonces me dieron la palabra en una sesión. Tomar la palabra me dio, al mismo tiempo, un gran miedo y una gran tranquilidad. Apenas había empezado cuando la embajadora de Guatemala planteó una moción de orden. Se sumaron el delegado de los Estados Unidos y la delegada de Marruecos, la señora Guarsasi, que tenía treinta años en las Naciones Unidas y que me imagino que conocería muy bien las mañas para poder intimidar a cualquier gente que haga uso de la palabra por primera vez en Marruecos.

Entonces el presidente se vio obligado a quitarme la palabra. Se armó un lío. Se tuvo que suspender la reunión. Y, como se hace en las Naciones Unidas, empezaron a negociar. La pena que yo tenía es que ese episodio afectara al Consejo Internacional de Tratados Indios. A pesar de que era urgente contar que en Guatemala existía la política de tierra arrasada, la muerte y las masacres, la sensación de que contar eso significara afectar los intereses de los hermanos lakotas y los jopis me hacía pensar que era preferible no contar lo nuestro. La mayoría de los guatemaltecos que se desplegaron por el mundo fueron gente, no sólo reservada y respetuosa, sino que hasta diría que dejada o tímida. La mentalidad indígena de ser muy paciente la han tenido la inmensa mayoría de los compatriotas que han huido a muchas partes. No era algo que me pasaba sólo a mí.

Lo que quería la delegación de Guatemala era apelar a los estatutos, amenazar con quitarle su estatuto consultivo al Consejo Internacional de los Tratados Indios. Era una reacción muy agresiva. Quizá pensaban que si podían matar a veinte indios en el Quiché, también podrían fusilarlos en las Naciones Unidas con la misma arrogancia y prepotencia. Sus aliados eternos habían sido los Estados Unidos. Por eso, también a los Estados Unidos les molestaba la presencia de los navajos y los jopis, los lakotas y los yakis en la ONU. Es muy triste cuando los gobernantes se unen para defender a sus colegas represores. Al suspenderse la reunión, mis compañeros del Consejo de Tratados Indígenas me dijeron: "No te preocupes. Si nos sacan a patadas, que nos saquen a todos. Pero no te sacarán a ti". Media hora después continuó la sesión. La sorpresa para mí fue que llegó el presidente, abrió la sesión y dijo: "Tiene la palabra la señorita Menchú, representante del Consejo Internacional de Tratados Indios". Me contaron que yo comencé a hablar como si nada hubiera pasado: "Señor presidente: en mi país se hablan veintidós idiomas distintos...".

(Estoy segura de que los años no borran las cicatrices de una violación. Las víctimas mantienen abiertas sus heridas. Las mías están abiertas. El daño causado a las víctimas es impagable. Muchos Gobiernos o expertos piensan que las víctimas deben perdonar por decreto. Que las víctimas deben olvidar por decreto. Yo, como parte de las víctimas, digo que no. En última instancia, la decisión de perdonar, cómo perdonar y cuándo perdonar la tienen las víctimas. Y las víctimas luchamos porque la crueldad que nosotros vivimos nunca vuelva a ocurrir.)

LA TIERRA ARRASADA

Nuestra gente clama por una Declaración Universal sobre los Derechos de los Pueblos Indígenas, para terminar el etnocidio, las masacres, la destrucción y el desprecio en que vivimos. Por más de quince años hemos trabajado para contribuir a la discusión en la ONU sobre la elaboración de un proyecto de Declaración Universal. Hemos compartido nuestros mejores conocimientos para cumplir esa meta. Durante todos estos años nos ha nacido una enorme esperanza de que ese proyecto de Declaración sea adoptado por las Naciones Unidas cuanto antes. Aunque nuestro sueño va más allá de la adopción de una Declaración de Principios Universales sobre los Derechos de los Pueblos Indígenas. Nuestro sueño es lograr algún día la adopción y aplicación de una Convención Internacional sobre los Derechos de los Pueblos Indígenas.

Si es una Convención Internacional será obligatorio para todos los países del mundo su adición, ratificación y aplicación. Sólo una Convención Internacional sobre los Derechos de los Pueblos Indígenas va a permitir el reconocimiento pleno de nuestra existencia. En muchos lugares de la Tierra, no existimos ante las leyes. Tal vez así podremos garantizar la plena, amplia y activa participación de nuestros pueblos en la construcción de nuestro futuro.

Cincuenta años después de que las naciones del mundo adoptaron la Declaración Universal sobre los Derechos Humanos, los pueblos indígenas reclamamos ser tomados en cuenta. Nuestra meta final es que nuestros hijos florezcan con su identidad y su cultura milenaria. Que vivan con libertad, con dignidad y que no sean perseguidos o destruidos. Que nuestros hijos tengan derecho a construir y vivir un mundo intercultural.

Los países tendrán que adherirse a esa convención bajo unas ciertas normas. Por lo menos, que podamos tener un instrumento que nos permita vivir con dignidad. El hecho de que su definición sea compleja no significa que resulte inalcanzable. Tendrá que ir acompañada por las luchas políticas nacionales. Si no hay luchas políticas nacionales, nada se podrá alcanzar a nivel nacional e internacional. Las Naciones Unidas podrán definir a su manera un conjunto de normas, pero en la realidad nacional no se van a cumplir. En la práctica quedarán como letra muerta. Por eso es tan importante para nosotros que las organizaciones, los pueblos y la gente indígena que de alguna manera hemos jugado un papel político o social nos unamos para poder determinar nuestro destino dentro de la unidad nacional. Luchar juntos para enterrar el etnocidio, el genocidio, las masacres, la destrucción que hemos vivido.

El caso guatemalteco es mucho más fácil porque los mayas, los xincas y garífunas somos la inmensa mayoría y los ladinos cada vez toman conciencia de que son una etnia más. No hay área en donde no aparezca un indígena. Hay mayas refugiados, mayas desplazados, mayas viudas, mayas en las ONG; hay indígenas en las cooperativas, en los movimientos campesinos, pero también en los movimientos promovidos por los partidos políticos. Hay indígenas, hombres y mujeres, en las alcaldías, así como en las expresiones religiosas de cualquier índole. Nuestra experiencia tendrá que ser como la síntesis de un proceso para poder determinar nuevas reglas de relaciones en la sociedad, en la economía, en la política, en lo militar y en lo legal. A diario abonamos la semilla de construir las nuevas relaciones entre indígenas y no indígenas, entre Gobierno ladino y pueblo multiétnico, plurilingüe y plurilicultural. Por eso es tan importante la lucha de las viudas y los campesinos para lograr el servicio militar voluntario. La objeción de conciencia plantea nuevas normas que sirven para la sociedad en su conjunto y no significa sólo una reivindicación de los pueblos indígenas.

273

Esos tipos de luchas tenemos que reglamentarlos. Yo tengo confianza en que será muy rico el debate para la unidad nacional cuando nos permitan hacerlo. Vamos a afianzar una identidad nacional, basada en el respeto mutuo. Un ser guatemalteco, un ser chapín[56] dentro de esa pluralidad. Algún día vamos a arrancar las raíces del racismo. No es una utopía plantear en Guatemala la diversidad étnica y la nación plural dentro de la unidad nacional. Así es la naturaleza de Guatemala, aunque nos cueste aceptarlo.

Es muy importante que este debate ocurra antes de que termine este milenio, porque será como las semillas que florecerán en el próximo. Desde el punto de vista religioso, los mayas piensan que nuestro debate en torno a la identidad, los derechos y la lucha indígena es como un puente que permitirá que pasemos por encima de él para vincular el nuevo milenio. Es como una profecía. Creo en las profecías, creo en la conciencia mundial que no puede olvidar la cuestión indígena como la olvidó durante estos últimos quinientos años. El Quinto Centenario sigue siendo como un eje para la resolución de muchas cosas. Pienso que el próximo milenio no olvidará a los pueblos indígenas masacrados en Panzos, masacrados en Ixcán; no olvidará a tantas madres que fueron violadas y después quemadas vivas en muchas aldeas de esta tierra del

---

56. Sobrenombre con el cual son conocidos los guatemaltecos.

maíz. Porque no olvidará Chiapas, porque no olvidará a los mayas guatemaltecos, porque no olvidará a los hermanos indígenas andinos o de la Amazonia que tienen tantos avances, porque no olvidará lo plasmado en un principio de declaraciones universales. Sólo tendrá que continuar la lucha por reglamentar a nivel mundial y a nivel nacional los derechos de los pueblos indígenas. Nuestros hijos tienen derecho a la verdad y estoy segura de que ellos buscarán la verdad como una necesidad humana.

En Guatemala, el propósito de los militares con la tierra arrasada, o sea, la destrucción de aldeas completas era que sus crímenes no tuvieran testigos; eliminar a todo tipo de testigos, incluso a aquéllos de la aldea que debían haber estado allí y, por casualidad, ni siquiera estuvieron presentes en el hecho. Si los militares me hubieran capturado, simple y sencillamente no habría podido contar la historia. Su odio era muy grande. Según ellos, matar a un dirigente era matar sus ideales en el corazón de la gente, matar a una madre era matar a un futuro hijo que podría ser rebelde, matar a un joven era matar a un nuevo combatiente de la guerrilla y matar a un niño era aterrorizar al resto de la sociedad. Sabían bien que un líder no puede forjarse en poco tiempo, sino que es como toda fruta: necesita maduración, necesita un proceso. Cada vez que el proceso de maduración de un líder resaltaba, entonces lo eliminaban. El descabezamiento como política de Estado y como política de guerra en Guatemala ha hecho mucho daño al proceso democrático.

Los únicos que se salvaron fueron obligados a tomar una lucha radical, tuvieron que alzarse a la montaña. No había un término medio que te permitiera ser un dirigente sin que fueras un excluido, una viuda, un huérfano clandestino o un guerrillero muerto. Según el testimonio de nuestros ancianos, la inmensa mayoría de asesinos nunca más fueron felices: unos se mataron entre sí, otros se enfermaron y vivieron una agonía demasiado cruel, otros se murieron de pura borrachera, se murieron alcohólicos, sentían vergüenza ante sus familiares; otros se suicidaron, otros se quedaron en la soledad porque se quedaron sin amigos. Otros asesinos se volvieron locos. Otros rezan día y noche pero no sienten el perdón de Dios, así que casi a diario se cambian de religión; ya pasaron por todas las religiones del mundo, pero no tienen tranquilidad. Algunos matones tienen miedo a la oscuridad y los que tratan de vivir felices siguen matando o esperan su castigo. Así es la historia de nuestro pueblo. Parece que los asesinos son fugitivos para siempre. Huyeron de la justicia de Dios y huyeron de la justicia humana.

275

La cooptación política fue mucho más reciente en Guatemala. Es la política que introdujo Cerezo. El presidente Cerezo trató de cooptar no sólo a algunos líderes populares, sino también trató de cooptar a los exiliados. Por ejemplo, a algunos intelectuales de clase media que llevaban mucho tiempo en el exilio, Cerezo les ofreció garantías, les ofreció un buen trabajo para que volvieran a Guatemala. Para muchos de ellos, era el momento que esperaban, pues estaban cansados de exilio y porque su lucha no era de convicciones, sino de preservar el pellejo, preservar la vida. Lo más importante para ellos era garantizar el trabajo y garantizar la vida de su familia. No estaban luchando porque sintieran la desigualdad con los indígenas o porque algún día nuestra nación fuera democrática o porque algún día hubiera más apertura en la sociedad. Su única lucha era defender que el hijo o la hija tuviera una escuela, una carrera. Conocí a muchos compañeros de lucha que parecían entender la lucha de los pueblos indígenas, pero al final me defraudaron.

A Luis Cardoza y Aragón, Cerezo lo invitó a volver. Don Luis nunca quiso, porque Cerezo quería darle una fachada civil al Ejército. Los militares querían tener una fachada distinta y Cerezo se había comprometido a lograrlo. Cerezo se creía el *primer presidente civil* en la historia reciente de Guatemala. Él quería el permiso de los militares para cooptar a cuanto exiliado se le pusiera enfrente.

Las leyes de la tierra arrasada eran el aniquilamiento total. Era mucho más importante eliminar a diez futuros guerrilleros, aunque tuvieran que sacrificar a cincuenta gentes más para lograrlo. El Ejército sabía que no estaba aniquilando reductos de la guerrilla, sino que estaba previniendo que esta gente no se le volviera guerrillera. Acribillaron a madres embarazadas, a niños, a hombres y mujeres de todas las edades. En la tierra arrasada quemaron a la gente, asesinaron en forma vil, torturaron con deliberación. Las cárceles clandestinas fueron numerosas y los cementerios clandestinos de los que se guarda memoria en nuestras aldeas son también numerosos. El régimen miraba a su enemigo en cada pobre, en cada indígena, en cada gente humilde. Seguirán siendo una fuente de lucha muy grande, porque nadie puede dejar olvidado a un ser querido, a un hermano en una fosa común, sino que piensa en darle una sepultura digna. Enterrarlo con todo el respeto que merecen nuestros muertos es parte de la vida. La huella de la tierra arrasada fue tan espantosa que quizá ningún pueblo pueda imaginarla. Una cosa es ser espectador y otra ser protagonista. La tierra arrasada está plasmada en nuestra memoria muy profundamente. Creo que serán cicatrices que durarán siglos, muchos años en la memoria de nuestra gente de las futuras generaciones. Lo que surgió de esto fue la valentía de nuestra gente, el repudio al sistema militarizado, el repudio a la violencia. No dudo que será una causa para aspirar a una verdadera cultura de paz para el futuro de nuestro pueblo.

Las Comunidades de Población en Resistencia fueron producto justamente de la rebeldía, la resistencia y la lucha frente a esas atrocidades. Lejos de que la gente dijera: "Bueno, ya no quiero saber más de eso" o que tuviera una actitud de derrota, entendieron la necesidad de impulsar una justa de lucha para defender la vida y la dignidad. La tierra arrasada hizo que se empezaran a crear las primeras Comunidades de Población en Resistencia en los años ochenta. A lo largo de varios años, la gente se alzó a las montañas: todos, incluso los ancianos y los enfermos, trataron de adaptarse en medio de la gran naturaleza guatemalteca. Nuestra gente se cobijó en esa inmensidad de selva, en donde la única posibilidad de sobrevivir era el aspecto colectivo, el aspecto comunitario. Hubo que buscar nuevas formas de sobrevivencia. No había sal, ni maíz, ni frijoles. No tenían ollas, no tenían ropa, ni medicinas. Tampoco tenían la tierra sino la selva. Cuando uno tiene una casita cerca de la selva no se da cuenta de todo lo que hay allí. Pero es un mundo desconocido y no es fácil aprender a sobrevivir en él.

277

Había que comer nuevas cosas: reconocer las hierbas más diversas de la selva, comer bejucos, comer flores, distintas clases de raíces, comer a los mismos animales de la selva. En muchos casos hubo que romper con las tradiciones. Por ejemplo, en muchas comunidades se decía que nunca hay que matar a los pájaros si no es necesario. Y la gente que nunca vivió de la cacería, tuvo que hacerlo en las montañas. Tuvieron que compartir directamente su sobrevivencia con la de los propios animales que sobrevivían de los bombardeos diarios. Compartir los alimentos con los animales no es fácil, porque no se puede planificar conjuntamente. No se puede organizar la administración de la sobrevivencia de ambas partes.

Se dice que la historia de las Comunidades de Población en Resistencia es la única de que se da en América en los últimos cien años. Se hizo algo igual en los tiempos de la conquista, cuando los pueblos, en Guatemala, huyeron a las montañas. Pasaron años antes de que los conquistadores llegaran allí y tuvieran acceso a esos pueblos. En Guatemala se repitió esa guerra feroz sólo que en esta época, cuando se supone que el mundo ha avanzado muchísimo. En nuestras comunidades, defender la vida de uno mismo es como la defensa del otro, porque sin el otro no se puede sobrevivir. El otro es la parte inseparable de la sobrevivencia de todos. La experiencia colectiva es una fuente de vida. Por eso, las Comunidades de Población en Resistencia tendrán una vigencia muy alta en la vida guatemalteca hoy y siempre. Tendrán un respeto profundo y aportarán muchísimo al desarrollo guatemalteco. La historia de las Comunidades de Población en Resistencia es el resumen de la historia de todos los sobrevivientes de la tierra arrasada. Pertenecen a distintas etnias y a distintas religiones. Son indígenas y ladinos.

Había aldeas como San Pablo el Baldío, San Pedro la Esperanza, Chimel y otras recientemente constituidas que tuvieron que vivir las masacres y la represión. ¡Quién sabe cuántos miles de gente murieron allí! Las comunidades del Ixcán tenían una historia de más de diez años de colonización. Los pueblos venían de distintas ciudades y, en busca de sobrevivencia, se habían ubicado en la gran selva. Empezaron a constituir sus cooperativas y empezaron a hacer nuevas reglas de vida. Por la fertilidad de la tierra y por la decisión de trabajar habían logrado crear nuevas fuentes de cultivo con el café, la caña, el cardamomo y otros productos. Si se les hubiera dejado ahí, a estas alturas el Ixcán sería una potencia comercial. Habrían logrado un gran desarrollo. La gente con su arduo trabajo habría logrado una vida digna. La perspectiva económica de esta población iba muy rápida. Para los años ochenta, diez años después de la ubicación de la gente en la zona, ya se estaban desperdiciando sus productos, porque el Gobierno se negaba a prestar los medios de infraestructura para sacar la producción de esta zona. La gente misma estaba buscando nuevos caminos. Alquilaban avionetas. Fue una zona donde la cooperativa encontró un modelo propio. Estaba verdaderamente al servicio de la sociedad. Las comunidades contaban con el apoyo significativo del padre Guillermo Woods, que fue asesinado por el Ejército en el Ixcán.

El Ejército creía haber perdido el control del Ixcán y, para retomarlo, destruyó toda las comunidades y su potencialidad. La experiencia de las CPR venía de la suma de varias experiencias. Eran poblaciones conscientes, con un profundo sentido de responsabilidad social y de libertad. La gente no quiso someterse al control del Ejército. Se quedó en las montañas de manera consciente, de manera firme. Esta población local creó nuevas normas y nuevas leyes. Las CPR vivieron en las montañas día y noche por casi quince años. Aprendieron a defenderse de las múltiples ofensivas del Ejército. Jóvenes de la misma población crearon muchos métodos para no ser sorprendidos, porque el Ejército los perseguía a diario y cometió crímenes bárbaros en contra de esta gente. Hubo aldeas completas que el Ejército alcanzó en las montañas y las destrozó. Hay lugares en donde el Ejército decapitó uno por uno a los que encontró. Los capturó, los decapitó uno por uno y dejó las cabezas en lugares en donde no fácilmente se podían podrir, de modo que se conservaron por largo tiempo. De esa manera la gente vuelve a ver a sus muertos. Habían un montón de cráneos debajo de las piedras. De esto hay fotografías y documentación que nos encargamos de sistematizar a lo largo de estos años. Hay filmaciones de numerosas cabezas de gente. Sesenta, setenta gentes decapitadas y abandonadas en el lugar. Lo habían hecho así para meterle terror a la población y para demostrar su superioridad, para demostrar su crueldad. Para que tuvieran miedo y abandonaran la selva.

Las CPR desarrollaron también una concepción de salud integral basada en los conocimientos tradicionales de los mayas. Naturalmente, en la montaña, una enfermedad como la malaria no se puede atender con medicinas naturales. La gente desarrolló varias formas de ir aplazando el tratamiento para que no los matara masivamente. Encontró formas de quitar la fiebre, de atender al enfermo y de sanar un poco los efectos de la enfermedad. Porque el contagio es masivo. Son millones de zancudos los que pican diariamente a todos.

Otras enfermedades son la de la mosca *chiclera*[57] y la lepra de montaña. La lepra de montaña es mortal. Es una enfermedad que mata mediante un largo proceso. Nuestra gente sabe que no tiene ninguna posibilidad de encontrar la medicina en

---

57. Mosca que abunda en las regiones de explotación del chicle y cuya picadura produce graves ulceraciones en la piel.

Guatemala. Resulta imposible traer medicina del exterior para grandes cantidades de población. Yo sé que la medicina se encontraba en Francia y no en América, sobre todo porque se necesitan cuarenta inyecciones para poder tratar un solo caso. Entonces la gente fue creando formas de aplazar los efectos de la lepra de montaña. Esto no significa decir que la hayan curado, pero por lo menos han ido descubriendo tratamientos nuevos. La dificultad más grande fue la falta de recursos, la falta de condiciones normales para desarrollar los conocimientos. Durante casi quince años, a diario se morían niños, jóvenes, ancianos y mujeres. Unos se murieron de desnutrición, otros de infecciones intestinales y otros de enfermedades de la piel. Los promotores de salud desarrollaron grandes conocimientos sobre medicina natural, pero no fue suficiente.

Tuvieron que inventar nuevas formas para efectuar los casamientos pues, si los ixiles se casaban entre ellos, no había problema, pero en la montaña había k'anjobales, mames, ixiles, quichés, q'eqchies y ladinos.

Todo eso no era fácil que lo hiciera una población en un estado de permanente emergencia, de guerra, de ataques constantes, de bombardeos y condiciones duras. Yo creo que será esta población la que tiene que determinar su futuro. Se trata de personas con un sentido de la libertad profundamente democrático. De personas que se decían: "Bueno, yo soy libre; yo puedo atravesar toda la selva y subir todos los cerros que me dé la gana; si viene el bombardeo me esconderé un rato". Se tiene otro sentido de la libertad, otro sentido del compromiso colectivo y del compromiso individual; también otro sentido de la causa. Su vida de estos años ha sido la confrontación directa con bombardeos, represión y persecución. Tienen una noción distinta del desarrollo. Ellos renuevan cada año su ilusión porque algún día llegue una vida digna y de justicia social. Jamás vamos a olvidar que todo el pueblo afectado por la tierra arrasada es pueblo indígena, es el pueblo más pobre y el pueblo más humilde.

Todo ello, a pesar de las duras condiciones de su existencia: han visto morir a los hijos sin ninguna explicación; han sido minados por la invasión de varias sectas religiosas; han vivido bajo una constante militarización a través de las Patrullas de Autodefensa Civil; su libertad de locomoción ha sido severamente condicionada; no han tenido oportunidad para ejercer la libre expresión; les ha sido inculcado el terror, la desconfianza en el propio padre, en el amigo, en el vecino, hacia los otros en general; han temido el reclutamiento militar forzoso, pues el Ejército tiene en sus computadoras los datos de sus hijos, desde el último que nació hasta el más grande. ¡Qué grande ha sido nuestra paciencia, qué grande ha sido nuestro dolor!

Por ejemplo, a mi hermano Nicolás le han hecho la vida imposible desde que murieron mis padres. Después de la prisión que sufrió, le han cobrado multas y multas sólo por el derecho de vivir. De repente inventaban cualquier cosa y le decían: "Si no *pagás* esta multa, te vamos a acusar de subversivo; si no *pagás* esta multa, te vamos a acusar de tener vínculos con la guerrilla". Gracias al Premio Nobel que recibí, lo dejaron un poco tranquilo. Pero el acoso que ha vivido mi hermano equivale a una tortura psicológica, que no padeció sólo él, sino la mayoría de la gente. La guerra generó corrupción en el Ejército. Muchos alcaldes y comisionados militares fueron funcionarios corruptos. Las CPR jamás podrían ser compatibles con esta clase de sistema, de impunidad, de corrupción; pues este vicio lastimaría su sentido de libertad, de progreso y de democracia.

La tierra arrasada precipitó procesos. Por primera vez nació la Coordinadora Nacional de Viudas de Guatemala (CONAVIGUA). Las viudas valientemente se organizaron y ya no sólo denunciaron que sus hijos y sus esposos fueron secuestrados, torturados, golpeados y asesinados, sino que también empezaron a reivindicar temas tan importantes como la sepultura digna de sus parientes enterrados en fosas comunes. Esto implica investigar dónde están los cementerios clandestinos, pues allí se encuentran los restos de los hijos y los esposos. Recuerdo las primeras localizaciones de cementerios clandestinos. Esto pasó cuando el Ejército y el Gobierno negaban todo. Negaban la tierra arrasada, los cementerios clandestinos y todos sus crímenes. Ese hecho hirió la moral de los guatemaltecos, hirió la dignidad de los guatemaltecos, hirió nuestra concepción de la vida. Pienso que un militar lo menos que pudo hacer fue cerrar los ojos. No habrá tenido el valor de mirar por la televisión los cadáveres que sacaron de la fosa común. Yo no creo que los militares sean tan insensibles y que eso no influya en su propia vida. ¿Que dirán sus hijos, que dirán sus esposas, que dirán sus madres y que dirá su conciencia? Quién sabe. Porque el ser humano es cruel. A lo mejor es una rutina para ellos.

A mí me queda la esperanza en la juventud, que me auguro que haya quedado impresionada de por vida. Yo observé, cuando sacaron los cadáveres, la emoción de los parientes al identificar las pertenencias de sus familiares. Fue solemne y fue grande. Esa memoria de los indígenas es inmortal. Constituye una deuda de la humanidad con nosotros. Admiré el valor de los líderes para lograr esto. Antes de llegar a que se sacaran los cadáveres y que se hiciera la misa para despedirlos y darles digna sepultura, antes de todo esto, los líderes y las mujeres se destacaron, recibieron amenazas y acusaciones muy graves. Cada vez que recuerdo este hecho recuerdo a mi hermano Víctor que seguramente está en un cementerio clandestino y siento que no tengo suficiente valor para aguantar el daño que nos han hecho.

El mismo presidente de la República, en 1990, dijo que eran cadáveres de la guerrilla, que eran subversivos. En cambio, aunque hubieran sido subversivos, eso no habría justificado ningún crimen. Yo creo que, en cuanto existe un ser humano, hay un derecho humano. Independientemente de sus convicciones, independientemente de lo que sea, también como prisionero de guerra tiene el derecho a un tratamiento humano. Además, los militares de la zona intimidaron a los familiares, a los jueces y a los médicos forenses; intimidaron a todos. Mil barreras se tuvieron que vencer para dar sepultura digna a las víctimas. Así ha sido con todo los casos. Esta conciencia de la dificultad nos hace más sólidos, porque sabemos que las conquistas de estas mujeres nunca fueron fáciles, como algunos podrían suponer. Éste es un signo de vida muy grande.

283

Ahora vienen las luchas por la desobediencia civil. El tema más polémico es el de la objeción de conciencia frente al servicio militar forzado. Existen muchos países en el mundo con un sistema democrático más desarrollado donde existe la objeción de conciencia, donde el ciudadano puede escoger la forma de servir mejor a su patria. Incluso sería servir a la patria a través de un servicio social. Eso no significa ser antipatriota, pues la única opción de servir a la patria no es la militar. Si en el futuro alguien de nosotros, las víctimas, se enorgullece por ser militar, tendría que pasar primero algún milagro. Esto lo han encabezado la Coordinadora Nacional de Viudas, los familiares de los desaparecidos, las comunidades que se oponen a las Patrullas de Autodefensa Civil, las comunidades que saben que sus hijos no tienen salvación del servicio militar forzado. La objeción de conciencia plantea una tarea muy difícil para la sociedad civil. Durante años nuestros jóvenes han sido capturados por la fuerza para ser llevados al cuartel. Han sido golpeados brutalmente. A la edad de quince años nuestros jóvenes empiezan a esconderse para no ser secuestrados al cuartel. Nadie ha podido cambiar esta situación, los que se opusieron murieron brutalmente. Es por esto por lo que nuestra lucha por la objeción de conciencia es histórica. Deseamos que algún día nuestros hijos puedan escoger el servicio a su pueblo. Esperamos que en cualquier rincón del mundo los jóvenes opten por servir a su pueblo sin derramar ni una sola gota de sangre.

En medio de todas estas desgracias, persecuciones, crímenes y luchas, llegó 1992, año del Quinto Centenario. Fue un año en el que aprendí muchas cosas. Para nadie es un secreto que yo tuve algunas dificultades con la comisión española sobre el Quinto Centenario, especialmente el área que se dirigió hacia los pueblos indígenas. No faltó algún racista del cual omito el nombre. Defendió los puntos de vista más descalificados del Quinto Centenario.

Los miembros de la comisión española, o sea, la comisión oficial del Quinto Centenario, pensaban en festejos. Otros pensábamos que no había nada que festejar. Festejar era como ofendernos. Era ofender a nuestro pueblo y a nuestras generaciones. Si la fecha tenía un significado tan grande ¡que nos dieran la oportunidad de participar como actores de la sociedad, como actores de nuestra historia! La lección más grande que nos dejó el Quinto Centenario fue haber descubierto la experiencia compartida por todos los indígenas. Somos diversos, hemos sobrevivido durante quinientos años, hemos sobrevivido entre los escombros de las masacres en distintas partes del continente. Tenemos diversas experiencias, diversa identidad; tenemos también diversos y múltiples sueños. Sin embargo, hay ejes fundamentales de nuestras culturas que nos unen por ser culturas milenarias. Cada uno de nosotros ha sobrevivido en su propia nación, sin ninguna posibilidad de intercambios con otros pueblos. Descubrimos que los pueblos indígenas siempre aportaron inmensas riquezas de su valor, de su cultura, de su pensamiento, de su presencia, de su mano de obra, de su paciencia. Han contribuido con su propia sangre y su propio dolor para construir las llamadas democracias. Ese aporte nunca fue reconocido. Más bien, un buen número de los hijos mestizos de nuestro continente ha negado ser parte de esa cultura milenaria, ha sentido vergüenza de la tierra que los parió, ha sentido vergüenza de las raíces de su cultura.

Logramos descubrir que los indígenas no hemos sido simples espectadores de quinientos años de historia, sino que hemos sido actores. Nos dimos cuenta de cómo se ha usurpado nuestro derecho intelectual, nuestro derecho conceptual como pueblos indígenas, pues nuestro pensamiento ha sido manipulado y trastocado. Ha sido usurpado por quienes arguyen que es un mensaje de la humanidad entera y con este ardid le han puesto autorías distintas. Con ocasión del Quinto Centenario fuimos descubriendo nuestro profundo concepto de la relación con la madre Naturaleza y con la vida de las personas. Esto lo han explotado una inmensa cantidad de medioambientalistas, de personalidades, de escritores. Han robado esos conceptos. Nunca dijeron: "Esto lo dijo el jefe Descage". Nunca dijeron: "Esto lo dijo un jefe maya, esto lo dijo una mujer chortí o una mujer chamula" o una madre comadrona. Nunca dijeron que estos conceptos venían de esas raíces milenarias y por eso pareciera que el indígena no tiene pensamiento. Porque el pensamiento del indígena ha sido expropiado por otros que se han otorgado la autoría. Yo estoy consciente de que las experiencias, los valores y la sabiduría de un pueblo no son propiedad de alguien en particular y que deben ser patrimonio universal, pero lo que más ofende es cuando este patrimonio es manipulado o mal usado en beneficio de intereses personales.

285

Desde 1989 logramos que en Colombia se hiciera el Primer Encuentro Continental de los Quinientos Años, que aglutinaba a organizaciones indígenas activas del continente. Eso sin descuidar nuestra lucha permanente en la ONU y otros foros internacionales. Todo ello nos permitió llegar a 1992 con un pensamiento común, con reivindicaciones compartidas y con una firme solidaridad entre nosotros. Fue muy importante descubrir que en el continente americano la mayoría de nuestros pueblos tiene un proyecto para el futuro. Nuestro pueblo tiene un gran futuro. Tiene perspectiva. Tiene sueños y no descansa forjando ese futuro, porque el sentido de la comunidad es un valor sagrado que está vigente. La comunidad nos dio la oportunidad de vivir.

Si nuestros pueblos se hubieran diluido, si hubieran perdido su idioma, si hubieran perdido su comunidad, su colectividad, su concepción de liderazgo; si eso hubiera ocurrido, nuestros pueblos hubieran muerto. Otra enseñanza del Quinto Centenario fue que si nos desconocemos, si no reconocemos el liderazgo de nuestras organizaciones y la causa de sus experiencias, si tenemos celos, nunca vamos a lograr nada. En cambio, las reuniones del Quinto Centenario nos enseñaron que la unidad de los pobres logra grandes resultados. La inmensa mayoría de nuestra gente es pobre, y los pobres tenemos que sacar quizá unos centavos más de la familia, de la boca de nuestros hijos, para poder materializar algunas conquistas. Así fueron las primeras reuniones del Quinto Centenario: buena parte de nuestros esfuerzos tuvo que cargarse sobre las familias y sobre sus hijos. Pero logramos hacer la conferencia. Por eso, nosotros lo llamamos el *autodescubrimiento*. Nuestros esfuerzos son producto del trabajo que dignifica al ser humano.

Estábamos verdaderamente contentos por haber dado el salto cualitativo de nivel de intercambio entre nuestros líderes. Yo creo que entendí algo en este Quinto Centenario: la cultura joven de quinientos años —cultura ensangrentada y con muchas dificultades— quiso destruir las memorias de una cultura milenaria en muy poco tiempo. Esos quinientos años fueron pocos. Para que una cultura milenaria sea aniquilada tendrían que pasar muchísimos años más. Las culturas tienen raíces, tienen corazón, tienen razón de ser. El futuro no se basa más en la imposición de una cultura sobre otra, sino que ambas tienen que fundirse en una sola. Pero no sobre la base de violaciones, de esterilizaciones, de masacres, de tierra arrasada, de represión y de destrucción, sino sobre la base de respeto mutuo. Para mí el Quinto Centenario fue una oportunidad para alzar la voz contra quinientos años de silencio.

Observé, de casualidad, la Conferencia Mundial sobre el Medio Ambiente realizada en Río en 1992, pues yo había llegado a Brasil invitada por varias iglesias. De todos modos, llevada de la curiosidad, pagué los cincuenta dólares de la entrada y entré a ver cómo era. No pude superar las barreras de la seguridad que impedían a la gente común participar en la conferencia oficial, así que entré a lo que se llamaba el *foro global*. Fue un espectáculo que me decepcionó mucho. Había hermanos indígenas danzando para el público como un espectáculo fol-clórico. Había un montón de *canchitos*[58] fingiendo ser indios de la Amazonia. A mí me llegaron a entrevistar pero, no porque me reconocieran, sino por mi cara de india. Perdida en ese foro, y con mi traje de colores, llamé la atención de los periodistas. Me preguntaron qué pensaba. Yo les dije: "Es una buena fiesta. Es un buen mercado. Me estoy divirtiendo porque he visto bailar a indios con plumas. También he visto vender muchas cosas, playeras, bolsas de plástico desechable y gran cantidad de tarjetas. No sé cuántos árboles abatieron para hacerlas". No les dije mi nombre porque no importaba. Me dio la impresión de que los organizadores no tenían clara la diferencia entre los indígenas y los bichos de la Naturaleza; entre la defensa de la Naturaleza y el mal uso de ella. La declaración de amor a la Naturaleza tenía sus límites cuando se hablaba de negocios.

Es indudable que la Conferencia sobre el Medio Ambiente había tenido un efecto positivo. La juventud reflexionó un poco más acerca de su entorno, los intelectuales dedicaron un rato de su tiempo a reflexionar sobre el problema y se escuchó el pensamiento de los representantes de las culturas milenarias. Fue un gran logro para nosotros difundido a nivel mundial. Lo malo es que defender el ambiente se haya convertido en una moda. Se convirtió en un entusiasmo de coyuntura.

Tenía que ir a una ciudad llamada Carioca. Antes me fui a Iguazú. También estuve por las calles de la ciudad. Fui a algunos barrios y ahí me reconocieron sacerdotes y religiosas. Fuimos a visitar a varios de los que se llaman *niños de la calle*, gente perdida en la incertidumbre de la miseria. Recogimos una cantidad de testimonios dolorosos. La gente decía: "Aquí había muchos niños, pero antes de la Conferencia sobre el Ambiente hubo limpieza". Les preguntamos: "¿Y qué entienden por limpieza?". "Pues es que recogieron a los niños y se los llevaron lejos". Eso dijeron, que los llevaban lejos. Una gran cantidad

58. *Canche:* rubio. Guatemaltequismo.

de gente atestiguaba que había una ciudad de niños a donde se los habían llevado. Yo hubiera querido seguir la ruta para poder encontrar ese lugar, porque en algún rincón de Brasil había alrededor de treinta mil niños que fueron recogidos en las calles de la ciudad para preparar el *ambiente* de la Conferencia. ¿Significaría que esos niños estaban en algún centro o significaría que estaban en un barranco especial o significaría que estaban en un hospital enfrascados para ser vendidos? ¿Qué significaba que se los habían llevado lejos? Mucha gente me dijo que seguro que los habían matado. "Es que ya no servían", afirmaron. "¿Y por qué no servían?". "Bueno, porque eran vagos y estaban en la calle; otros también estaban enfermos y seguro que no les darían medicina, seguro que estarían muertos". Uno se sentía impotente, no sabía qué hacer. Yo me sentía culpable sólo por tener la información.

Después me fui a Carioca. Allí se había realizado una conferencia indígena que, si mal no recuerdo, se llamó Reunión de Carioca. Esta conferencia fue simultánea a la de Río. Aspiraba a formular el modelo indígena en esta próxima década. Yo también tenía curiosidad por saber cómo podría ser el modelo y me fui allá. Encontré unas casas que, si así fueran nuestras casitas, habría sido un gran regalo de nuestros dioses. Es posible que al finalizar la década de los noventa tengamos derecho a vivir en una casa similar. Tenían la base de cemento, lo que les daba una gran estabilidad. Las casas estaban hechas con gran finura. Habían estudiado las distintas casas de Brasil y habían elaborado una casa modelo, bastante larga y con suficiente espacio.

Carioca está cerca de Río de Janeiro. La diferencia entre las dos conferencias residía en que la de Carioca era más auténtica. Muchos de los actos folclóricos se habían organizado para que los indígenas bailaran ante otros indígenas y no para que fueran un espectáculo exótico, aunque no faltaban individuos rubios de pelo largo, sucios, que querían ser indígenas o se pasaban por indígenas o por amigos de los indígenas. Mi conclusión fue que nosotros no necesitamos regalitos ni limosnas, sino la oportunidad para que sea la gente quien construya su futuro.

Después asistí a una conferencia ecuménica. A esa conferencia habían llegado muchos religiosos de diversa procedencia y también de diversos orígenes y compromisos sociales. Eso me levantó un poco el ánimo, porque la reunión ecuménica abordó los problemas de una manera más seria y crítica; abordó más bien con una perspectiva moral el tema del medio ambiente.

Después de esto, me quedé unos días en Brasil haciendo mi trabajo de siempre, es decir, el trabajo de corredores. Trabajo de corredores no significa estar en el corredor sino significa *talonear*[59], como se dice en Guatemala. Perseguir a un montón de gente para decirle que nos den nuestro lugar, opinar sobre los temas que se están hablando, enterarse de que sería muy importante esto o aquello, informarse de lo que se está haciendo. Después me quedé un tiempo más para tratar de hacer relación con los hermanos indígenas y con organizaciones campesinas que podrían estar ahí igual que yo, sólo que algo perdidos.

Siempre me pregunto: ¿Qué ganaremos nosotros con estar aquí, que somos también parte de la naturaleza? ¿Cómo compraremos mañana el aire, el agua, para poder vivir? Los seres humanos tienen que pensar un poco más en la destrucción que pueden causar a la vida. Brasil tenía un papel significativo porque tiene una riqueza natural muy grande que vender a las potencias transnacionales. ¿Cuánta madera se había vendido a pesar de esa Conferencia? ¿Cuánto chantaje había ocurrido? ¿Cuántas negociaciones se habrían celebrado? ¿Y cuántas concesiones se habrían hecho, económicas y políticas, para poder llegar a un acuerdo definitivo? Nunca tuve respuestas a un montón de preguntas que hice en ese año.

Hay situaciones que definen la vida de uno y ésas son las que generan conciencia. No tanto la conciencia que se aprende

---

59. Perseguir de cerca y constantemente a una persona.

en los libros, sino el contacto directo con los acontecimientos. Yo tuve el privilegio de tener contacto directo con ese acontecimiento mundial. Por eso yo pienso que la lucha de los indígenas por el ambiente no es una época ni es una moda, porque, mientras vivamos, defenderemos el entorno y nuestro aire y nuestra vida.

Yo critico mucho al Fondo Monetario Internacional y al Banco Mundial. Pienso que estos organismos manejan mal una serie de problemas del mundo como la violación de los derechos humanos y el medio ambiente. Si no lo manejaran mal, habrían evitado la tierra arrasada en Guatemala y habrían generado nuevas reglas de la distribución de la tierra en Guatemala. ¿Cómo es posible que el Banco Mundial haya permitido la existencia de una inmensa cantidad de tierras que sirven sólo para que ahí pastoreen dos o tres vacas o para que los hijos de los terratenientes y los burgueses pasen ahí su fin de semana matando venados, cuando millones de gente mueren de hambre por falta de tierra? ¿Cómo han permitido que, por medio de la ocupación de grandes territorios, sea depredada la Naturaleza a través del tráfico de madera, tráfico de animales finos, tráfico de restos arqueológicos? Pienso que el Fondo Monetario Internacional y el Banco Mundial tienen una responsabilidad directa sobre la llamada extrema pobreza que afecta a la mayoría de la población mundial. Yo espero todavía que esas instituciones puedan producir cambios. Pero no con discursos, sino con métodos, con formas de planificación económica, con presiones que demuestren a los pobres la buena voluntad y la generosidad de tales instituciones.

En ausencia de las grandes instituciones, los indígenas hemos desarrollado el cooperativismo. Es una manera de integrar a la sociedad en una responsabilidad colectiva. No sólo se basa en el progreso económico. Yo defiendo el valor cooperativo, el valor de la comunidad. Es una cultura normal lo que está ahí. Es un modo de vivir, es un sistema de organización. En el mundo, los pobres viven porque entre ellos hay una gran cooperación, hay un buen nivel de solidaridad para poder enfrentar los desafíos más grandes de la injusticia social y de la distribución injusta de la riqueza. En los barrios, en las vecindades, en los municipios, día a día se enfrenta la adversidad, desde la muerte de un hermano, desde la enfermedad de un pariente, desde la orfandad de un niño, para sentir y palpar la vida como solamente los condenados de la Tierra lo saben hacer. Los altruistas programan su contribución, los pobres están dispuestos a dar un servicio o a contribuir las veinticuatro horas del día. Los altruistas eligen quiénes son los pobres que quieren apoyar y los pobres no tienen la oportunidad de elegir. Ya nacen con un corazón solidario. No sólo es un valor de los indígenas. Por eso afirmo que la lucha de los indígenas tiene una razón y es la de representar a los oprimidos del mundo. Si fuéramos sólo nosotros tal vez cambiaríamos la manera de proceder. Porque hemos tenido la sabiduría para medir las coyunturas que han pasado sobre nuestras espaldas. Pero es un hecho que la pobreza no sólo en un asunto de indígenas, sino que es un asunto de negros, de mestizos; un asunto de los pueblos desposeídos. El sufrimiento de los pobres rompe todas las fronteras del mundo.

En los últimos tiempos, con la precipitación de querer coartar y mediatizar a los pueblos y quizá evitar la precipitación de conflictos internos, las instituciones internacionales trataron de minar el valor de las cooperativas. Una de las estrategias ha sido la de crear ONG fantasmas. En nuestros países, según algunas experiencias propias, la mayoría de los técnicos que componen las ONG son extranjeros provenientes del Primer Mundo. Si no son extranjeros, piensan y actúan como extranjeros. Traen el concepto de que los pobres no entienden nada de desarrollo y no saben nada del futuro, así que hay que educarlos como especies pasivas susceptibles de ser amaestradas en el concepto de desarrollo. Su gran orgullo y su profundo paternalismo les cierran los ojos y jamás llegan a mirar los profundos valores y las grandes soluciones que ahí reposan. Con esto han cometido muchos errores porque lo que ha ocurrido es que lejos de coartar la esencia de la colectividad, del cooperativismo, lo que han hecho es crear lo que yo llamo, quizá con palabras duras, *parásitos de la sociedad*. No todos son así, pero todos pagan las consecuencias.

Estamos hablando de personas o de grupos de personas que han hecho toda una carrera a costa de las promesas de desarrollo. Yo he recorrido muchas partes del continente, he estado en casi todos los países de América mucho antes de recibir el Premio Nobel. Conozco a la mayoría de las instituciones locales y por eso tengo la seguridad de que no estoy equivocada al decir que las instituciones se encargaron de minar a la misma población, a los elementos organizadores y poner, sobre ellos, organismos y grupos fantasmas que son canalizadores de fondos. A los países pobres ha llegado mucho dinero, inmensas cantidades de dinero, del cual no se investigó nunca si efectivamente llegó a la población. En la mayoría de los casos se usaron conceptos políticos absurdos, paternalistas, discriminatorios. ¿Cómo se explica, si no, el hecho de que un técnico se ubicó en un área por quince años y después de su partida la comunidad estaba más pobre que antes? ¿Cuál era, entonces, el magisterio del desarrollo? El problema estriba en que estamos usando lenguajes distintos. Uno es el lenguaje del técnico que viene y sueña con el Primer Mundo; defiende un salario irracional; lo que el técnico gana en un mes un pobre lo gana en dos años. Y otro es nuestro lenguaje. Se recrean, de ese modo, situaciones de opresión. El problema de las instituciones en los próximos años será recuperar la confianza de la gente. Nuestra pobreza no está a la venta, los pobres no están a la venta. ¡Hay que responder a tanta ilusión, a tanto deseo de desarrollo que ha acumulado nuestra gente!

La solución de nuestra miseria no sólo está en el dinero, sino en una vida más equitativa. Quizá la solución pueda estar en romper con la desigualdad desde el principio. Eliminar los privilegios, depurar los entes de desarrollo. Que no se dé, por

un lado, la institución gubernamental con técnicos que creen
tener la clave del desarrollo con las bolsas llenas de dinero y,
por otro lado, el pobre, el miserable que nada tiene y que sólo
puede ser plasmado como objeto desarrollable. Las instituciones deberían pensar que los pueblos también pueden aportar
conocimientos, técnica, sabiduría y trabajo. Más cuando su historia ha sido vivir en su propia piel la crueldad de la miseria y
el hambre.

Quizá podamos armar estrategias comunes, más humanas
y más sensibles, más respetuosas. Quizá tengamos que encontrar los criterios para entrenar a un técnico y calificar a un promotor, encontrar el punto de confluencia por el cual los técnicos necesiten del conocimiento de nuestros pueblos y nuestros
pueblos necesiten del conocimiento del técnico, y cuajemos
sobre esto la base del respeto: contribuir juntos para un futuro
más seguro.

Estas ideas sobre el diálogo entre culturas diferentes las
debo al hecho de que me tocó recorrer las casas de mucha gente en el mundo. Hice muchas preguntas en mis múltiples giras
de solidaridad. Participé en un sinfín de conferencias sobre
desarrollo y la eliminación de la pobreza. Participé en eventos
a los que llegaban entre cien y doscientas personas. Recorrí
muchos pueblos gracias a la solidaridad internacional. Hay
niñas que cuando pasé por sus casas eran chiquitas, recién naci-
das, y ahora las encuentro señoritas grandes. Estos últimos
años me han traído centenares de experiencias. He compartido
el cariño de mucha gente. Recibía flores, me daban lo mejor de
su casa. A ninguna de esas casas le guardo un mal recuerdo y yo
creo que en ninguno de esos hogares que visité tienen un mal
recuerdo de mí. Yo siempre traté de ser respetuosa con mis
anfitriones. Les respeté su comida, respeté su hogar, respeté
sus costumbres. Traté de aprender cosas que no eran fáciles
para mí. Recuerdo que, la primera vez que me pasaron un plato
de quesos en Europa, sentí la muerte porque yo estaba acostumbrada a los quesos frescos. No era capaz de comer quesos

293

fuertes. Pero uno tiene que hacer un sacrificio para entender. Así que busqué el queso menos oloroso para mí. Aprender de la gente es muy hermoso: su amistad y su cultura. De eso nace el respeto y la convicción de sus luchas. Y por eso sé que el respeto a los pueblos indígenas no es inalcanzable. Tengo la certeza de que es posible.

También aprendí muchas cosas sobre las mujeres y la niñez. ¡Para mí fue tan extraño descubrir cualquier otra experiencia que no conocí en las montañas de Chimel! Por ejemplo, yo no sabía cómo era posible que una mujer pudiera estar con otra mujer. No podía entenderlo. Yo desconocía la homosexualidad. Era como un niño que no entiende eso y cuestiona y pregunta. Uno no puede entender que los seres humanos se compliquen tanto la vida. Pero finalmente no necesito entenderlo para respetarlo. El respeto es más grande que mi pequeño mundo.

Siempre fue así con muchas experiencias. Más que dar un juicio, me interesaba conocer esas realidades. El lesbianismo me extrañó mucho. Sé que nunca lo entenderé pues no tiene nada que ver con mi educación. He hablado con varias amigas que me contaron mucho de su vida. En este caso, ellas eran producto de una situación muy particular. Llegué a comprender que su vida es su experiencia propia y es su propia decisión.

Yo tengo un gran amigo que es homosexual. Lo conocí en Nueva York. Siempre tuve la inquietud de preguntarle sobre su condición. Él era homosexual declarado. Un hombre maravilloso, con una cortesía especial, una delicadeza, una sencillez que manifestaban la pureza de su persona. Nunca le pregunté particularidades de su vida. Tenía una mente inocente en estas cosas, pero sí comprendía que este tema era controvertido. Sin embargo, siempre he sabido que lo mejor es ser modesto y no meterse en el juego de las interpretaciones. No meterse en los juegos de palabras o en la guerra de definiciones y conceptos. Tal vez porque los indígenas siempre fuimos incomprendidos y muchos piensan que nuestra diferencia se vuelve un pretexto para despreciarnos.

Cuando luchamos por nuestros derechos se nos dice indigenistas y si hemos trascendido un poco más allá de las reivindicaciones de los indígenas, ya somos comunistas; si incluimos el derecho de las mujeres en nuestras luchas, no sólo somos indigenistas y comunistas, sino también feministas. Se nos imponen etiquetas para despreciar nuestras luchas. Eso nos hiere profundamente y entonces como que la comprensión nace también de eso. Si hay un sector desfavorecido o incomprendido, existe una similitud de condiciones, una aproximación en la marginación.

En la sociedad indígena, la homosexualidad podría existir pero tal vez resultaría absorbida por la misma sociedad. La mayor parte de nuestra gente se casa entre los catorce y los dieciséis años y tiene una vida de pareja muy unida. Sólo en los últimos años algunas mujeres viven solas o algunos hombres no se casan. La comunidad indígena absorbe las diferencias, sean éstas sexuales, mentales o físicas. Por ejemplo, los discapacitados que existen en nuestras aldeas son absorbidos por la comunidad, es decir, son atendidos por la misma familia que le da trato igual. La misma gente le da un trato muy respetuoso. Porque la discapacitación se entiende como algo normal. Es decir, no es un escándalo ser un discapacitado en la aldea, pues es producto de la Naturaleza misma. Así es la Naturaleza.

A nosotros se nos inculca desde muy pequeños que ofender a un discapacitado, burlarse de él u ofenderlo causa que la maldición de la Naturaleza caiga sobre nuestras cabezas. Equivale a ofender algo sagrado. Sucede con una señora embarazada. Se dice que no se puede comer delante de una señora embarazada sin darle un poco de lo que uno está comiendo. De lo contrario, uno está lastimando los sentimientos y los gustos de la señora y también del bebé que trae. Igual con los discapacitados. En la aldea donde yo nací hubo más de un discapacitado y se les trataba con respeto.

Creo que, en esto, la sociedad occidental perdió el equilibrio. La gente tiene un elemento distinto al animal, tiene algo más profundo que lo animal. A un animal le da lo mismo exhibirse en cualquier lado, pero el ser humano tiene algo especial. No por concepción moralista, sino porque son valores sagrados vinculados a la vida a los que debe tenerse un respeto total.

La mujer maya es muy trabajadora. El sentido de la familia, el sentido de la vida, la dualidad de la vida es un principio filosófico y un principio conceptual que le rige la existencia. Sin padre o sin madre no puede haber generación ni puede haber sociedad. El equilibrio de la sociedad es producido por la dualidad de la vida. Las mujeres hemos tenido condiciones más desfavorables. También luchamos por mejores tratos, mejores condiciones de vida. Luchamos para lograr una plena, activa y efectiva participación política. Tampoco por eso hay que esterilizar a todas las mujeres para que no tengan más hijos. El problema para nosotros no son los hijos, sino tener derecho a la ciencia, a la tecnología, a los conocimientos, al desarrollo, a la jurisprudencia. Tener iguales oportunidades, sin dejar de ser coherentes con nuestra cultura.

EL PREMIO NOBEL

Ya instalada en México, sucedió algo que no esperaba: el contacto con una gran cantidad de patriotas exiliados. Eran ladinos, profesionales con muchos títulos. Los guatemaltecos añorábamos nuestra tierra en una misma soledad, en una misma nostalgia, en las mismas condiciones. La relación con ellos fue, para mí, muy importante. Conocí a don Luis Cardoza y Aragón, un gran escritor guatemalteco, sobre todo un gran amigo, maestro, compañero y hermano. Yo llegaba a visitarlos, a él y a doña Lía, su compañera de vida, su esposa. Siempre terminábamos conversando de temas importantes. Discutimos muchas veces por causa de la cuestión indígena, porque él tenía un punto de vista que no coincidía del todo con el mío, pero eso me ayudaba a esgrimir o a escarbar mis propias ideas. Me enseñó a reflexionar, a preguntar o intercambiar. Yo le tenía un respeto muy grande. Sus comentarios eran desafiantes, pues no era nada fácil discutir con un gran humanista de la talla de él. Nosotros, los indígenas, no habíamos tenido tiempo suficiente para discutir, para hacer planteamientos, para reflexionar sobre nuestra misma cultura, sobre nuestra identidad y también sobre nuestra propia fuerza como pueblos. No habíamos tenido tiempo para pensar un poco cuáles eran nuestras esperanzas y cómo concretarlas si hubiera oportunidad. Él sostenía que los indígenas no tenían ninguna perspectiva de futuro sino era sobre la base de la unidad nacional, sobre la base de un país fuerte y poderoso en convivencia con el resto de la población. En esos años no habíamos logrado profundizar sobre el concepto de unidad nacional y mucho menos sobre diversidad étnico-cultural. En algunos momentos, él era muy radical en su convicción de que los indígena tenían que cambiar profundamente para lograr esa meta. Hasta esa fecha, no se sabía el impacto que podría causarles a los pueblos indígenas, su población en general, un verdadero contacto con la ciencia y la tecnología. Ello podría derivar en la conformación de un solo pueblo, con una cultura común, o, por el contrario, podría ser que los indígenas tuvieran temor a esto y generaran resistencia, luchas combativas, conversiones inclaudicables y confrontación. En otras palabras, se tenían muchos temores a que los pueblos indígenas se alzaran en armas y pelearan con toda su fuerza como indígenas.

Desde hacía mucho tiempo, don Luis estaba cuestionando al indígena. Yo pienso que tuvo un pensamiento un tanto esquemático, aunque este brillante compatriota murió antes de que concretáramos la definición de un país multiétnico, multilingüe y pluricultural. A lo largo de los años fuimos limando nuestras posiciones. Fuimos conociéndonos y, como siempre, ambos pasamos por un proceso de producción. Siempre hablamos de los entrañables tamales, hablamos del olor de Guatemala, hablamos de los caminos de Panajachel, hablamos de los pueblos que él conoció hace muchos años y del amor que siempre tuvo a Guatemala. Hablamos de los fenómenos inexplicables: de los misterios, de las cosas que dejan fuera todo tipo de convencimiento anticipado. Hablábamos una y otra vez de los laberintos de la inmensa selva de Chimel. Hablamos de sus experiencias durante el régimen democrático del 44 al 54, hablamos de sus tantos sueños. Yo no conocía mucho de ese proceso democrático, pero después me familiaricé con el tema.

Conversamos de su resistencia a los militares, su profundo rechazo a los militares. Él sostenía que desde el momento que los militares ocuparan una posición dominante y fueran quienes dictaran el destino de los pueblos de América, éste iba a ser un continente perdido, un continente muerto y un continente lleno de sufrimientos. Terminábamos llorando la tragedia de nuestro pueblo. Luis siempre dijo que los militares eran un obstáculo del futuro. Según él, los militares eran responsables en gran parte del duro destino de los millones de habitantes de América. Por esta manera de pensar no era posible su retorno a la patria que tanto amó. Cada día, él notaba con gran tristeza la imposibilidad de retornar a Guatemala. Todo iba para peor. Por eso prometió que no volvería a Guatemala mientras los civiles estuvieran al servicio de los militares.

299

Don Luis murió antes de que algún día se concretaran sus sueños. Nunca volvió a Guatemala. Por cierto que, cuando don Luis murió, algunos guatemaltecos fueron a México a pelear sus cenizas para llevarlo a Guatemala y rendirle honores allá. Yo estaba cerca de su tumba y oía los pleitos que había sobre las cenizas de don Luis. Yo pensé que era, de cierta manera, una cobardía, porque no lo convencieron cuando estaba vivo y ahora peleaban sus cenizas cuando ya estaba muerto. Don Luis Cardoza y Aragón fue una referencia muy fuerte para muchos de nosotros que buscamos en las personas maduras un ejemplo de coherencia y de ecuanimidad.

Aparte de don Luis, conocí a Julia Esquivel, una poetisa cristiana. Conocí a muchos otros compatriotas y así fue como encontré la amistad con Raúl Molina. Él fue rector de la Universidad de San Carlos. También me hice amiga de Rolando Castillo Montalvo, que es un hombre rubio, de pelo blanco; parece sueco o noruego. Era decano de la Facultad de Medicina de la misma Universidad de San Carlos. Ambos, pues, antes del exilio, ocupaban puestos de gran importancia en la academia guatemalteca. Yo llegué a tenerles mucho afecto. Ese 18 de abril, cuando nos detuvieron en Guatemala, en el momento en que se llevaban capturado a Rolando, vi su maletín tirado en el suelo; al creer que no volvería a verlo, me di cuenta del afecto que le tenía.

Después trabajé con Frank Larrué, un abogado guatemalteco, y con Marta Gloria Torres, una mujer muy sencilla, con muchos conocimientos. Todos han sido, en una época, líderes del movimiento académico, del movimiento popular, del movimiento sindical, y líderes en sus áreas de trabajo. Son sobrevivientes y a diario rememoran a tantos amigos que fueron asesinados o desaparecidos. Aprendí mucho con ellos. Me corrigieron el español, me corrigieron la visión sobre su cultura, me obligaron a escribir poco a poco el español, me obligaron a ser telefonista, me dieron la posibilidad de frecuentar todas las áreas de Naciones Unidas. Al principio, al ver a un diplomático de alto rango en la ONU, no sólo me sudaban las manos, sino que se me iba la voz. No podía hablar, se me esfumaban las ideas, se me espantaba la sangre. Uno siente que se enfrenta a cosas más grandes que uno. Se siente impotente. En muchos momentos yo sentía que mis conocimientos volaban para buscar refugio en Chimel. Ellos siempre me obligaron a hacerlo prácticamente. Siempre, durante una conferencia importante, decían: "Tiene la palabra la compañera". Yo ya no podía escaparme. Así fue como aprendí a usar la palabra. No era un castigo sino un desafío que enfrentar.

Ellos fueron mis maestros desde 1981. Empecé a trabajar con ellos en un equipo de trabajo al que llamamos Representación Unitaria de la Oposición Guatemalteca (RUOG). Éramos cinco. Muchas de las actividades que hacíamos estaban en el marco de las Naciones Unidas y el marco de los derechos humanos. Ocurrió un fenómeno muy curioso. Nosotros no teníamos estatuto consultivo de la ONU. Sin embargo, siempre encontrábamos una ONG que nos diera entrada a los corredores de Naciones Unidas. No teníamos una asociación política, no teníamos ningún partido político, pero siempre teníamos la anuencia de partidos políticos o de personalidades. Teníamos un gran respeto político a nuestro trabajo. Tampoco éramos voceros de la Unidad Revolucionaria Nacional Guatemalteca (URNG). No hacíamos el papel que realizaba para el Frente Farabundo Martí para la Liberación Nacional (FMLN) don Guillermo Ungo, pero éramos escuchados de la misma manera. Teníamos un espacio. Nos escuchaban las cancillerías, las instancias mundiales de derechos humanos; nos escuchaban como la voz del movimiento popular que había sido aniquilado, como la voz de los sin voz; nos escuchaban como parte de las víctimas. La expresión de la sociedad civil había sido eliminada, descabezada. Entonces nos volvimos como los canales, los interlocutores de distintas expresiones de la sociedad civil de Guatemala y se nos trataba con respeto. No ganábamos ni un centavo, no teníamos un sueldo, más bien corríamos detrás de la solidaridad para pagar nuestros gastos de misión. Siempre hubo alguien que nos ofreció su casa y compartió con nosotros su comida y lo mejor que tiene, y lo haría por su amor a Guatemala.

Fuimos creando un espacio propio. Nunca tuvimos un estatuto ni nos ocupamos por jerarquizar esta experiencia. Sin embargo, estuvimos congregados año con año. Teníamos dos reuniones anuales. Buena parte de mi trabajo de giras por el mundo era porque también obedecía a una agenda. Además, yo era parte de la Representación Internacional del Comité de Unidad Campesina (RI-CUC) desde que salí de Guatemala. Mi agenda era absolutamente colectiva. Si no era la Representación Internacional del CUC, era la Representación Unitaria de la Oposición Guatemalteca. Raúl Molina, Frank Larrué, Marta Gloria, Rolando Castillo y yo éramos iguales. Nadie tenía un puesto más alto ni aparentaba ser más listo que los otros. Lo que hacíamos era rotarnos. Si había una delegación a Ginebra, entonces nos íbamos el compañero Raúl y Rigoberta. Si había una delegación de OEA, se iban Frank y otro. Y así. Nos intercambiábamos. Hay que decir que Marta y yo éramos mujeres muy fuertes. Cada uno estaba metido en distintos proyectos. Raúl Molina nunca dejó su área académica. Trabajó siempre para reforzar la solidaridad con nuestro pueblo. Siempre estuvo muy vinculado a lo que pasaba en Guatemala, pero siempre estaba en su profesión. Igual el resto de los compañeros.

Todos éramos exiliados pero ubicados en distintos lugares. Marta siempre vivió en Canadá; Raúl vivió en Nueva York; Frank, en Washington; Rolando y yo, en Ciudad de México. Pero teníamos una óptima organización, una estrecha relación, y dedicamos nuestro tiempo incondicionalmente al tema de los derechos humanos. Nuestra primera tarea fue siempre llamar la atención de la comunidad internacional sobre las graves y permanentes violaciones de los derechos humanos en Guatemala. Estuvimos promoviendo delegaciones de alcaldías, de departamentos y de personalidades para que con su presencia física con Guatemala, con su contacto directo con la realidad, pudieran transmitir al mundo un mensaje distinto sobre la situación nacional. También estuvimos promoviendo apoyo a los refugiados, a los desplazados, a la gente afectada, a la gente más humilde que necesita un aliento, un apoyo.

Exhortamos a las Naciones Unidas para que el Alto Comisionado incrementase los apoyos. Mantuvimos una evaluación permanente sobre la situación en Guatemala; no quedarnos sólo con que hubo una masacre o una represión, sino tratar de hacer entender en su globalidad la situación guatemalteca. En cada tribuna jugamos un papel diverso. Teníamos una línea de trabajo en el campo político-diplomático. No podía pasar una reunión de la OEA sin que nosotros estuviéramos, aunque fuera colados por la puerta de la cocina y aunque tuviéramos que desafiar la seguridad de estas grandes instituciones. Muchas veces ellos discutían los derechos humanos en los corredores o en salones de lujo, sin las víctimas. En muchos momentos no pudimos entrar a las reuniones porque no éramos nada. Entonces, por lo menos, estábamos en las mismas ciudades donde se realizaban las reuniones, porque teníamos amigos que nos pasaban la información. Siempre estábamos detrás de una resolución. Estábamos detrás de una enérgica condena al régimen. Lo mismo pasaba en la ONU. Nosotros no teníamos estatuto. Yo recuerdo muchísimas veces en que me tuvieron que echar de las salas principales. Tuvo que venir la policía y decirme: "Señora, ésta es un área gubernamental, no puede estar aquí".

Yo me hacía la que no hablaba inglés. La que no entendía nada. Me hacía la que no sabía nada de lo que estaba haciendo. Entonces me echaban. Y yo volvía a entrar. Era como la insistencia más absoluta. Cuando uno está convencido de la causa que defiende, lucha por ello. No es agradable. Es trabajo de perdedores. Es humillante porque, para hablar con un diplomático, uno tiene que pedir la cita muchas veces. Luego, el diplomático sólo viene por cumplir y en muchos casos ni siquiera te escucha. Estaba claro que daba la cita para que lo dejáramos en paz. Pero nuestra meta mientras hubiera violación a los derechos humanos era no dejar descansar a la comunidad internacional para que asumiera su responsabilidad.

Algunos Gobiernos violadores de los derechos humanos nos veían como ver espantos a medianoche. Porque sabían que siempre saldría una voz contraria a lo que ellos afirman. No digamos los gobernantes guatemaltecos, nos miraban igual que a cualquier opositor en Guatemala, sólo que no podían castigarnos de la misma manera.

Desde 1979 ha existido una resolución sobre derechos humanos en Guatemala y ésa se ha repetido año con año, con un trabajo inmenso. Eso implicaba tres meses de negociación en Ginebra. Y después, en la Asamblea General, otros tres meses de negociación. Trabajo que, con algunos de los compañeros, me tomé con especial cuidado. También Raúl Molina y Marta Gloria lo han seguido. Ahí nadie pierde o gana. Simplemente es un texto que se negocia arduamente. Siempre queríamos creer que en algo ayudaría a las víctimas, podría evitar un muerto más. Lo que sale es como la conquista de todos. La misión guatemalteca se integra de diez a quince funcionarios de alto nivel para negociar la resolución. Se dedican a suavizar los párrafos, a buscar palabras menos duras para calificar las terribles violaciones que comete su Gobierno. Tanto los compañeros de la RUOG como la sociedad civil se hacen presentes y hacen presión para que ese texto, por lo menos, mencione la violación de los derechos humanos. Para el Gobierno, quitar ese texto es como una victoria, no importa lo que diga. Era una de las grandes deficiencias de las Naciones Unidas. La guerra se da muchas veces en los corredores. Pero después de los corredores vendrán otros años y nadie cumplirá ese proyecto. Nadie sabe si se cumplió o no esa resolución. Nadie cumplirá ese texto.

Un día estábamos en los corredores y Marta llevaba tres horas tratando de pescar a un funcionario. Tenía la cara bastante cansada y viene Rolando y le dice: "¿Te has dado cuenta del papel tan *pura lata*[60] que nos toca jugar?". Marta se había percatado de que llevaba tres horas esperando al diplomático y las palabras de Rolando eran la fotografía de lo humillante que es ese papel. Nosotros siempre tuvimos conciencia de que la causa que defendíamos no era la de los corredores de Naciones Unidas, sino que se trataba de la vida de la gente, la vida de las familias, la vida de una mujer, la vida de un niño; se trataba del futuro de muchos niños y de nuestra nación. No era sólo para convencerlos o para tener una presencia o para mantener el texto de una resolución en la ONU. Hablar diplomáticamente del dolor de un pueblo es indignante y es también doloroso. Al principio yo no entendía. Tal vez con las primeras dos o tres veces que me callaron en Naciones Unidas porque se me terminó el tiempo o porque estaba de mal humor el presidente, se me hizo más claro.

Al principio era todo un sudor, un dolor para hacer un discurso. Porque si nos hubieran callado, se habrían reído mucho de nosotros. Si nos callaban, perdería identidad el discurso o se

---

60. Expresión guatemalteca, muy usual, que significa "de muy poco valor".

cerraba el espacio que tanto había costado crear. Al principio me costaba mucho entenderlo, pero después nos volvimos expertos. Mucha parte de mi escuela fue en los corredores de la ONU. Aprecio enormemente la oportunidad de conocer los organismos bilaterales, los organismos intergubernamentales; de conocer los organismos mundiales, de conocer el mundo de las llamadas ONG, el mundo de los derechos humanos. Por eso no perdía absolutamente nada de las reuniones de la ONU.

Y eso que sólo tenía derecho a llegar a un punto de los corredores de Naciones Unidas, porque ahí están demarcadas ya las áreas para el Gobierno. Quien entra allí es porque tiene que ver con el Gobierno en cuestión. Si no, la policía lo saca, como me sacaron a mí un montón de veces en la Asamblea General en Nueva York. Me recuerdo con mis cartas en la mano, con un comunicado quizá para los funcionarios. Hicimos ese trabajo en los corredores, pero también aprendimos mucho. Es el mismo papel de los reporteros, de los periodistas, de los que tienen que correr detrás de una información. Los actores de esa información actúan como si no les importara nada. Es dura la vida de quienes intentan informar verazmente a la sociedad.

Alguna gente, muy desagradable, un día me dijo: "Tú eres la mascota de Naciones Unidas". Yo no entendía bien lo que significaba eso y dije: "Bueno, será su interpretación". Pero yo me crié en los corredores de la ONU. Políticamente me crié allí. Yo estuve cerca de todo lo que aconteció en Nicaragua. Sabía las negociaciones, sabía las dificultades, las presiones. Sabía del papel del GRULA, el Grupo Latinoamericano. Sabía el papel de Occidente. Cómo los diplomáticos del continente abordaban los temas y chantajeaban y negociaban. Conocía la manera en que acosaban a Nicaragua. Era impresionante. También sabía cuánto afectaba y cuál era la situación de Cuba en la ONU. Desde hace muchísimos años entendí que el pronunciamiento de muchos países contra Cuba no era una genuina preocupación por los derechos humanos o por los derechos inalienable del pueblo cubano. La situación de Cuba es un problema de independencia y autodeterminación. Es que algunos no están dispuestos a respetar su derecho a la autonomía. Estados Unidos piensa que es su territorio, es su otro Puerto Rico, su otra República Dominicana sólo que sin control. Es su otro pedazo, como tantos que tiene invadido, sólo que esta vez Cuba es un pedazo rebelde. Las negociaciones han sido tan increíbles que, si uno lo comunica a un público que no está al tanto de esto, puede provocar indignación. Puede creer que son alucinaciones. La gente puede pensar que son novelas diseñadas por algún genio de la escritura.

Porque estaba claro que más de cuatrocientas aldeas aniquiladas en Guatemala no habían tocado la conciencia de las Naciones Unidas ni de la comunidad internacional en general. Eso sí, había expresiones de buena voluntad y de dolor sobre la violación de los derechos humanos en otros países, siempre y cuando fueran la pieza política que necesitaban algunos Estados. Los veteranos de las Naciones Unidas se acostumbran a todo. Todo se vuelve normal para ellos. Si cada país del mundo se preocupara de renovar sus funcionarios cada cierto tiempo y eligiera gente más educada en un sentido profundo y amplio de la educación, haría una gran contribución a la humanidad. Para mí siempre fue un desafío. No estoy en contra de las Naciones Unidas. Antes bien, quisiera que algún día cambiara la esencia de esa institución para que el tema de los derechos humanos encontrara un lugar digno, y en donde las víctimas encontraran un consuelo.

Cuando digo que la negociación es lo más terrible es porque creo que los derechos humanos no son negociables. Por ejemplo, Guatemala no fue condenada con todo rigor por violaciones a los derechos humanos a pesar de las masacres, porque no les interesaba a muchos países. A Estados Unidos nunca le interesó exactamente la sociedad civil. Si el presidente actual de los Estados Unidos ha cambiado un poco de actitud, los gobernantes anteriores han sido responsables, pues han fomentado el militarismo. Tampoco es raro que los países del continente se encubran unos a otros, porque también tienen cola[61] en relación con los derechos humanos. Colombia, por ejemplo, jamás podría aceptar la continuidad de observancia de derechos humanos, porque en ese país hay situaciones similares a las de Guatemala. Lo mismo ocurre con Perú. Perú nunca podría ser favorable a los temas de derechos humanos cuando las condiciones son similares en su propia casa. Lo mismo ha ocurrido con Brasil. Uno a uno podemos enumerar a los países de América Latina. Son pocos los países del continente que no cuentan con graves, sistemáticas y masivas violaciones a los derechos humanos. Observar el respeto a los derechos humanos en América es un riesgo para la política de los Estados. Son, como decía mi madre, coyotes de la misma loma[62]. No sólo se defienden sino que se encubren.

Conocí tanto la ONU que llegué a saber de memoria las falsas expresiones de buena voluntad que se repetían año con año. "La situación ha mejorado un poco" o "el Gobierno ha hecho la promesa de que el año entrante va a ser distinto". Los mismos argumentos de siempre. Cuando hablo de la necesidad de otro planteamiento, estoy proponiendo rescatar la moral pública, rescatar la credibilidad de las instituciones. La credibilidad no puede venir con la continuación de los esquemas caducos.

Todas estas cosas me golpeaban mucho más al principio. Sentía que eso era inconcebible. A la larga uno va comprendiendo que la solución no es abandonar esas tribunas, sino que se debe seguir insistiendo con el riesgo de parecer un bicho raro. Pero más vale así que dejarlo todo en manos de los mismos de siempre.

Por eso yo valoro altamente el trabajo de Naciones Unidas. Creo que las organizaciones no gubernamentales tienen

---

61. "Dícese de quien tiene antecedentes reprochables" (Armas).

62. "Ser compinches" (Armas).

un llamado a estar allí. Son los entes más cercanos a las víctimas. Yo creo que los movimientos civiles de todo el mundo deben conocer mejor el área de las Naciones Unidas. Deben aportar, criticar y exigir los cambios que sean necesarios. Hay muchos cambios por realizar desde la sociedad civil. Hay que hacerlo desde cada uno de los países para proponer a diplomáticos especializados en este campo. ¿Cómo un diplomático puede ser defensor de los derechos humanos si ni siquiera conoció esa misma palabra en su formación como profesional y como persona? Muchos de los funcionarios de alto nivel que llegan a la ONU son parientes de alguno que les heredó el puesto, pero no les heredó el conocimiento de la situación real de su país. Por lo menos hay algunos casos que conozco personalmente.

Sólo en los últimos tiempos empiezan a darse críticas con un poco más de fondo. Antes de eso, lo que se oía de los países era una maravilla. Cada Gobierno, al entregar el informe de su país, era para decir que en ese año se había progresado en un 90% en atención a las mujeres, en un 80% en atención a la juventud, en un 95% en el empleo de las personas y en educar a los indígenas. ¡Era un progreso general! Parecía que esa sociedad no tuviera defectos, pareciera un informe sobre un mundo genuino y sin problemas. Sin embargo, en ningún momento en la historia de nuestra humanidad ha habido sociedad perfecta. Eso nos lo ha comprobado la guerra, la caída del muro de Berlín, el estallido de nuevos conflictos en el mundo, el aumento, en fin, de la pobreza. ¿Dónde está el maravilloso progreso? Por lo menos, ahora los países hablan del *combate a la pobreza*. Pero ¿cómo hacer eso, cómo combatir la pobreza si no conocen a los pobres y si los pobres no han significado nada para las grandes decisiones que se toman? Estoy hablando de temas que no me tocó aprender en textos sino que aprendí de la misma gente, de la misma experiencia, de las mismas dificultades.

Yo admiro a mucha gente que, a pesar de encontrar obstáculos como éstos, nunca perdieron su sentido humano. En las instancias de la ONU encontré gente de buena voluntad, en los organismos gubernamentales hay buena gente. Me he cruzado con ellos en el camino, con el mismo respeto que les conocía hace muchos años. Hay gente que ha trabajado con mucha dignidad y con mucha fe en que las cosas deben cambiar. Estoy segura de que poco a poco la ONU asume los grandes retos, pues hoy por hoy es el único instrumento mundial que tiene autoridad sobre los asuntos que afectan o favorecen a la humanidad.

Muchas cosas han cambiado para mí desde que recibí el Premio Nobel. Ojalá que sea para bien, que sea en beneficio de la causa humana, que sea para salvar el planeta y sea por cariño o porque finalmente me aceptan como parte de su comunidad. Y no sea simple y sencillamente porque así es el mundo y se requiere de un cierto diploma para ser importante sobre la Tierra. Pero yo no olvido que me debo a una cuna humilde, a un pueblo pobre, a unas mujeres con las manos callosas; me debo a unas sonrisas perdidas en la incertidumbre, me debo a un pueblo de profunda dignidad. Con ese pueblo he contraído deudas impagables. Me debo a ello no sólo en tiempo pasado, sino en tiempo presente y futuro. Pienso que las cosas que yo digo les gustaría decirlas a muchos millones de personas, pero no tienen la oportunidad de hacerlo. A ellos les consta su realidad y a mí me consta lo que he dicho. Soy testigo y, si no lo digo, seré cómplice de grandes injusticias.

Pero el cambio más importante desde que recibí el Nobel lo he sentido en que ya no puedo dedicarles mucho tiempo, como en las épocas pasadas, a los corredores de la ONU porque, por múltiples tareas, entro corriendo y salgo corriendo. Ya no me da tiempo de tener la posibilidad, como antes, de pasar desapercibida. Antes era una insignificante y por eso aprendí muchas cosas.

Desde 1989, varios sectores querían proponerme para la candidatura al Premio Nobel de la Paz. Por supuesto, nunca pensé que eso iba a convertirse en una realidad. Pero mucha gente decía que yo podría ser premio Nobel de la Paz. Yo me reía en el fondo; ser Nobel de la Paz era sólo para gentes grandes, decía. Las organizaciones de solidaridad esgrimían muchos argumentos, sobre todo en Italia, donde había una simpatía muy fuerte. Eso ocurría también en muchos países de Europa, donde había amigos de Guatemala y de los indígenas. También de la población de Australia había mucho apoyo, gente que tenía directa relación con los derechos humanos por medio de Amnistía Internacional y algunas otras instituciones. En Europa, había comentarios de quienes creían que ya era candidata y yo tenía que aclarar constantemente que no era así. Creía que era una locura inalcanzable, de soñadores de futuro.

En Guatemala, durante el Segundo Encuentro Continental de los Quinientos Años de Resistencia Indígena, Negra y Popular, se emitió una resolución que había causado polémica. Es penoso reconocerlo, pero no resulta fácil la relación con nuestros hermanos indígenas del continente. Siempre hay protagonismo, hay celos de liderazgo: quién ocupa el mejor lugar, quién es el mejor líder. Se mezclan aquí algunas actitudes que generó la guerra fría. Si se está alineado o no se está alineado. No tenemos la culpa, pues es necesario que seamos desconfiados hasta en nuestra propia casa para poder sobrevivir como políticos, como líderes, como pueblos, sobre todo los pueblos indígenas. En verdad, muchos hermanos y hermanas no estaban de acuerdo con mi candidatura, pues decían: "¿A quién representa, quién le dio liderazgo, quién la eligió?". Obviamente, cuando buscaban respuestas a sus preguntas, encontraban que yo no había sido electa por nadie, sólo el destino me había colocado en su camino. Quizás representaba una propia experiencia, pero no tenía mandato de nadie, no me ajustaba a sus inquietudes. Pero había otros hermanos y hermanas que entendían el Nobel como algo simbólico e insistían en que tendría una importancia histórica en beneficio de la justicia.

Cuando a algún grupo se le ocurrió que yo podía ser candidata al Premio Nobel, otro grupo se mostró contrario y otros eran espectadores. Se dio una situación bastante tensa durante la conferencia. Aun entre los propios compatriotas guatemaltecos había un número de indígenas que eran favorables a apoyar el Premio Nobel y había otro grupo de hermanos guatemaltecos cuya preocupación era qué iba a hacer yo con el dinero. Sólo pensaban en dinero y no en los valores o en otras causas. Gracias a los dioses, gracias al creador, durante esa semana se me fue la voz, no podía hablar, no podía decir nada, no pude participar en esa discusión; me daba pena y vergüenza. Sentía que me sangraba el alma, sentía tristeza por lo que pasaba. Les pasa siempre a los oprimidos cuando tienen un pequeño espacio. Todos quieren ocuparlo, pero al final nadie llega.

En medio de tanta polémica y de tan complejo debate, insistían los que promovían una resolución a favor. Al final, fue necesario someter a votación el asunto. Aunque no todos estaban a favor, la resolución pasó. Por supuesto que después todos los hermanos decían ser autores de esa resolución, pero eso ocurre siempre en todos los ambientes, también en el indígena. De todos modos, fue muy importante que desde el Encuentro Continental en Guatemala, desde Quetzaltenango, saliera una resolución donde se afirmaba que Rigoberta Menchú debería ser candidata al Premio Nobel. Fue muy valioso para mí que fuera discutido intensamente entre los hermanos pero no era suficiente, porque hay procedimientos formales para las candidaturas.

A finales del 91, Adolfo Pérez Esquivel, premio Nobel de la Paz de 1980, presentó la candidatura al Instituto Nobel de la Paz en Noruega. Pérez Esquivel es un incansable luchador por los derechos humanos en Argentina, en América, en cualquier rincón del mundo. Recibió el pleno apoyo de monseñor Desmond Tutu. También el Parlamento Noruego apoyó y fundamentó la inscripción al Instituto Nobel. Lo mismo hicieron un grupo de académicos y personalidades italianas y un grupo de ciudadanos ingleses. Era una candidatura con muchos autores. Se involucraron conventos católicos y evangélicos, ricos y pobres, personalidades, diplomáticos, intelectuales, científicos, profesores, pero también población pobre y sin experiencia académica.

Lo más importante para mí inició el 3 de octubre de 1992, cuando salí de México rumbo a Costa Rica a buscar a un amigo, el doctor Arturo Taracena, por la necesidad de oír otras opiniones. Antes de partir a Costa Rica había conversado con la Unidad Revolucionaria Nacional Guatemalteca (URNG) en México. Estaba preocupada por su reacción. Hablé primero con Miguel Ángel Sandoval que era miembro de la Comisión Política de URNG. A Miguel lo conocía de tiempo atrás, cuando discutíamos de diferentes temas. En repetidas ocasiones abordamos con él el tema de la participación política de los pueblos indígenas en la URNG. Este amigo siempre fue anuente a las críticas, respuestas y opiniones que yo le transmitía. Me recomendó hablar con el comandante Rolando Morán. Allí no encontré mucho entusiasmo, pero lo más importante era inaugurar una relación institucional que después tendría que ser necesaria. Al hablar con Taracena trataba de prever dos cosas: una, si me daban el Premio Nobel qué iba a hacer, qué perspectivas se abrían para mí, cuál sería la mejor forma de enaltecer la dignidad de mi pueblo. La otra, si me lo negaban, cómo enfrentaría una situación crítica que se me anticipaba. Fueron largas horas de reflexión. Llegué como a las diez de la noche a Costa Rica y estuvimos charlando con el amigo hasta las tres de la mañana. A las cinco salí para el aeropuerto a tomar el avión que me llevaría a Nicaragua. No me quedaba más que hacerle frente.

Como ya he señalado antes, Taracena es la persona que me empujó a hacer mi primer libro. Conocía la historia de mi padre. Tenía todo el récord sobre la masacre de la Embajada de España y la muerte de mi padre. Arturo es un hombre que nunca se separó de Guatemala. Es un historiador que le tiene un profundo amor a su profesión, a su patria y a su gente. Conoce la historia de los movimientos populares, los movimientos sociales, y ha estudiado especialmente la cuestión indígena. Es uno de los pocos guatemaltecos que dedica su tiempo a entender las reivindicaciones indígenas. Él es ladino y de familia acomodada. Incluso uno de sus parientes es el general Taracena, que estuvo en el diálogo de las negociaciones de paz. Tuvo que exiliarse, como tantos otros guatemaltecos.

Él tenía la inquietud de que el libro trascendiera y que llegara a públicos grandes. Conocía a Elizabeth Burgos. Fue Taracena quien le propuso a la señora Burgos que hiciéramos el libro. Él sostenía que si el libro lo escribíamos él y yo, un exiliado y una indígena, nadie le iba a hacer caso, resultaría una especie de panfleto en familia. Necesitábamos una persona con nombre y con entrada en el mundo académico y editorial. No habría conocido a Elizabeth Burgos si no hubiera sido por él. Pero Arturo fue quien intuyó que mi capacidad de narrar los hechos, de contar la historia de la realidad de mi gente, podría convertirse en un libro interesante. Sobre todo quizá por la trágica muerte de mi padre, mi madre, mis hermanos. Que era la manera de guardar la memoria de un pueblo. Él había seguido de cerca todo esto y creía que era desperdiciar una época y una huella de la historia si no se hacía. La única manera de construir la memoria histórica de los pueblos era escribiendo.

Esa noche, pues, hasta las tres de la mañana, Arturo me dio varias ideas. En el caso de que me dieran el Nobel, me confirmó que era muy importante hacer una fundación. Los que recibían ese premio contaban siempre con una institución fuerte para realizar su misión de paz. Desde un principio yo concebía a nuestra fundación como un desafío en el desarrollo. Quiero decir que el desarrollo siempre se hizo desde el escritorio de especialistas que estudiaron a los pueblos y trataron de llevar un mensaje de desarrollo, pero resulta que, veinte años después de que andaban regalando cosas en las aldeas, la gente quedaba igual. Nuestra gente sólo quedó con una tremenda ilusión. Nuestra fundación tendría que ser un soporte a una nueva misión que era una misión de paz. También lo que quería era reivindicar la memoria de mi papá, la memoria de lucha,

313

la memoria indígena, y reivindicar la lucha por la tierra. Me movía la ilusión de que algún día pudiéramos devolverle al cooperativismo su esencia como expresión social organizada. En fin, yo no sólo quería reivindicar a mi padre, sino la esencia de su lucha.

314

Arturo Taracena me dijo que esa fundación tendría que combinar la experiencia autodidacta con la experiencia técnica. Que debería dar un ejemplo, pues vendrían tiempos duros y la gente ha perdido credibilidad en las instituciones. Y las instituciones son útiles en la vida de los pueblos, siempre y cuando respondan a sus expectativas. Nuestra fundación debería trascender con una filosofía. Posteriormente, el doctor Taracena nos ayudo intensamente para crear el marco filosófico de nuestra fundación.

Me dijo que no me olvidara de la unidad nacional; que el Premio Nobel no debería ser el orgullo de sólo los indígenas, sino debería ser el orgullo de todos los guatemaltecos y de todo un continente. Había que entender el Premio Nobel como una presea de todos. Había que entender el Premio Nobel como un llamado a todos para construir la paz firme y duradera. Esa noche, el doctor Taracena me hizo recordar la muerte de Miguel Ángel Asturias, el momento en que recibió el Premio Nobel de Literatura, en 1967, y cómo se murió en el exilio, olvidado por mucha gente. Hasta que muere, no comienzan a apreciarlo en Guatemala. En cambio, ¡qué bueno apreciar a un premio Nobel vivo y qué bueno que, a los veinticinco años del premio a Miguel Ángel Asturias, el Nobel volviera a Guatemala, a un hombre ladino y a una mujer indígena cuyo pensamiento se asemeja! ¡Hablamos de tantas cosas!

Me recordó que el valor más grande de este Premio Nobel no era por haber escrito muchos libros, sino por haber creado en la memoria y en la vida misma una leyenda del pueblo guatemalteco. Porque yo había vivido acontecimientos que en pocos años simbolizan la causa de todos los pobres del mundo y no sólo la causa de los pobres o de los indígenas de Guatemala. Taracena creía que se estaba abriendo una pequeña puerta para entender la diversidad cultural, la pluralidad y la convivencia pacífica. No era la primera vez que abordábamos estos temas. En realidad, más que preguntarle sus ideas, yo sentía la necesidad de un amigo con quien hablar francamente de lo que sentía, mis temores y mis dificultades; necesitaba un amigo a quien acudir, con quien compartir grandes preocupaciones. En fin, hablamos mucho durante una noche y después me fui a Nicaragua. Llegué al aeropuerto nicaragüense como a las ocho de la mañana. En ese entonces iba conmigo un compañero de la oficina, Hugo Benítez, un joven mexicano que llevaba trabajando un año con nosotros en mi equipo. Es de esa gente que uno llega a conocer a fondo, porque lo ha acompañado en tiempos alegres y en tiempos duros y difíciles.

315

Cuando llegamos a Nicaragua, recibí la escolta del Gobierno nicaragüense, a pesar de que la señora Violeta Chamorro, presidenta de ese país, se negó a recibirme. Quería una cita con ella y me contestó que no tenía tiempo. Sólo hablé con Daniel Ortega y muchos otros amigos en el Gobierno. Por lo menos era la primera vez que me escoltaban en mi vida. Nunca me imaginé que apenas era el comienzo.

Llegué al Tercer Encuentro Continental de los Quinientos Años de Resistencia Indígena, Negra y Popular y encontré a Mirna Cunningham, mi amiga y hermana, una misquita muy valiente a quien también le tengo un cariño muy especial. Ella me advirtió que iba a ser muy difícil que yo permaneciera en el encuentro. ¡Era tanta la prensa que había preguntado si yo iba a llegar! Me señaló que mi participación en este encuentro iba a ser distinta a las veces anteriores, porque ya corría la voz de que podría ser premio Nobel. Me daba tristeza no gozar la tranquilidad de los otros encuentros continentales, pero pensaba que todo volvería a ser igual. Tal vez estaba pasando algo raro.

Era cierto. Mi pequeña oficina de México, en la calle Patricio Sanz, había sido saturada por las llamadas telefónicas. Una cantidad innumerable de personas había llamado para declarar su amistad antes de saber la noticia. Me dijeron que no les gustaría felicitarme después, porque me querían, como siempre, como persona. Mucha gente dejó constancia de su amistad antes de que me dieran el Premio Nobel. Esos amigos los llevo dentro de mi alma. Empecé a vivir emociones muy fuertes. Parecía que estaba viendo visiones y no realidades. No estaba acostumbrada a recibir honores, cariño y atención.

Mirna me aconsejó que preparara un mensaje para nuestra conferencia, porque no sabíamos si iba a permanecer durante todo el encuentro. Añadió: "Si no, la gente te va a estar felicitando y va a querer una foto y un autógrafo y todo lo demás. Entonces tu presencia podría ser un factor de distracción en la conferencia y podría afectar el éxito de esta conferencia. Necesitamos arribar a conclusiones, acuerdos y planes de trabajo para el futuro. Mejor preparas tu discurso, preparas tu mensaje y lo aceptaremos aunque sea en tu ausencia". No podía ausentarme, no podía despedirme de Mirian Miranda, de Ana Llao Llao, de Juana Vázquez, de todos mis compañeros y compañeras de la campaña de los quinientos años.

Estuve en la casa de Tomás Borge porque quedarme en un hotel era difícil. Estuvimos conversando con Borge, quien me dijo que quería hacer un artículo sobre mí. Ese día salimos para el encuentro. Pero dudé si quedarme o no porque, efectivamente, había tantos medios de comunicación que permanecer resultaba imposible. Entonces me fui y terminamos haciendo la entrevista con Tomás Borge. No me acuerdo en qué periódico se publicó. Sólo pude asistir a la inauguración de la conferencia. A mi lado estaba Adolfo Pérez Esquivel y, con él, muchos hermanos indígenas del continente. Adolfo estaba muy contento, sabía que si se me otorgaba el Nobel haríamos un buen equipo de trabajo y así fue. Con él siempre estamos unidos. Con Adolfo Pérez Esquivel, premio Nobel de la Paz, trabajaremos juntos todo una vida.

Permanecí en Nicaragua como tres días. Seguí la conferencia de los quinientos años pero no estuve directamente en el encuentro porque, como ya dije, era muy difícil. Tenía que trabajar por aparte con varios líderes. Queríamos dar el enfoque del movimiento continental a esta campaña de los quinientos años de resistencia indígena. La campaña de los quinientos años la veníamos organizando desde 1989, cuando yo oí las voces que querían festejar el Quinto Centenario y nosotros dijimos que el Quinto Centenario no se festejaba sino que se rememoraba el recuerdo de nuestros antepasados. Se rememoraba con una nueva dignidad frente al nuevo siglo. No era un festejo y mucho menos un encuentro de dos culturas. Eso no era cierto. En fin, le dimos, desde 1989, una fuerza continental muy grande al movimiento de los quinientos años.

317

Los recursos económicos para hacer todas estas actividades provenían de miles de gentes: comités de solidaridad, grupos de mujeres, grupos juveniles de derechos humanos, instituciones pequeñas de Europa y de Estados Unidos pero, sobre todo, muchos de nuestros recursos han provenido de las Iglesias evangélicas, una gran cantidad de recursos que hemos obtenido a través del Consejo Nacional de Iglesias de Estados Unidos, el Consejo Mundial de Iglesias, la Federación Luterana Mundial. Recolectar ese dinero fue difícil. Nos ponían primero en el banquillo de los acusados para después declarar su apoyo con dos mil o cinco mil dólares, cuando eran instituciones que podían haber dado un poco más. Nos ponían en el banquillo de los acusados porque, para las instituciones, especialmente para las instituciones poderosas como la Iglesia católica, nuestra actividad era sospechosa de subversión y comunismo. Como si fuéramos el diablo que atenta contra su pensamiento. Nunca aceptaron las críticas de nuestra propia gente. En todo caso, nos tenían desconfianza. No entendían nuestras críticas, pensaban que todo lo que decíamos era agresión, pero, como siempre, encontrábamos buenos y generosos aliados que están en nuestra memoria

En los encuentros de los quinientos años han participado líderes del continente, personas tan valientes como Anaí Llao

Llao, como Luis Macas de Ecuador, como Mirna Cunningham, los amigos de Canadá, el señor Ted Monser, Rosalina
Tuyuc de Guatemala, Néstor Babo y muchos más. Pienso que
el movimiento continental nos dio una posibilidad de reencuentro, de autoconocimiento; una oportunidad para el inicio
de la validez del ejercicio de la diversidad de los propios indígenas, cada uno con sus distintos problemas y con distintas historias, y con distintos anhelos del futuro.

La idea nació de las siguientes organizaciones: la CONAI
de Ecuador, la ONIC de Colombia y el CUC de Guatemala.
El encuentro en Colombia a favor de los sin tierra brasileños,
en 1989, dio origen a la campaña de los quinientos años de
resistencia. En Guatemala, en 1991, para el Segundo Encuentro, no sólo incluimos el Caribe sino que incluimos también a
los movimientos populares del continente, por lo que cambió
de nombre y se bautizó con Quinientos Años de Resistencia
Indígena, Negra y Popular. Ya en el 92 era necesario empezar
un giro distinto. Es decir, convertir esto en un movimiento
continental y no sólo en una campaña. Porque la campaña obedecía al enfoque que los Gobiernos estaban dando al Quinto
Centenario. Pensamos que podría ser una nueva década de
cara al nuevo milenio. Siempre tuvimos algunas luces que pro-
yectar en nuestras luchas, como la perspectiva de una nueva
utopía de los oprimidos y los marginados, marcar un nuevo
destino de los pueblos indígenas en el interior de nuestros países, avanzar en lograr el pleno reconocimiento y respeto.

En Nicaragua, la Universidad Centro Americana (UCA)
me otorgó el Doctorado Honoris Causa en Humanidades unos
días antes de viajar a Guatemala. Habían hecho en la universidad como un altar de maíz, de frutas, de todas las plantas. Fue
todo muy hermoso. Había tanta gente que hasta se cortó el
micrófono y se apagaron las luces de las cámaras de televisión.
Afuera se quedó una cantidad de gente que protestaba porque
quería estar en la ceremonia. Apenas pude llegar al escenario
porque no podía pasar entre la multitud, y así pasó con todos,

cuenta el rector Javier Gorostiaga. Esa ceremonia fue como un indicio de lo que podía ocurrirme si recibía el Premio Nobel de la Paz. Con ello se me confirmaban los temores que tenía. Javier Gorostiaga y los entrañables amigos de la UCA estaban emocionados compartiendo este momento histórico.

Cuando llegué a Guatemala, el día 9 como a las diez de la mañana, había una multitud en el aeropuerto para darme la bienvenida. Nunca había visto tanta gente como ese día y recuerdo que lo único que pude hacer fue declamar uno de mis poemas que se llama *Madre patria*. No encontraba palabras para agradecer los momentos que estaba viviendo. Son aquellos momentos en que no salen bien las ideas y las palabras más sentidas se esconden. La vida da vueltas: unos años atrás, en ese mismo aeropuerto me esperaba una multitud de policías para capturarme y los ciudadanos comunes tenían miedo de acercarse. En cambio, ahora, había indígenas, ladinos; había extranjeros, periodistas; había de todo y, en fin, no podía hablar. Me sentía demasiado torpe, me sentía demasiado pequeña frente a los acontecimientos. Cuando empecé a declamar, me desbordaban los sentimientos. Yo no me creía poetisa, nunca me he creído así. Simple y sencillamente había escrito un poema con sentimientos y no tanto porque tenga una profesión de poetisa. Una cosa es cuando uno dedica su vida a escribir, escogiendo las palabras más maravillosas, y otra cosa es que se exprese un sentimiento muy grande.

Llegué a la Coordinadora Nacional de Viudas de Guatemala (CONAVIGUA). Había un programa tan lleno como nunca en la vida. Creo que hasta nueve actividades diarias estaban contempladas. Para estas mujeres incansables, esta agenda casi era normal. Y empezamos a trabajar con Rosalina Tuyuc y Vitalino Similox. Vitalino es un indígena kaqchikel. Casualmente, la mayoría de quienes se congregaron conmigo son kaqchikeles. Rosalina es kaqchikel, Vitalino y otros lo son también. Juana Tipaz y María Tuj eran quichés. Estaban, asimismo, Arlena y Rolando Cabrera, destacados compatriotas que son ladinos. Ellos son profesionales y habían estado con nosotros desde junio, cuando hicieron el equipo promotor de los valores de un premio Nobel en Guatemala. Este equipo promotor de la candidatura había sido encabezado por doña Luz Méndez de la Vega, brillante periodista y escritora, Rosalina Tuyuc, presidenta de las viudas, y Byron Morales, líder sindical. Habían desafiado a todo el mundo. Eran valientes pues no era fácil hacer ese papel en esos años. Ellos me estaban esperando en el equipo de recepción y entonces me dijeron que se habían programado actividades. La mayoría significaba ir al interior del país. No es común promover un candidato al Premio Nobel de la Paz como ellos lo hicieron o como lo hicieron miles de ciudadanos que nos apoyaron en el mundo, simplemente creo que se convirtió en una bandera de lucha.

Estaba el embajador de Francia, el señor Paul Pudade, un gran amigo de Guatemala, quien se hallaba en el aeropuerto para ofrecerme la ayuda y el apoyo que fuera necesario. En ese momento, empezamos a pensar en la seguridad. No descartábamos que en esos momentos clave alguien podría provocar algún escándalo y hasta podría atentar contra mi vida. Por primera vez, aceptamos una escolta oficial, un carro blindado y hombres armados. La condición que yo les puse fue que anduvieran vestidos de uniforme —porque en ese entonces en Guatemala los policías vestidos de civil eran los que más mataban—, aunque corría el riesgo de que fueran detenidos o desarmados en algún área de conflicto, como solía pasar, pero tenía la confianza de que la guerrilla nos respetaría. Justamente había hecho algunas gestiones con la URNG antes de partir a Guatemala.

Al día siguiente, marchamos al interior del país. La marcha más significativa fue la de Sololá, el 12 de octubre, aniversario del día en que Colón tocó tierra americana. No fue precisamente para festejar, más bien fue para poner en alto nuestra identidad. Allí se congregaron todos. Las autoridades locales, las cofradías, las autoridades indígenas y los ladinos. Todo el pueblo se congregó en Sololá y tuvimos una marcha tan hermosa, tan plural y tan grande que yo estaba verdaderamente emocionada. No siempre pasa esto en un país como el nuestro. El Ejército pidió a las patrullas civiles que no se hicieran presentes, pero toda la gente desafió al Ejército, desobedeció la orden y todos, patrullas civiles, católicos, evangélicos, mayas, todos se congregaron en Sololá. Lo peor es que había veinte mil gentes en Santa Cruz del Quiché que esperaban nuestra comitiva. Querían que fuéramos por allá, pero yo no podía hacer dos cosas a la vez. Tuvimos que mandar una disculpa y, luego, al día siguiente, el 13, nos fuimos a Escuintla. Ya sabíamos que el 14 iba a ser el día más complicado, porque el 15 en la madrugada íbamos a saber la verdad. Era el día en que se anunciaría el Premio Nobel.

En Escuintla, el pueblo, los cuadrilleros, los voluntarios, los mozos colonos, los trabajadores de las fincas en el corte de caña, café y banano habían acudido a la gran marcha que se hizo. El gobernador se negó a darnos los servicios de micrófonos y también se negó a prestarnos un salón público. Algunos decían que el gobernador era un mal educado, otros decían que era un racista de primera, pero nunca tuve la ocasión de conocerlo. Cuando hay gente así, yo prefiero no saber ni siquiera su nombre para la transparencia de mi alma. La gente empezó a protestar y empezó una marcha muy fuerte. En sus muestras de cariño, me jalaban el pelo y los brazos. Cuando nuestra gente tiene un sentimiento muy grande en su corazón lo manifiesta pasando su mano muy solemnemente sobre la cabeza y sobre la espalda de uno. Como a las tres de la tarde, partimos hacia San Marcos, cabecera del departamento del mismo nombre que queda en el occidente del país y hace frontera con Chiapas. Llegamos a las siete de la noche. La consigna de la gente era: "Con premio o sin premio, te queremos, Rigoberta". Así gritaba la gente: "Con premio o sin premio, te queremos, hija maya". Esto era porque muchos habían desatado su odio y su racismo en mi contra, y nuestro pueblo lo sentía como una afrenta a su propia integridad.

No todos los medios de comunicación estuvieron a favor. Algunos de alto prestigio se dedicaron a atacarme. Todos los periódicos cuestionaban si una india podía aspirar a un premio internacional. Había artículos que decían que yo no merecía el Premio Nobel porque existían personalidades fuera de Guatemala más privilegiadas y más calificadas para esa distinción. El presidente de la República, Serrano Elías, había promovido a una candidata ladina, la señora Molina de Stahl. Ella nunca estuvo inscrita, nadie presentó por escrito su supuesta candidatura ante el Instituto Nobel. Sólo la promovieron en Guatemala. Le dieron la Orden del Quetzal y le dedicaron las primeras páginas de los periódicos. Yo creo que la utilizaron, aunque nunca se supo si ella sabía la verdad y todo era con su consentimiento. Yo creo que la prensa sabía que no era verdad, pero seguía el juego. No me gustó que eso pasara con ella, pues representa a una institución de caridad y fundó el Instituto Pro Ciegos y Sordomudos. También este sector ha sufrido la represión. ¡Cómo sería en el país que muchos discapacitados tuvieron que salir del país! ¡Eran perseguidos hasta los ciegos y sordomudos! Pienso, por ejemplo, en el escritor Mario René Matute, que es ciego y que vive exiliado en México. Los persiguieron por sindicalizarse, por exigir un trato de condiciones más humanas. En Guatemala, los ciegos y sordomudos han tenido un gran movimiento que constantemente ha sido descabezado, ha sido destruido, ha sido perseguido, y hay quienes han perdido la vida, mientras otros se han ido al exilio. Pero ni siquiera era ésa la motivación de quienes promovían a la señora de Stahl.

Con esto, ponían a la señora Molina de Stahl contra Rigoberta Menchú Tum, candidatas al Premio Nobel de la Paz. Una ladina y la otra indígena. Era una actitud racista, como para decir que un indígena no puede ser premio Nobel de la Paz, sino que lo merece más una ladina. Era tratar de dividir a indígenas y ladinos. Fue una campaña muy racista de Serrano Elías. A doña Elisa nunca la encontré. Me gustaría dedicarle un homenaje, porque tal vez ella no tiene la culpa de esta lamentable situación, porque el problema no es haber nacido indígena o haber nacido ladino. El problema de Guatemala tampoco es de caridad, sino que es más complejo. Es un problema político.

De todos modos, entre la gente se había corrido la voz de que estaba próximo el Premio Nobel. El día 12 de octubre planeamos las actividades y propusimos que, si me daban el premio, que se hicieran festejos en todos los rincones de Guatemala. Que se hiciera fiesta y que los evangélicos quemaran sus cohetes y los católicos sonaran las campanas de sus iglesias. Que la espera del Premio Nobel fuera una vigilia en pro del futuro y la paz que tanto soñamos en Guatemala. Que convirtiéramos el acontecimiento en una alegría para todos. Cuando dije esto, los periódicos, la radio y la televisión lo difundieron, de modo que el 13 por la noche la gente había tocado sus campanas y había quemado sus cohetes antes de que otorgaran el premio.

En San Marcos, encontramos que el pequeño hospedaje donde íbamos a quedarnos había recibido amenazas. Entonces, nos fuimos en peregrinación a buscar hospitalidad. Resultó que nuestro único refugio podía ser la iglesia católica, que nos prestaran la diócesis para que allí pasáramos la noche. El obispo Ramazzini estaba en Santo Domingo, en la fiesta del Quinto Centenario y se le tuvo que llamar hasta allá. Monseñor Ramazzini es muy conocido por su labor social, su apoyo incondicional a la sociedad civil, así que no dudamos en acudir a él en este momento tan importante. De todos modos, autorizó a que se usara su despacho. Así que nos fuimos instalando como a las diez de la noche. Después salimos corriendo a recibir un homenaje del pueblo de San Marcos en un salón grande. Allí fue cuando me regalaron el güipil que usé el día que anunciaron el Premio Nobel de la Paz. Me quedaba pequeño, así es que los compañeros comenzaron a coser y descoser esa noche. María Toj, una entrañable compañera, que es uno de los miembros del CUC, recorrió la carretera Panamericana para buscar gentes que me prestaran güipiles.

323

Antes de ir a Escuintla, se me ocurrió pensar: "¿Y si me dan el premio, qué traje voy a usar?". Y me dice Rosalina: "Es que ya pareces calendario[63]; todos tus trajes son muy conocidos, han circulado por el mundo. Con los estereotipos que hay sobre de los indígenas pensarán que nunca te cambias. Tienes que usar uno distinto ese día". Entonces, necesitaba cambiarme de güipil. Comprar uno bueno sería para turistas y no para mí, porque los mejores güipiles del país no se pueden comprar sino que se hacen con bastante tiempo. Era mejor pedir prestado. María Toj llegó como con diez güipiles a San Marcos, una maleta de ropa prestada para escoger uno ese día, ya sea que nos dieran el Premio Nobel o no. Las mujeres sentían mucho honor, mucha alegría de prestar sus mejores güipiles para ese día. Abundaron los güipiles de ceremonia, los güipiles de casamientos y los güipiles de grandes fiestas.

El de San Marcos era un güipil bellísimo. No tuve otra elección. Regresamos como a las once y media a la diócesis. Nos pusimos a pensar con Vitalino, Rosalina, Juana Tipaz, María Toj, Hugo Benítez, Byron Morales y otros compañeros qué íbamos a hacer si me daban el Premio Nobel. Nos dimos cuenta de que tendría que partir a la capital. ¿Pero cómo llegar a la capital en tres horas desde San Marcos? Normalmente se hacen como cuatro horas en vehículo. Como a las doce de la noche se nos ocurrió alquilar un helicóptero. Rosalina salió a buscar a un amigo que trabajaba en una compañía de helicópteros para pedirle que a las cinco de la mañana aterrizara un helicóptero en San Marcos y garantizar así que a las ocho de la mañana estuviera en la capital guatemalteca, para regresar en un par de horas a San Marcos. Nunca olvidaré a mis siete amigos periodistas que nos acompañaban día y noche durante todo el recorrido. A Rony Véliz lo había conocido desde el 88, cuando fui detenida.

Cuando llegaron los periodistas, empezó una batalla como normalmente sucede con ellos. Me decían: "¿Cómo es posible

---

63. Modismo que alude al hecho de llevar siempre el mismo traje.

que nosotros la seguimos hasta acá y de repente va a ir a la capital?". Ellos peleaban la primicia de la información. Llegamos al acuerdo de que a ellos les daría la primicia. A las cinco de la mañana les daría una conferencia de pocas palabras si acaso recibía el Premio Nobel. Después partiría a la capital y volvería a San Marcos para la conferencia definitiva. Estaban con nosotros Hugo Gordillo, reportero; Carlos López, fotógrafo; Rony Iván Véliz Samayoa, reportero de AP; Daniel Hernández, fotógrafo; y Felix Zurita, camarógrafo. Los conocí en tantos otros acontecimientos como el Primero y Segundo Encuentro de los Pueblos Indígenas sobre el Quinto Centenario y sobre todo por su apoyo a la difusión del mensaje de los sectores menos favorecidos.

325

En San Marcos hay un servicio muy limitado de teléfonos. Incluso en la diócesis había dos líneas. Funcionaron por pocos minutos. Después se saturaron de llamadas. Luego dejaron de llamar y se restableció la línea. Como a la una de la mañana, comunicaba Rosalina que ya teníamos un helicóptero y que saldríamos a las cinco de la mañana. Mientras tanto, otra compañera preparaba mis trajes. Todo estaba bien, sólo había una preocupación: si no nos daban el Premio Nobel, ¿quién iba a pagar el alquiler del helicóptero?

Había un frío inmenso.

No había agua caliente ni nada. Yo dije: "Me voy a dormir". Me dormí unas horas con la conciencia tranquila, como una niña inocente. Me despertó el teléfono. Faltaban doce minutos para las cuatro de la mañana. Todos los compañeros y compañeras habían estado despiertos, tomando su cafecito toda la noche. Los periodistas, temblando de frío, velaban la calle dentro de sus vehículos. Me levanté y fui a contestar. Era el embajador de Noruega en México. Me dijo que en nueve minutos se iba a anunciar a todo el mundo que me habían otorgado el Premio Nobel de la Paz: que era el primero en felicitarme. Tenía nueve minutos para prepararme, porque luego iba a circular la noticia. Yo todavía le pregunté si ésa era una noticia oficial. Él se río. Me dijo: "Soy el embajador de Noruega en México y como tal la estoy llamando para darle la noticia". Yo me quedé todavía incrédula. No sabía si reírme o ponerme seria. No sabía qué hacer. Me quedé helada. Colgué el teléfono y todos me preguntaron: "¿Qué pasó?". Yo les respondí: "Bueno, tenemos el Premio Nobel".

Todos los compañeros empezaron a llorar y llorar. No sabíamos qué hacer. Al sacerdote de la iglesia se le ocurrió quemar unos cohetes. Era la señal del Premio Nobel. Entonces empezaron a quemar cohetes en todo el pueblo. Parecía un torrente de lluvia que caía. Tocaban las campanas. Entonces, me di cuenta de una terrible realidad: en ese momento, mis padres no estaban conmigo. Hubiera querido ver a mi padre y a mi madre. Mi hermano Nicolás y mi cuñada habían llegado a San Marcos para acompañarme, pero me faltaban mis padres, mis hermanitas; me faltaba una vida más normal. Mi hermano y mi cuñada me abrazaron. Nicolás no me dijo nada. Simplemente me demostró su cariño. Ellos son de pocas palabras. No se ocultaba su alegría y su dolor a la vez. A medianoche, había recibido el primer regalo de premio Nobel. Don Ángel García Seoane, el alcalde de Olera, un pueblo de España, andaba con nosotros y me dijo: "Antes de venir de mi pueblo, mandé a hacer un regalo de premio Nobel para ti. Y te otorguen o no el Premio, aquí está el regalo". Era un jarrito con una placa donde decía: "Premio Nobel de la Paz, Rigoberta Menchú Tum".

Yo me metí en el despacho del obispo, monseñor Ramazzini, y me quedé allí. No sabía qué decir. Después di la pequeña conferencia de prensa y, con pocas palabras, lo único que pude decir fue: "¡Cuánto me gustaría tener vivos aquí a los míos, porque la vida es paz! Hago un voto por la vida, para que haya paz". No tuve más palabras. Salí y llegó el helicóptero.

Partimos hacia la capital y en el aeropuerto me esperaba una amiga y hermana, Helen Mack, la hermana de Mirna Mack. A ella le habían dado el Premio Nobel alternativo en Suecia. Nos abrazamos y lloramos. Luego, el director de

Prensa Libre, un periódico guatemalteco que no se había portado muy bien conmigo en los primeros tiempos, estaba en el aeropuerto como signo de reconciliación y eso me alegró mucho. Era el único periódico que alcanzó a poner la noticia en los titulares del día. Habían parado las rotativas en la madrugada y se habían arriesgado. Me había dado su voto de confianza. Lo sentí como un gesto de desagravio. Allí estaba el señor procurador general de la nación. Del aeropuerto nos fuimos a CONAVIGUA. Allí estaban congregados los amigos, delegaciones que venían del campo y la prensa. Lo primero que hice fue felicitar a las viudas y a las compañeras Arlena Cabrera y a doña Luz Méndez de la Vega, que nos habían dado su incondicional apoyo para desafiar la información en Guatemala. Ella escribía en varios periódicos. Doña Luz fue una gran persona que, desde junio, a pesar de lo controvertido que era mi papel, creyó en que podría ser premio Nobel de la Paz, junto con los otros miembros del equipo que promovió mi candidatura en Guatemala. Eran seis gentes: Rosalina Tuyuc, Vitalino Similox, Byron Morales, Arlena y Rolando Cabrera y doña Luz. Ellos conformaron el equipo de promoción de la candidatura al Premio Nobel en Guatemala desde junio de 1992. Byron es un entrañable amigo dirigente del movimiento sindical y popular. Fue muy grande la participación del movimiento sindical y popular.

Al entrar a CONAVIGUA, no sabía cómo saludar a la gente. Era un día de fiesta. Era como haber nacido de nuevo. También quería expresar tantas cosas en ese momento que creo que hasta un poeta se quedaría sin voz para decirlas. Las palabras se me escondían. Porque había que festejar la vida. La vida de las mujeres, la vida de los indígenas, la causa de los pobres. Significaba honrar la cuna humilde donde yo nací y el trabajo de corte de algodón y el trabajo de las manos callosas de cualquier mujer que nace en cuna humilde. Era un día para festejar la dignidad, la dignidad de un pueblo entero. La dignidad de un continente.

Agarré el teléfono, llamé a mi oficina en México y me contestó Dora Mirón. Tenemos, por lo menos, quince años de estar trabajando con Dorita. ¡Cuántas aportaciones nos ha dado Dora! Todo lo que fue el trabajo de 1992 ella lo estuvo enfrentando con muchas dificultades y pocos recursos. Dora trabajó siempre como voluntaria y fue eficaz como ella sola. ¡Ha cargado en sus espaldas tantos compromisos! Llamé a Dora y no contuve las lágrimas. Estaba delante de toda la prensa pero se me olvidó que tantos ojos me miraban. Le dije: "¡Hemos ganado el Premio Nobel... Hemos obtenido el Premio Nobel!". Dora también lloraba. No podía contenerse. Lo primero que dijo fue: "Ingrata mujer, ¡nos has hecho sufrir! Al menos, ya podemos pagar el helicóptero que te fue a traer a San Marcos". Yo le dije: "Esta vez es un dolor bueno, ya mucho hemos sufrido". En fin, si no nos hubieran dado el Premio Nobel, ella hubiera tenido que salir a buscar fondos para pagar todos los gastos que habíamos hecho. Yo felicité al equipo de México. Les dije que festejaran, que se tomaran un tequilazo en mi nombre. Me respondió que no podían festejar pues eran muchas las llamadas y era tanto el trabajo que tenían por delante que estaban sorprendidos. Yo le insistí en que tendríamos tiempo más adelante y que ahora era un día de fiesta. Todo esto sin dejar de llorar. Sentía un gran nudo en la garganta, sentía el corazón detenido.

Después reaccioné. Tenía sólo hora y media para permanecer en la capital y tenía que organizarlo todo. Llamé al comité de recepción y les pedí consejo para hacer la recepción por la noche. Yo quería ofrecer una fiesta para todos los sectores políticos y sociales. Eso nos planteó una infinidad de problemas, pues no sólo la lista de invitados se alargaba, sino que había muchos políticos que no se habrían querido sentar juntos. Al presidente no le habría gustado sentarse con los representantes del movimiento popular. Creo que por arte de magia armamos las invitaciones de la noche. Entonces surgió la idea de invitar al Ejército. El debate en el comité subió de tono. Yo les dije que si invitaba al Ejército, tenía que invitar a la URNG, porque estábamos en medio de un conflicto armado interno y la paz dependía de estas dos partes. La fiesta debería ser un símbolo de acercamiento, de diálogo. Fui a llamar a la Embajada de Francia para preguntarles si ellos tenían la posibilidad de hacerme llegar, en el transcurso del día, un representante de la URNG, pues sólo así invitaría al Ejército. Nadie de las embajadas podía hacerse cargo de una encomienda de esta naturaleza. Pues no había garantías. Yo estaba consciente de que eran pocas horas para lograr sentar a la URNG, al Ejército, al Gobierno y a la sociedad civil juntos. Sólo que era un sueño inalcanzable.

Entonces decidí que sólo invitaría al jefe de Estado, pero me encontré con la dificultad de que el señor presidente no había efectuado ninguna declaración y ya eran como las nueve y media de la mañana. No había dejado ver ni enfado ni alegría por el Premio Nobel. Llamé, pues, al procurador general de la nación, señor Acisclo Valladares Molina, y le pedí que me hiciera el gran favor de comunicarse con el señor presidente de la República para saber si ya estaba informado y si contaba con él o no.

Yo quería que la fiesta fuera un reflejo de la unidad nacional entre indígenas y ladinos, entre el movimiento popular y toda la oposición. Esperaba ansiosamente que el presidente dijera algo. No se trataba de confrontar ideas en ese momento, sino se trataba de hacer un voto por la vida. Ahí me nació esa convicción de hacer *Un voto por la vida es un voto por la paz*. Valladares, discretamente, llamó al presidente. En eso, una compañera de las viudas me mostró una fotocopia ampliada de una caricatura que había salido en el periódico del día. Su autor es una gran amigo, Juan Manuel Chacón, conocido por sus innumerables admiradores como Filóchofo. Es un caricaturista muy prestigiado en nuestro país. En el dibujo, el presidente Serrano aparecía con una infección en el oído izquierdo para simbolizar su sordera ante el Premio Nobel. A mí me dibujó con una paloma de la paz. La leyenda decía: "El señor presidente no oye, tiene una fuerte infección en el oído izquierdo".

En ese momento el procurador general de la nación llamó al presidente y le pidió que hablara conmigo para decir que estaba enfermo, con una infección en el oído, y que se excusaba por no poder asistir a la recepción. Parecía un chiste. Juan Manuel Chacón era un buen brujo, adivinó la enfermedad del señor presidente. Me habría gustado que estuviera en la recepción, él me anunció que iba a asistir su señora esposa en su representación. De modo que se me frustraron la ilusiones de tener a un representante de la URNG y al alto mando del Ejército en la recepción. Sólo me quedaba el presidente y también él dijo que no. Esto no eliminaba la posibilidad de hacer una recepción histórica en un hotel capitalino como hacen las personas formales y famosas de esta ciudad.

Terminada la planificación de la recepción, nos regresamos en el mismo helicóptero a San Marcos. Llegué como a las once y media de la mañana. El pueblo estaba inundado de gente. Habían venido de todos los departamentos cercanos. Las calles parecían jardines multicolores por los güipiles que cargaban las mujeres que venían de distintos pueblos. Había miles de gentes esperando que llegara. Cuando entramos en el vehículo, a pesar de que era un blindado del Ministerio Público, la misma gente casi lo levantaba en vilo. Querían que yo saliera. Tuve que bajar para saludarlos a todos. Después nos fuimos a San Pedro Sacatepequez, del departamento de San Marcos. Allí había ocurrido algo curioso en el siglo pasado. Pasó que, el 13 de octubre de 1876, el presidente Justo Rufino Barrios eliminó la identidad de este pueblo indígena con el decreto 165. Según el decreto, todos se convirtieron en ladinos. En cambio, más de cien años después, sigue siendo el pueblo maya, el pueblo colorido de siempre.

Después de San Pedro Sacatepequez, agarramos camino a Xela[64] y pasamos por muchos pueblos que nos esperaban; unos

---

64. Apócope de Xelajú, que, a su vez, es apócope de Xelajuj, antiguo nombre maya de la ciudad de Quetzaltenango.

con flores, otros con frutas, todos con festejos. Quetzaltenango, cuyo nombre antiguo es Xe' Lajuj Noj', que quiere decir "abajo de diez grandes principios o diez sabidurías". Allí murió el gran jefe indígena Tukum Umam, que quiere decir "batido o hecho por sus abuelos", que fue el jefe maya que peleó en los llanos de Urbina contra los españoles. Quetzaltenango se caracteriza por ser un pueblo de mucha identidad y de mucha memoria histórica. Por eso, para mí era muy significativo rendir homenaje a ese pueblo. Las diez sabidurías son los diez principios que regían la vida de los mayas. Fueron hechos allí, como una declaración de la cosmovisión de nuestros antepasados. Allí nació la historia del quetzal, porque el quetzal era el alma de Tukum Uman, era su nagual. Cuando murió Tukum Umam, el quetzal, que era su alma, voló sobre la Tierra y sobre la memoria de los mayas. El quetzal es un pájaro que no aguanta estar en jaula ni domesticado porque el espíritu de Tukum Umam jamás será capturado y jamás podrá soportar la prisión. El quetzal es nuestro símbolo nacional y es el espíritu de los mayas. Por eso escogimos Quetzaltenango para hacer la conmemoración más masiva y más histórica que ha hecho nuestra gente. Nos congregamos miles y miles de indígenas para el Encuentro Continental en el 91. Ahí están los cerros donde los sacerdotes mayas frecuentemente acuden para rezarles a la vida y a la Tierra. Desde los inicios del 90 se volvió una zona donde se rinde homenaje a la claridad para que amanezca, para que se esclarezca el camino, para que termine la oscuridad, para que caiga la lluvia. Y si cae la lluvia, florecerán la tierra y la semilla.

El parque de Quetzaltenango estaba llenísimo. Pude estar sola un rato, por motivos de seguridad. Pero también el día se estaba estirando como hule; quería detener cada segundo que pasaba. No podíamos estar más tiempo. Casi me aplasta la gente. Hubo una situación muy difícil. Nos tuvimos que refugiar en la municipalidad. En fin, emprendimos camino de la capital como a las cinco y media de la tarde. Los chóferes casi volaron para llegar a las ocho de la noche. Normalmente se hace un poquito más de tres horas. Es una zona de muchas curvas, de mucha neblina, sobre todo en la noche, pero teníamos la esperanza de llegar a la capital porque no podía fallar la recepción.

Llegamos diez minutos antes de las ocho de la noche. Así es que me fui como estaba. Llegamos al hotel y me alegró mucho que se hubiera congregado allí toda la gente. Menos el presidente y su esposa. Ella llegó cuando ya habíamos hecho el brindis. Me dijo: "Disculpe que llegue tarde, pero es que había mucho tráfico". Yo no le creí eso, porque sé que una primera dama puede volar más rápido de lo que yo volé de San Marcos a la capital. Ella tenía veinte o treinta policías que le abrían el paso en el tráfico. Pero pensé: "Todos esos detalles hay que guardarlos para el relato posterior". Estaba también el Cuerpo Diplomático.

De nuevo leí un poema y luego fueron muy pocas mis palabras. Dije solamente que teníamos un compromiso por la paz en Guatemala y de nuevo sentí la emoción del poema. Luego del brindis, hablamos con mucha gente y noté que había un sentimiento muy profundo. Por primera vez sentí algo del calor de los guatemaltecos. Por primera vez advertí un sentimiento sincero de los ladinos. Por primera vez tenía enfrente a empresarios, dirigentes de partidos políticos, directores de medios de comunicación, personalidades, académicos, periodistas; tenía enfrente al movimiento popular y a su dirigencia. Por primera vez tenía a una Rosalina Tuyuc y a una Luz Méndez, a Byron y otros compañeros ladinos en un evento que festejábamos algo como que era el símbolo de mucha esperanza. Pensé que hay momentos en que deberíamos festejar a la nación, festejar a la patria, festejar a la vida y festejar juntos. Me nació más la convicción de que es posible hacer una nación multiétnica, multilingüe y pluricultural donde indígenas y ladinos algún día pudieran festejar los éxitos de la nación todos juntos. Sobre todo, festejar algo que sólo fue una intuición, una ilusión toda una vida: la paz, vivir en paz, no más guerra.

Terminamos el cóctel y volví a la casa a seguir las celebraciones con los que no pudieron ir al evento oficial: una buena cantidad de compatriotas, líderes del movimiento popular y otros amigos. En casa, seguían las llamadas. Había muchas solicitudes de entrevistas. Yo seguía con el teléfono y cuando me di cuenta, eran como las tres de la mañana. Al día siguiente, a las nueve, había que encabezar la gran manifestación de todo el pueblo de Guatemala que se dio cita en la capital. Ha sido la marcha más significativa que hemos hecho en los últimos tiempos. Había miles y miles de gentes. Esto se había organizado antes de saber que me daban el Nobel. Fue intenso trabajo del movimiento sindical y popular, el movimiento cooperativista, el movimiento indígena, los distintos sectores religiosos y de todos los que entendían un hecho histórico para Guatemala.

Habíamos sacado un mensaje en el cual decíamos que si se daba el Premio Nobel o no, los esperábamos en Kaminal Juyú para festejar. Asistió una gran multitud. No hicimos la cuenta, pero sé que todos los capitalino se volcaron a las calles. También estaba la gente que vino del interior. Había indígenas de todas partes del país. Fuimos a Kaminal Juyú en una carroza preciosa. Kaminal Juyú era un centro ceremonial y político muy importante de los antiguos mayas. Es el único recuerdo maya que queda en el corazón de la ciudad. Habíamos elegido ese lugar unos días antes, pues quería simbolizar la unión nacional: la gran ciudad que edificamos tanto ladinos como indígenas y también el recuerdo de los mayas en el corazón de la ciudad.

Tengo la idea de que algún día ese lugar sea declarado centro de la unidad nacional y la paz en Guatemala. Algún día debería funcionar allí un gran templo en memoria de los antepasados y también en memoria del siglo que protagonizamos. Debería ser un centro cultural nacional. Todo en función de una rica cultura guatemalteca: que seamos chapines, chapines mayas y chapines ladinos que algún día podamos convivir y tengamos un centro, un símbolo de unidad. Una referencia de

333

nuestra identidad. Un lugar a donde lleguen indígenas y ladinos sin prejuicios. Sin tener que sentirse uno superior al otro y sin tener que sentirse extranjero en la propia nación. Que sea un símbolo de referencia. En mi cabeza empezaba a imaginar grandes sueños, grandes proyecciones.

334

La diversidad entre ladinos e indígenas hoy es un problema, pero mañana deberá ser una gran riqueza nacional, fuente de identidad para ambos. Desarrollar sin límites nuestras culturas. Quiero decir con esto que nuestras expresiones particulares no deben desaparecer. Deben encontrar un punto de contacto con las oportunidades que nos brinda el tiempo moderno.

Yo pienso en el sentido positivo de que los pueblos no deben desaparecer. Nuestras juventudes puedan ser lingüistas, pueden ser politocólogos, pueden ser desarrolladas técnicamente y desarrolladas culturalmente. Yo rindo homenaje a la ciencia y a la tecnología, tal como está o en manos de quienes está, y también rindo homenaje al conocimiento. Creo que el conocimiento no está sistematizado en su totalidad por la ciencia y la tecnología. El campo del conocimiento es mucho más amplio. Nuestro conocimiento indígena puede, un día, aportar su riqueza a las naciones. Nuestros pueblos aportarán una vivencia pacífica y plural, haciendo de eso el patrimonio sagrado de una nación, de un continente. Lo que pasa es que no se nos ha dado la oportunidad de hacer sentir nuestra opinión. La inmensa mayoría de nuestra población no ha sido escuchada. Y si no nos escuchan, no nos van a comprender. La comprensión parte también de la cultura de escuchar.

Nuestros pueblos, en sí, no son problemas. El problema nace cuando el acercamiento está signado por el desprecio y el aniquilamiento. Tengo fe en que nuestra gente indígena y ladina algún día se sentirá orgullosa de una nación rica en todos los aspectos. Los militares intentaron dividir las etnias para gobernar con más seguridad y con más eficacia. Se ha usado el hecho de que nuestra gente no habla los otros idiomas indígenas y tiene que aprender el español para comunicarse entre sí, pero uno que nació hablando español nunca hizo un intento de aprender un segundo idioma. Todo eso se ha vuelto una barrera porque así lo concibe el sistema. Pero desde el momento en que no se conciba de ese modo, yo pienso que dará riqueza. Nuestros idiomas encierran una cosmovisión profunda, aprenderlos es compartir su valor educativo para la vida. Los ladinos tienen un gran desafío y es la esperanza de que sean bilingües o multilingües como nosotros. Ellos pueden. Los ladinos no nacieron condenados a hablar sólo español, sólo un idioma nacional. No son incapaces de aprender un idioma indígena por complejo y difícil que sea.

335

Por ejemplo, en el campo de la salud, no sólo se trata de mandar veinte promotores de salud, sino que hay que comprender que quizá el 80% de la salud está en manos de las comadronas, está en manos de la medicina natural y que puede contribuirse con toda esa diversidad para el futuro. También la experiencia técnica, la noción de lo agrícola entre la gente de una zona y otra. Nuestra madre Naturaleza es muy diversa. En Guatemala hay zonas muy calientes, otras zonas muy secas, otras muy lluviosas. Nuestra Naturaleza está hecha para que la habitemos gentes diferentes.

Volviendo a los festejos del Nobel, recuerdo que unos seis meses antes de que se diera el premio, todos los días hubo cosas maravillosas en los periódicos. La gente escribía cartas y poemas. Siempre ocupó un espacio importante en los medios. Después del Premio Nobel, el golpe de Estado de Serrano Elías cambió el panorama. Algunos medios dirigidos por gentes que tienen envidia y están acostumbradas a la competencia empezaron a usar el periódico de nuevo en contra de mi persona. El hecho de que cientos de compatriotas democráticos saliéramos a la calle a manifestar fue decisivo para que fracasara el autogolpe de Serrano. Por eso, muchos empresarios de algunos medios de comunicación guatemaltecos vieron este papel con celos y con rechazo. Para ellos, un premio Nobel no debe hacer luchas callejeras. A raíz de esos acontecimientos algunos me dijeron que debería ser cuidadosa para no desprestigiar el honor que representa tener el Premio Nobel.

No comprenden que el Premio Nobel no es un mérito de Rigoberta Menchú Tum, sino que es la sabiduría de un pueblo y la realidad de nuestra gente la que yo sigo cargando como un precioso fardo. No seré de la clase de otros que creen ser líderes de la nación. Estoy consciente de que tal vez mi papel será siempre controvertido, discreto y no muy relevante. No sólo cuando viva, sino también después, porque me tocó la suerte de dejar huellas. Pues antes que nada soy un humilde actor social.

Yo he tenido una juventud breve; una juventud combinada con una ancianidad. Yo desde hace mucho tiempo me siento mayor de edad, porque he vivido una vida agitada y rápida. Quisiera recordar mi infancia y son pocas las cosas que recuerdo. No sentí pasar la juventud. ¡Cuánto quisiera volver atrás con calma! Pienso entonces en que el hecho de ser una mujer aún joven con tanta suerte y con tantos regalos de la vida hace que todo lo demás sea ganancia. Es pedir demasiado y por eso soy demasiado feliz. Mucha gente se esfuerza para triunfar y lucha detrás de un diploma o de un certificado, quiere sacar noventa puntos. Se sacrifica por eso, para tener una carrera. Corre detrás de un pedazo de cartón y no tiene tiempo para sentirse útil, consigue lo que quiere a precio muy alto. Yo sólo soy parte de todos los que no tuvimos esa oportunidad de sacar noventa puntos. Su memoria nunca calificó para ser importante. Así es la mía.

Pienso igualmente que hay una magia de Chimel, mi aldea natal, una zona de donde tantos misterios se hablaron y donde existieron tantos mitos que vivieron la abuela y el abuelo, mi padre y mi madre, y que siguen viviendo. Chimel es un lugar en donde las nubes flotan perezosas sobre la montaña húmeda. El color de los cerros es azul oscuro y cuando se abre el cielo, límpido y severo, pareciera que el mundo fuera siempre nuevo. Brillan más los colores, resplandece la cara de la gente. El aire es casi de cristal. Todas esas cosas juntas hacen un signo de tiempo. Yo soy producto de un signo de tiempo y ese signo de tiempo, como dicen los ancianos mayas, no se escoge ni se elige, sino ocurre por sí mismo. Ocurre mediante un caminar por el tiempo. Yo terminaré mañana o pasado mañana. No viviré como las cosas eternas sobre la Tierra, pero seré siempre un signo de tiempo que quedará para nuestra memoria maya. Estoy consciente de esto. Sé que mucha gente me recordará cuando ya no esté viva, recordará las cosas positivas y los errores que haya cometido, porque así se construye la historia de la humanidad. Por lo que los ataques que ahora recibo son una compensación anticipada. Es un equilibrio y es un signo del balance que existe en la memoria maya. Los mayas comprenden que no puede haber un mundo absolutamente sano, bueno e ideal sin que tenga aspectos negativos. No deben existir sólo los aspectos negativos sino que deben existir sus contrarios. Ni el Premio Nobel de la Paz, ni otras distinciones del mundo, ni el sacrificio de mi propia existencia cambiarán los problemas que hoy enfrenta la humanidad; pues todo lo que somos será una, solamente, una gota de esperanza para quienes lo necesiten.

Creo que mientras yo viva, el Premio Nobel que recibí tendrá un sentido. La medalla podría estar en el templo mayor de México o en un gran templo de las culturas en Guatemala, en una casa especial, en una fortaleza propia en la tierra guatemalteca. Podrá estar en cualquier lugar, pero lo más importante es su contenido, su esencia. Mientras yo viva lucharemos por la paz, por la vida, por el diálogo. Cuando yo muera, nuestros hijos lucharán con los mismos objetivos. Otros reivindicarán su simbolismo, porque el mundo está compuesto de mitos y de símbolos.

Por eso de mi tierra natal tengo sólo símbolos, recuerdos y sueños. Una cosa que llevo siempre conmigo es mi collar de coral. También tengo una medalla con la efigie del padre Sol. Mi medalla y mi collar son inseparables. Yo puedo cambiar de traje, puedo cambiarme la cinta de pelo, puedo cambiar muchas cosas menos el collar, que es ya una tradición. Otros recuerdos que conservo son unas fotos de mis padres y de mi hermano Patrocinio. La foto de mi padre y la de mi hermano me la dieron los curas del pueblo. La de mi papá se ve borrosa, pero al menos tengo su rostro. Tenía una foto de mi madre que me habían mandado los norteamericanos cuando eran promotores de salud del municipio de Uspantán hace muchos años. Se la tomaron cuando estaba criando, por eso se veía muy marchita, como todas las parturientas. Pero cuando mi madre murió era gordita. Era muy gorda y muy viva. Parecía que la vida la rejuvenecía, porque ya no estaba criando hijos. Además, tengo en mi jardín un pedacito de tierra de Chimel.

Lo único que yo pude salvar de Chimel fueron los sueños. Hay noches maravillosas de mi vida cuando sueño con Chimel. Siento como si hubiera hecho un largo viaje y hubiera llegado de regreso. Miro a mi madre, hablo con ella, miro la casa —si fuera pintora podría pintar esa casa—. Veo los conejos que espían por la rejas. Veo el duraznal. Veo el breve camino que va hacia el río. Veo el camino largo que sale del pueblo hacia Uspantán. Veo la bajada que hay hacia Chimel, veo toda la aldea y veo una casita al fondo de la aldea. Recuerdo el olor de la tierra cuando cae la lluvia: un olor muy hermoso que se desprende del suelo. Y siento la nostalgia. Los sueños son los que andan conmigo. Los sueños me hacen viajar en la montaña. Me hacen tener imaginación en el trabajo. Me hacen llegar allá. Los sueños me hacen volver atrás, me hacen sentir el ayer como hoy. Los sueños me pasean por un mañana extraño, me hacen ver un futuro misterioso. No sé cuántos sueños dejé tirados por tantos caminos, pero siempre vuelvo a ellos, como el peregrino que regresa con los pies llenos de polvo a su hogar natal. Y aposentada en los sueños, sigo y sigo viviendo, porque en los sueños es el único lugar en donde realmente existimos.

Los acuerdos del proceso de paz en Guatemala

El 29 de diciembre de 1996, el Gobierno de Guatemala y la Unidad Revolucionaria Nacional Guatemalteca (URNG) firmaron el Acuerdo de Paz Firme y Duradera, que pone término oficial al conflicto armado que, en diversos grados de intensidad, aquejó a Guatemala durante 36 años. Con su firma, entran en vigor todos los acuerdos suscritos anteriormente que, negociados durante varios años bajo el patrocinio de las Naciones Unidas, tratan de una amplia serie de cuestiones entre las que se incluyen los derechos humanos, la identidad y derechos de los pueblos indígenas, cuestiones sociales y económicas, la población desplazada, el esclarecimiento histórico de las violaciones de derechos humanos y actos de violencia que han causado sufrimiento al pueblo de Guatemala, la reintegración de la URNG a la sociedad civil y el papel del Ejército en una sociedad democrática.

No obstante, el hecho de que no hayan cesado de llegar informes sobre violaciones de derechos humanos en Guatemala y de que los responsables de graves abusos pasados sigan disfrutando de impunidad indica que los acuerdos suscritos aún contienen numerosos aspectos relacionados con los derechos humanos que no se han puesto en práctica adecuadamente.

El texto que aparece a continuación pone de relieve los elementos de los acuerdos de paz y de otros acuerdos y legislación conexos que más conciernen a Amnistía Internacional en el ámbito de los derechos humanos en Guatemala. La organización seguirá observando atentamente la situación para velar por que las autoridades guatemaltecas respeten la obligación que han contraído al firmar los acuerdos de paz de adherirse "a los principios y normas orientadas a garantizar y proteger la plena observancia de los derechos humanos, así como su voluntad política de hacerlos respetar"[65].

Finales de la década de 1980

Contactos informales con la Unidad Revolucionaria Nacional Guatemalteca (URNG) promovidos por el Gobierno en el marco del proceso de pacificación regional impulsado por el Acuerdo del Proceso de Paz para Centroamérica o Esquipulas II (1987). El mismo año se crea la Comisión Nacional de Reconciliación.

Esquipulas II compromete a los presidentes centroamericanos a tomar medidas encaminadas a establecer una paz firme y duradera en América Central. Entre estas medidas figura la apertura de un diálogo entre Gobiernos y grupos de oposición armados en aquellos países aquejados por conflictos internos. Las fuerzas armadas y la URNG disienten, sin embargo, sobre la viabilidad de iniciar un diálogo sin previa deposición de las armas por dichos grupos.

Bajo la presidencia de monseñor Quesada Toruño, la Comisión Nacional de Reconciliación impulsa el objetivo, convenido en Esquipulas II, de buscar la reconciliación mediante el diálogo, a cuyo efecto se organizan bajo su égida una serie de reuniones de Diálogo Nacional a las que asiste Francesc Vendrell, observador de las Naciones Unidas (ONU).

---

65. Cita del Acuerdo de Paz Firme y Duradera firmado el 29 de diciembre de 1996.

28 de marzo de 1990
Miembros de la Comisión Nacional de Reconciliación y de la URNG firman el Acuerdo de Oslo en presencia de observadores del Gobierno y de las fuerzas armadas.

Las partes firmantes se comprometen a iniciar un proceso de negociación que culminará en un acuerdo de paz. Se invita al secretario general de la ONU a observar el proceso.

341

26 de abril de 1991
Firma del Acuerdo del Procedimiento para la Búsqueda de la Paz por Medios Políticos (Acuerdo de México).

Es la primera reunión oficial entre el Gobierno y la URNG. Se aprueba el temario de la negociación.

Se confirma la presencia de la ONU como observadora del proceso de paz.

25 de julio de 1991
El Gobierno y la URNG firman en México los Acuerdos de Querétaro sobre democratización.

Se conviene en el primer tema de negociación: principios democráticos para el Estado y la sociedad civil. Ambas partes se comprometen a trabajar sobre la base de ciertos principios generales relativos a la preeminencia del Gobierno civil, la vía constitucional como componente necesario de la democracia y el respeto incondicional por los derechos humanos.

Sin embargo, no se acuerdan medidas para la implementación de principios aún por aplicarse ni se propone un cronograma concreto a estos efectos. Tampoco consigue la URNG hacer progresar sus exigencias fundamentales en materia de derechos humanos, entre las que figuran el establecimiento de una Comisión de la Verdad; la anulación de una amnistía decretada en 1985; la abolición de las patrullas civiles, del servicio militar obligatorio y de las fuerzas paramilitares; el pago de reparación a las víctimas de la represión; la disolución efectiva del fuero militar, remitiéndose a la jurisdicción civil la mayoría de los delitos cometidos por personal militar. El Gobierno insiste en que sólo se podrá garantizar el respeto por los derechos humanos una vez que se haya conseguido un cese el fuego de carácter permanente.

10 de enero de 1994
Firma del Acuerdo Marco.

Confirma los temas de negociación ya aprobados en el Acuerdo de México.

Establece la función moderadora de la ONU, que se asigna a Jean Arnault.

Solicita que los Gobiernos de Colombia, España, Estados Unidos, México, Noruega y Venezuela se integren en un Grupo de Países Amigos para apoyar las gestiones de la ONU.

Establece la verificación internacional de todos los acuerdos una vez que se haya firmado el acuerdo final de paz, y solicita a la ONU que realice esta labor de verificación.

29 de marzo de 1994
Se firma —y entra en vigor de inmediato— el Acuerdo Global sobre Derechos Humanos.

Es el único acuerdo de vigencia inmediata y cuya verificación a cargo de la ONU da comienzo antes de la firma del acuerdo final de paz.

El Gobierno adquiere el compromiso de asegurar la observancia plena de los derechos humanos y de mejorar los mecanismos para su protección. El acuerdo estipula que se actuará con firmeza contra la impunidad y compromete al Gobierno a no apoyar ninguna medida legislativa o de cualquier otra índole que tenga por efecto impedir el enjuiciamiento y castigo de los responsables de violaciones de derechos humanos. En la cláusula 7, el Gobierno se compromete a adoptar las medidas necesarias para garantizar la seguridad de las personas e instituciones que trabajan para proteger los derechos humanos.

17 de junio de 1994

Firma del Acuerdo para el Reasentamiento de las Poblaciones Desarraigadas por el Enfrentamiento Armado.

El Gobierno se compromete a garantizar las condiciones necesarias para un retorno seguro de los desplazados internos a su localidad de origen o a otro lugar de su elección. Reconoce asimismo la necesidad de aplicar un celo especial a la tarea de garantizar los derechos humanos de este sector vulnerable y conviene en promover la devolución de las tierras abandonadas por las personas desplazadas por el conflicto y/o velar por que los propietarios originales reciban compensación adecuada.

23 de junio de 1994

Se firma el Acuerdo sobre el Establecimiento de la Comisión para el Esclarecimiento de las Violaciones a los Derechos Humanos y los Hechos de Violencia que han Causado Sufrimientos a la Población Guatemalteca (conocida también como Comisión de Esclarecimiento Histórico).

Se acuerda crear una comisión encargada de esclarecer las violaciones de derechos humanos y los hechos de violencia vinculados al periodo de conflicto armado y de identificar los motivos de tales actos.

La comisión deberá publicar un informe sobre el resultado de sus investigaciones y formular recomendaciones encaminadas a favorecer la paz y la concordia nacional en Guatemala. En particular, deberá recomendar medidas para preservar la memoria de las víctimas, fomentar una cultura de respeto mutuo y de observancia de los principios de derechos humanos, y fortalecer el proceso democrático.

Sin embargo, el acuerdo señala que la comisión no individualizará responsabilidades por los abusos y actos de violencia pasados y que sus trabajos, recomendaciones e informe no tendrán propósitos o efectos judiciales. La comisión no tiene facultades de allanamiento, registro e incautación, ni de citación. El acuerdo dispone que sus actuaciones serán reservadas y que no

343

se revelarán ni la información que se le suministre ni la identidad de las fuentes de tal información.

31 de marzo de 1995
Firma del Acuerdo sobre Identidad y Derechos de los Pueblos Indígenas.

Compromete al Gobierno a impulsar en el Congreso de la República la tipificación de la discriminación étnica como delito y la derogación de la legislación discriminatoria. También lo compromete a promover la defensa de los derechos indígenas y a difundir el texto del acuerdo, así como a promover la oficialización constitucional de los idiomas indígenas y a velar por que ninguna persona sea sometida a juicio sin que se le brinden servicios de interpretación en su idioma materno.

Compromete asimismo al Gobierno a impulsar en el Congreso el desarrollo, en consulta con los pueblos indígenas, de normas jurídicas que plasmen el reconocimiento del derecho de las comunidades indígenas a gestionar sus asuntos internos conforme a sus propias normas consuetudinarias, siempre y cuando éstas no contravengan la legislación nacional o los derechos humanos reconocidos internacionalmente.

6 de mayo de 1996
Firma del Acuerdo sobre Aspectos Socioeconómicos y Situación Agraria.

El Gobierno adquiere toda una serie de compromisos para promover la democratización y el desarrollo participativo, esclarecer la situación de tenencia de la tierra e implementar sin dilación soluciones justas a los conflictos de tierras, involucrar al Estado en el desarrollo social y rural, y modernizar la Administración pública y la política fiscal.

19 de septiembre de 1996
Se firma el Acuerdo sobre Fortalecimiento del Poder Civil y Función del Ejército en una Sociedad Democrática.

El Gobierno se compromete a promover, a través de los órganos estatales pertinentes, reformas en el poder legislativo, la administración de la justicia, el poder ejecutivo, la Policía Nacional y los servicios de inteligencia militar, entre otros. Se compromete asimismo a promover la reforma del Código Penal para asignar carácter prioritario a la persecución penal de aquellos delitos que causan mayor daño social, a garantizar el respeto pleno por los derechos humanos y a tipificar como actos de especial gravedad las amenazas y coacciones a los funcionarios judiciales.

345

El Gobierno también adquiere el compromiso de promover en el Congreso la derogación del decreto de creación de los Comités Voluntarios de Defensa Civil, de proceder a la disolución de la Policía Militar Ambulante durante los doce meses siguientes a la firma del acuerdo final de paz y de amalgamar todas las fuerzas policiales existentes en un único órgano, el Cuerpo Nacional de Policía Civil, responsable ante el Ministerio de Gobernación.

El acuerdo también compromete al Gobierno a impulsar en el Congreso la promulgación de legislación que regule los métodos de operación de las empresas de seguridad privadas, y la propiedad y el registro de armas. El Gobierno se compromete a impulsar una reforma constitucional para que los delitos comunes cometidos por miembros de las fuerzas armadas pasen a la jurisdicción de los tribunales penales ordinarios.

El Gobierno se compromete a trabajar conjuntamente con el Congreso para adoptar medidas administrativas y legislativas encaminadas a garantizar que no se obligue a nadie a prestar servicio militar mediante reclutamiento forzado y que el servicio militar se realice en condiciones que no infrinjan las normas fundamentales de derechos humanos. El acuerdo especifica que el tamaño y los recursos del Ejército deben conformarse a lo necesario para el cumplimiento de sus obligaciones —que se definen como la defensa de la soberanía y el territorio nacionales— y a los recursos económicos del país.

4 de diciembre de 1996
Firma del Acuerdo sobre el Definitivo Cese el Fuego.

Contiene varios acuerdos operativos sobre el cese el fuego, la separación de las dos fuerzas en pugna, el desarme y la desmovilización.

7 de diciembre de 1996
Firma del Acuerdo sobre Reformas Constitucionales y Régimen Electoral.

El Gobierno adquiere el compromiso de impulsar en el Congreso algunas de las reformas constitucionales y electorales requeridas para la implementación de los acuerdos de paz.

12 de diciembre de 1996
Firma del Acuerdo sobre Bases para la Reincorporación de la URNG a la Legalidad.

Establece procedimientos para la desmovilización de la URNG y la reintegración de sus miembros a la sociedad civil. El Gobierno se compromete a impulsar en el Congreso una Ley de Reconciliación Nacional y reconoce el derecho inalienable de la sociedad a conocer la verdad histórica acerca del periodo del enfrentamiento armado a fin de evitar la repetición de hechos (violaciones de derechos humanos y actos de violencia) ocurridos entonces.

No obstante, el acuerdo también estipula que, "con miras a favorecer la reconciliación nacional" y "sin desatender la necesidad de combatir la impunidad", se declarará la extinción de la responsabilidad penal por los delitos políticos o comunes conexos cometidos en el enfrentamiento armado interno y por los delitos comunes perpetrados bajo las órdenes de funcionarios del Estado "con la finalidad de impedir, frustrar, reprimir o sancionar la comisión de delitos políticos o comunes conexos".

18 de diciembre de 1996
El Congreso promulga la Ley de Reconciliación Nacional.

Se basa en el Acuerdo sobre Bases para la Reincorporación de la URNG a la Legalidad y entra en conflicto con la promesa del Acuerdo Global sobre Derechos Humanos de que se actuará con firmeza contra la impunidad. La ley dispone la extinción de la responsabilidad penal de las personas responsables de delitos de motivación política y delitos comunes conexos. También otorga inmunidad procesal a los miembros de las fuerzas armadas y personas bajo su mando que en el contexto del enfrentamiento armado cometieran delitos comunes no especificados cuando éstos hubiesen tenido la intención de prevenir, reprimir o sancionar delitos políticos o delitos comunes conexos por miembros de los grupos de oposición armados.

347

La exención de responsabilidad penal no se aplicará en casos de desaparición forzada, tortura y genocidio. No obstante, la ley parece dejar la puerta abierta para que se otorgue inmunidad procesal a los miembros de las fuerzas de seguridad responsables de ejecuciones extrajudiciales y a los miembros de grupos de oposición armados responsables de homicidios deliberados y arbitrarios.

La ley también reconoce el derecho a reparación que asiste a las víctimas de violaciones de derechos humanos perpetradas en relación con el conflicto armado y encarga a la Comisión de Esclarecimiento Histórico el establecimiento de "el diseño de los medios encaminados a hacer posible el conocimiento y reconocimiento de la verdad histórica acerca del periodo del enfrentamiento armado interno a fin de evitar que tales hechos se repitan".

29 de diciembre de 1996

Se firma el Acuerdo sobre el Cronograma para la Implementación, Cumplimiento y Verificación de los Acuerdos de Paz.

El mismo día se firma el Acuerdo de Paz Firme y Duradera.

Se conviene, en líneas generales, el calendario para la implementación de los acuerdos de paz durante un periodo que se extiende hasta el año 2000. Se especifica que la Comisión de Esclarecimiento Histórico decidirá por sí misma la fecha de comienzo de sus operaciones y que su labor se desarrollará durante un periodo de seis meses, con la posibilidad de prorrogarlo por otro de igual duración.

348

El acuerdo pone término oficial al conflicto armado. Con su firma, entran en vigor todos los acuerdos suscritos anteriormente. El acuerdo final reafirma la adhesión del Gobierno a "los principios y normas orientados a garantizar y proteger la plena observancia de los derechos humanos, así como su voluntad política de hacerlos respetar".

31 de julio de 1997
La Comisión de Esclarecimiento Histórico da comienzo a su labor.

Texto proporcionado por
la Sección Española
de Amnistia Internacional.